KB153221

실제로 알고 가는 미국 고등학교

-유학 희망자들을 위한 생생한 체험기-

실제로 알고 가는 미국 고등학교

-유학 희망자들을 위한 생생한 체험기-

송준흥 지음

명지사

머리말

1930년대에 태어나신 나의 외할아버지께서 미국 유학을 하실 때는 배를 타고 태평양을 거의 한 달가량 걸려서 건넌 후, 미국에 도착을 할 수 있었다고 한다. 너무나 가난한 나라의 국민으로서 어렵게 선진국에 공부하러 왔다는 자부심과 애국심으로 목숨을 걸고 공부를 하셨단다.

1950년대에 태어난 아빠의 세대는 비행기를 타고 태평양을 건너 미국에 왔으며, 집안의 자랑거리이자 희망이라는 의무감을 가지고 몇 년간 가족 얼굴 한 번 보지 못한 채 금의환향을 위해 공부를 목숨 걸고 하셨다고 한다.

1989년에 태어난 나의 세대는 비행기를 타고 태평양을 건너 미국에 가며 A 학점을 줄줄 받아야 한다는 부담을 지니기는 하지만 더 이상 공부에 목숨을 걸지는 않는다. 또 한국에 사는 가족들과 만나기 위해 방학마다 귀국을 하는 것은 그다지 어렵지 않게 생각하는 세대들이다.

그리고 우리 세대는 좋은 성적뿐 아니라 자기의 다양한 관심을 충족하고 발전시키기 위해서 유학을 선택하고 진행하는 세대들이기도 하다. 내가 미국에서 공부를 하면서 특히 인상적으로 느낀 것은, 미국의 교육 현장에서는 공부에서의 1등을 우대하기는 하지만, 공부 이외의 것에 재능을 가졌거나, 사소한 재능마저도 없는 학생들을 무시하거나 제외시켜버리지 않는다는 점이다.

이런 교육 환경 덕에, 나는 줄줄이 A학점을 받기는커녕 B와 D까지 받는 학생이면서도 선생님의 얼굴을 비교적 편안하게 대할 수 있었고, 한국에서 한 번도 생각해 보지 못했던 분야였던 수학을 잘 할 수 있는 능력이 있음을 알게 되었으며, 색소폰에 특별한 재능이 있다는 것도 알게 되었다.

이 책은 내가 13살이던 2002년 여름부터 17살인 2006년 여름까지 중학교와 고등학교 시절의 기억들 중 일부를 글로 옮긴 것이다.

우수한 성적으로 명문 사립을 들어간 학생들의 경험담이 책으로 나오는 세상에서 특별히 내세울 것이 없는 나의 경험을 책으로 만들어야 겠다는 생각을 하게 된 이유는, 이제는 한국에서 많은 보통 학생들이 다양한 목적으로 유학을 하는 시대이기 때문이다.

그리고 이민이든 기러기 가족이든 많은 학생들은 공립으로 유학을 오며, 그 중 나처럼 긴 시간을 헤매면서 아까운 시간을 낭비할 몇몇 눈치 없는 후배들을 위해서, 나는 공부 잘하는 방법을 알려 줄 수는 없지만, 미국 동부지방 어느 카운티에서 지난 4년간 이렇게 학교생활을 했다는 정도의 친척 형(혹은 오빠)이 가볍게 주변 이야기를 해주는 심정으로 글을 썼다.

미국에서 내가 보는 한국은 작은 나라이고 자원도 풍부하지 않은 나라이지만, 단 몇 년의 준비과정만으로도 미국 학생들과 당당히 겨루어서 대학에 갈 수 있는 학생이라는 특별한 자원을 많이 가진 특이한 희망이 있는 나라이다. 우리나라 학생들은 미국의 제도를 잘 이해한다면 몇 년의 준비만으로도 얼마든지 미국에서 나서 자란 학생들과 경쟁을 해서 대학에 갈 수 있는 실력을 키울 수가 있다. 나도 그런 학생의 하나이며, 내 주위에는 당연히 우수한 한국 학생들이 수두룩하다.

그러므로 선배로서의 나는 한국의 후배들이 유학을 많이 하기 바라며, 비록 당장은 우수하거나 남다른 재능이 발견이 되지 않더라도, 미국의 다양한 교육제도를 허둥대지 않고 잘 이용한다면 분명히 두세 가지 이상의 재능을 찾아서 발전시킬 수 있다고 확신한다.

책을 준비하면서 영어를 좀 더 잘하게 하려는 일념으로 나를 달달 볶던 중학교 선생님 미쓰 위타키가 특히 많이 생각났으며, 나를 좋아해주는 학교의 친구들이 내내 생각났다.

그리고 재롱을 떨어서 언제나 나를 행복하게 해주는 동생하고, 원고를 미리 보여주지 않는다고 은근히 화가 나 있는 아빠, 그리고 항상 고맙지만 특히 요사이 더 고마운 엄마, 나 독립시킬 준비하신다고 다림질 가르쳐주시고, 나의 서투른 운전 실력 덕에 조수석에서 거의 초주검이 되시는 엄마, 모두들에게 Thanks!

송준홍

실제로 알고 가는 미국 고등학교 / 차례

머리말…5

제1부 나의 둥지, 맥클린 고등학교…11

내가 미국에서 배워야 할 것들…12

고마운 폭설…25

돼지 해부의 후유증…29

밴드 오디션과 바리톤 색소폰…33

일탈과 벌에 대한 추억들…39

'애물단지' 라커…46

음악이 가져다준 것들…51

성적과 선생님의 함수관계…58

두 얼굴의 수학…61

심리학 예찬…66

에그 드롭(Egg Drop)…70

여름방학과 섬머스쿨…74

영어에 대한 단상…77

영어와 외국어…84

상급학교 진학을 위한 상식들…87

런치 스트레스…93

체육 시간…96

캐터펄트와 만들기 콤플렉스…100

테리 톰슨…103

AP 화학과 자만심…108

미국사에서 터득한 공부법…110

꼴찌만은 아니기를…116

AP 뮤직과 음악 이론…118

미스터 K…121

점수를 위해 매미 튀김을 먹다…126

미술 시간의 땡땡이…129

고마운 위타키 선생님…132

제2부 미국에서 본 미국…135

9.11 일기-현장에서 본 9.11…136

미국의 세금제도, 그리고 잔돈…145

미국의 교육열은 뜨겁다…148

미식축구…155

애난데일 한국인 거리…160

하인스 워드와 한국인…165

어른들도 영어 공부 좀 하시죠…167

운전면허와 미국에서의 삶…170

운전면허 시험…175

인종 차별…178

담배와 술, 그리고 마약…181

기금모금과 봉사정신…183

다민족 사회와 인터내셔널 나이트…189

제3부 유학생활의 애환…193

교육이민 그리고 기러기가족…194

나의 허약한 건강 내력…199

한국인의 하버드와 예일 환상…203

레슨 선생이 되다…207

풋내기 선생의 수모…209

마누엘과 스칸다, 그리고 친구…213

무적의 스쿨버스…218

쓰나미 자선연주회…223

브로드웨이의 매력…229

피자와 배달 음식…232

'도올리이 매디슨'…234

장발과 헤어스타일…237

패스트푸드점에서의 영어 스트레스…241

축구와 운동…243

미국에서 맞이한 독일 월드컵…245

댄스파티와 복장…247

허둥대는 아들과 엄마의 내공…250

ESOL 교육의 딜레마…253

<부록> 유학에 대한 몇 가지 정보들…257

제1부 나의 둥지, 맥클린 고등학교

어수선한 이곳이 나의 공부방이다.

내가 미국에서 배워야 할 것들

나의 외할머니가 스트레스를 받는 일 중의 하나는, 주위에서 당신의 외손자가 공부를 너무나 못해서 미국으로 도피유학을 했다고 수군댄다는 점이다. 그러나 그것은 사실이 아니다. 그렇다고 해서 내가 거창한 꿈을 안고, 도전의식을 갖고 온 것도 물론 아니다. 그리고 엄마도 이렇게 유학을 감행하고 기러기로 산다는 것을 생각해본 것도 아니다.

나의 경우 아빠가 유학을 감행했던 것 같은데, 그 당시 나는 정말로 유학이라는 게 이웃집에 가는 정도로 간단한 일로만 생각하던 철부지였다.

아무튼 미국에 올 당시의 나는 반 학생들의 대부분이 미국 체류 경험이 있는 동네에서 살았기 때문에, 미국 유학에 대해 별다른 생각이 있을 리가 없었다. 방학이면 같은 반 아이들 대부분이 외국에 1달 정도 다녀왔고, 영어 이름을 가진 아이도 흔했다. 친구들 집에 놀러 가면 집 안에 미국제 물건들이 즐비했다. 이런 환경이었으므로 언제든지 누군가가 "미국에 갈래?" 하고 물으면 대수롭지 않게 가벼운 마음으로 "응"이라고 대답했다.

얼마 전 원치 않던 장기유학을 하게 된 것에 대해 짜증이 나서 아빠와 논쟁을 한 적이 있다. 그때 아빠의 대답에 따르면, 내가 유학을 하게 된 이유가 "미국에 가서 공부할래?"라는 아빠의 질문에 내가 "응"이라고 해서였다는 것이다. 하지만 그게 물론 아빠가 나를 미국에 유학 보내야겠다고 생각하셨던 이유의 전부는 아니다.

2002년 여름, 이유야 어떻든 우리는 미국행 비행기를 탔다. 엄마 얼굴에는 근심이 가득했지만, 정작 나는 아무것도 깨닫지 못하고 지냈다. 그러다가 이것이 유학이구나 하고 피부로 느낀 것은 학교에 들어가서 모든 문제를 영어로 혼자 해결해야 했을 때였다. 이 무렵은 정말 순간순간 엄마의 도움이 그리웠다.

그러던 중 이제는 조금씩 적응이 되는구나 하고 느낀 것은, 영어로 시험을 보고, 점수가 기록된 시험지를 확인하면서, 빗금 친 것이 틀린 것이 아니고 맞았다는 표시임을 당연하게 여기며 들여다 볼 때였고, 영화관에 가서 영어 대사로 된 영화를 재미있다고 즐기고 있음을 문득 깨닫게 된 무렵이었다.

여기서 몇 년간 살면서 나는 많은 경험을 하게 되었다.

우선 미국의 이민사만큼이나 다양한 인종을 보았다. 여기에서 살지 않았더라면 누가 뭐래도 미국인은 백인과 흑인뿐이라고 생각했을 테지만, 미국에서 살면서 미국인이란 것은 여러 인종을 다 포함한다는 것을 깨달았다. 그리고 한국인들이 말하는 미국식 영어는 네이티브 아메리칸 영어라기보다는 네이티브 백인의 언어라고 하는 것이 더 적합한 표현이라는 것을 알게 되었다.

그리고 뷔페처럼 골라서 자기가 원하는 과목을 배우는 시스템 덕에, 내가 수학을 잘할 수 있다는 것을 알게 되었다. 또 지금 나는 색소폰을 꽤 잘 하는데, 만일 내가 한국에서 학교를 다녔다면, 엄마가 내게 평생 같이 할 수 있는 취미로 길러주려고 발버둥을 쳤더라도 이만큼 발전하지 못했을 것이라는 사실도 느끼고 있다.

테리 선생님은 내가 유전적인 재능이 있는 것 같다고 하지만, 한국
에 살았더라면 혼자 연습하고 혼자 레슨 받아야 하는 외로움 때문에
악기를 계속할 수 없었을 테니, 아무리 생각해도 색소폰을 잘 하는 것
은 미국 유학 온 덕을 많이 보고 있는 셈이다. 그리고 나는 이것으로
만족한다. 한국에서 살았더라면 절대로 알지 못했을 미국 고등학교에
대한 경험은 누가 뭐래도 나의 소유이며 삶의 한 부분이다.

전형적인 조기 유학생의 한 사람으로서 나는 형편이 되면 유학을 하
는 것이 좋다고 생각한다. 사립학교는 돈이 많이 들지만 공립은 점심
값과 약간의 여윳돈이 드는 정도라서, 우리 가족처럼 과외를 하지 않
고 학교 공부만 할 경우는 크게 힘들지 않는다고 생각한다. 부부가 맞
벌이를 하는 수입으로, 작은 집에 살면서 약간의 활동도 하면서 고등
학교를 졸업할 수 있다.

성적을 걱정하면서 망설이는 부모들이라면 내 경험에 비추어 봤을
때 한국에서 30등 하는 학생이라면 미국에서도 30등 정도를 할 수 있
다고 마음먹고 유학을 생각해보시라고 권하고 싶다. 실망스런 대답이
지만, 한국에서 도저히 가망이 없는 아이가 미국행 비행기를 탄다고
해서 아이비리그의 대학에 갈 수 있는 비법을 얻을 수 있는 것은 아니
다. 그리고 적당히 공부하는 아이가 미국에서 적당히 공부해서 잘할
수 있는 비법도 없다. 그리고 대충 한다고 해서 영어를 잘하게 되는
기적도 당연히 일어나지 않는다.

그런데도 나는, 가능한 한 유학을 하라고 권하는 사람이다. 무엇을
배우든, 그리고 어떤 모습으로 배운 것을 사용하든 남이 이래라 저래
라 할 문제는 아닌 것이다.

하버드대 졸업생인 미국인이 십 수 년 전에 한국에 와서 스님이 되었다고 해 큰 화제가 된 적이 있었는데, 세계 최고의 명문대학인 하버드를 나와서 스님이 되다니 싶어서 나는 괜히 배운 게 아깝다는 생각을 했었다. 그리고 최근에 연예인으로 활약하고 있는 타블로라는 가수가 스탠포드 대학에서 영문학을 전공하고 수석으로 졸업했다는 기사를 보고도 나의 생각이 그랬다.

아깝다…. 부모님들 속상하고 힘들었겠다. 솔직히 웬만하면 자기가 하고 싶은 것을 하며 인생을 사는 것이 더 행복할 것이라고 생각은 하지만 저절로 아깝다는 생각이 드는 것이 나의 솔직한 심정이다. 내가 죽도록 힘들어하는 영어를 전공한 데다 수석졸업인데, 한국어로 노래하는 가수가 되다니!

그러나 이들에 대한 엄마의 생각은 달랐다. 하버드대학을 나와서 스님이 되고 『만행』이라는 책을 쓴 그 분을 여러 해 전, 외할아버지께서 살아계실 때 만난 적이 있다고 하셨다. 엄마도 하버드를 나온 사람이 스님이 되어 아깝다고 생각하면서, 할아버지께 그 사람을 보니 어떤 생각이 드시냐고 여쭈었다고 한다.

그러자 외할아버지께서는, 오랫동안 공부를 한 사람이라 불교를 공부하는 어려움을 잘 견뎌냈고, 갈등을 이기는 훈련도 많이 한 것이 얼굴에 나타나 있더라고 하셨다는 것이다. 또 하버드를 다닐 정도로 시간 관리와 목표를 추구하는 힘이 뛰어난 사람이라, 스님으로의 삶에 충실하기 위해서 치열하게 사는 것도 가능할 것이라고 말씀하셨다고 한다.

『만행』은 미국에 와서 2002년 겨울에 읽었는데, 내가 어릴 때 할

아버지 차를 타고 다니면서 그의 한국어 설법을 들은 적이 있었고, 그때 나는 "미국인인데 어떻게 저렇게 한국말을 잘해요?"라고 할아버지께 물었던 적이 있다. 그런데 그 설법을 한 사람이 바로 이 스님이라는 사실에서 나와 무슨 인연이 있는 것 아닌가 하는 생각이 들었다.

엄마는 또 파블로가 가수로 활약하겠지만, 연예사업으로 미국에 진출하게 할 수도 있을 만큼의 영어실력과 인맥이 미국에 있을 테니 사업가가 될 수도 있을 거라고 하셨다. 그러면서 유학생들이 한국에 돌아와서 커피집이나 음식점을 하는 것을 보면, 주위에서 본분을 망각했다느니 낭비를 했다느니, 잘못된 유학의 예라느니 하면서 흉보지만, 배운 것을 어떻게 활용하는가는 자신의 권리라고 하셨다. 그리고 인생이란 거창한 아이디어로만 변하는 것이 아니고, 의외의 작은 아이디어로 완전히 바뀌는 경우도 있다고 말씀하셨다.

더구나 모든 어른들이 자기 전공을 그대로 살려 직업을 갖는 것도 아니며, 학교에서 배운 그대로의 이론을 실천하고 있는 것도 아니라고 하셨다. 다만 내가 인생을 살면서 너무나 젊은 나이에 오직 한 가지만을 위해서, 인생의 다른 것들을 다 안 해도 좋다거나 혹은 포기해 버리겠다는 생각만은 안 했으면 좋겠다고 당부하셨다.

엄마는 『만행』을 쓰신 그 스님이나 타블로 모두, 얼핏 보기에는 갑자기 나타난 의외의 인물인 것 같지만, 오히려 한 가지를 위해서 다른 것을 버린다는 극단적인 생활을 하지 않는 사람들이라는 것이다. 자기가 가진 모든 것을 고스란히 인정하면서 사는 사람들이므로, 만약 파계하여 환속하더라도 보통사람으로서의 삶을 잘 살려고 할 것이고, 파블로도 가끔 실패는 할지 모르지만, 오로지 한 가지만을 위해서 다

른 모든 것들을 헌신짝처럼 버리는 어리석은 행동을 하지는 않을 거라
는 게 엄마의 견해였다.

11학년이 되고 나서 학점 관리에 실패하였으며, SAT* 첫 시험은 참
혹했다. 그래서 한동안 내가 생각한 것은 조기졸업(기본 학점은 다 땄
으므로 11학년 말에 졸업을 할 수는 있었다)을 하거나 음악을 전공하
는 것이었다. 색소폰을 부는 것은 자신 있었고, 여러 번 음대 교수들이
내가 아이들 사이에 끼어서 연습을 하는 것만 보고도, 시범 연주를 따
로 해보라고 주문받은 경험이 있었으므로 음악을 하면 모든 것이 잘될
것 같았다.

어느 대학은 음악학부가 좋다느니, 연주를 해서 CD에 넣어 보내볼
까 등등 이런저런 말을 하는 나를 못 본 체 하시던 엄마가 어느 날 나
를 앉혀놓고 단호하게 다음과 같이 말씀하셨다.

"인생은 네가 생각하는 것보다 훨씬 긴 것이므로, 좀 안 된다고 하
여 포기하는 것은 성급하며, 엄마로서도 절대로 허락할 수가 없다."

그리고 당장은 능력이 안 되더라도, 진정으로 원하는 일이라면 다른
사람보다 길게 계획을 세워서 그 일을 할 생각을 해야 한다고 하셨다.
내가 음악적 재능이 많다는 것은 엄마도 알고 계시지만, 내가 성적관
리가 어려워서 막막한 생각에 그 대안으로 음악을 선택해서는 안 된다
는 것이었다.

어느 분야에서 잘한다는 평가를 받는 사람들은, 다른 것을 하고는
싶었지만 능력이 안 되어 차선으로 그 일을 택했던 것이 아니라, 자기
가 가장 잘 할 수 있는 것을 선택했기 때문이었다는 것이다. 이 진리를
지금은 이해하기는 힘들겠지만 곧 이해할 수 있을 테니 성급하게 생각

하지 말라고 말씀해주셨다. 지금 명망 있는 대학에 가지 못 할 것 같아도 절망하지 말고, SAT 준비는 학원을 보내줄 테니 그곳의 도움을 받도록 하고, 내가 좋아하고 필요해서 선택했던 과목을 모두 고려해서 대학을 고르라고 하셨다. 여기에는 음악과 라틴, 수학, 화학, 심리학 등 모두가 포함된다고 하셨다. 엄마는 영어만 배우자고 미국에 온 것이 아니라고 하셨다. 또한 나를 유학 보내시면서 아빠가 진심으로 내가 배우기를 원하신 것은 영어만이 아니고 미국을 배우라는 것이었다고 하셨다.

미국에서 4년간 살면서 나는 무척 외로웠다. 집에 돌아가면 잠까지 함께 붙어 자면서, 동생을 의지하며 사춘기를 보냈다. 한국에서 고등학교를 다니고 싶다는 생각을 수시로 했으며, 지금도 내가 한국에서 살았더라면 이렇게 힘들지는 않았을 것이라는 생각에는 변함이 없다.

나는 새로운 환경에 대한 적응이 느린 편이어서 죽도록 고생을 했고, 아직도 새 학기에는 한 달 정도는 헤매면서 다닌다. 엄마는 아직도 아침마다 내가 가방이며 '몸뚱이'를 다 챙겨서 나가는지를 체크하신다. 학교에 담임선생님이 없는 것은 특히 나에게 취약점이었다. 만일 담임선생님이 계셨더라면 내가 헤매면서 낭비한 시간과 많은 시행착오들을 훨씬 줄일 수 있었을 것이다.

더구나 만일 나의 귀가 되어 주시고 입이 되어 주신 엄마가 함께 계시지 않았더라면 나의 미국 생활은 더욱더 엉망이었을 것이다. 항상 한국이 그립고 친구가 보고 싶었으며, 새벽 2시까지 해도 부족한 숙제 때문에 힘들었다. 다람쥐 쳇바퀴 도는 듯한 한국에서의 생활보다 나을 것이 없었다.

그런데 미국을 배우라니, 미국이 뭐가 좋다고 배우라는 건지 원망스러웠다. 이때 엄마는 처음으로 아빠에 대한 이야기를 해주셨다.

내가 기억하는 아빠는 일만 하시는 아빠였다. 그러나 엄마가 설명해주시는 아빠는 한때는 나라에 대한 꿈과 기대가 많았던 젊은이였고, 새해 소원은 언제나 나라에 도움이 되는 사람이 되는 것이었다고 한다. 오랜 해외 생활을 하시는 동안에도 귀국하실 때는 외국 물건을 가능한 덜 사서 귀국하려고 하시는 애국자이셨다는 것이다. 큰 회사를 경영하고 계셨는데, 사업도 나라를 위해서 한다고 생각하셨으며, 많은 한국인들이 발 빠르게 부동산 투기를 하고 어학연수를 하느라 바쁠 때도 한국을 믿으면서 끄떡없던 아빠였다는 것이다. 내가 태어나기 전, 젊으셨던 아빠는 여러 나라를 다니셨고, 인도네시아에서는 거의 7년 동안을 사시면서 그 나라 사람들과 사업을 했던 유능한 경영자였으며 대한민국에 대해서 많은 기대를 하시는 분이었다는 것이다.

이런 아빠가, 당신의 아들이 영어를 잘해서 혹은 미국 대학 졸업장을 받아서 빠른 출세를 하기를 바라서 유학을 결정했겠느냐고 반문하셨다. 사실 우리 집안의 예를 봐도, 영어를 잘하기 위해서 군이 외국에 나가지 않아도 된다는 것을 알 수 있는데, 아빠와 외할아버지가 바로 그 산 증인이다. 두 분은 미국에서 유학을 하거나 영어학원을 다니지 않으셨는데도 고상한 영어를 구사하며, 의사표현을 정확히 하고 풍부한 표현을 다양하게 할 수 있는 실력이다. '일류대학'을 나온 분들도 아니다. 그런 아빠가 영어를 배우라고 미국을 보냈겠느냐는 것이다. 내가 힘들 것을 알면서도 보낸 이유는 미국을 제대로 보고 배우라는 간절한 바람이었을 거라는 말씀이었다.

우리를 미국으로 보내기 위한 결정을 하면서 아빠가 했을 고민과 갈등은 내가 겪은 것과 비교가 안 될 만큼 심각했을 것이라는 생각을 한 번이라도 해보라고 하셨다.

아빠는 미국 여행 중 9.11사건을 현장에서 경험하고 나신 후, 한국에 돌아와서, 나에게 미국에 가겠느냐고 딱 한마디만을 물어 보시고는 초스피드로 유학수속을 마친 뒤 우리를 미국에 데려다 놓고 한국으로 돌아가셨다.

엄마는, 우리는 미국에 남지만 아빠는 한국을 떠나지 않을 분이라는 것을 알기 때문에 이제부터는 우리끼리 살아야 한다는 것을 각오하셨다고 한다. 그리고 엄마가 그 동안 내가 어려서 이해하지 못할 것 같아 하지 않았던 이야기를 한 가지 더 해주셨다.

9.11 공격 당시 미국에서 출발하는 모든 비행기가 묶여 있다가 다시 운항하게 되었을 때, 공항에서 무조건 기다리던 아빠와 내가 첫 비행기를 타고 돌아왔었던 것은, 아빠의 풍부한 인맥을 동원하여 된 것이 아니었다는 것은 나도 알고 있다. 첫 탑승객을 결정한 것은 미국 항공사 카운터의 직원이었다. 내가 어떻게 비행기표를 구하셨냐고 물었을 때, 아빠는 미국이 노약자를 보호하는 나라여서 그런 것 같다고 설명을 해주셨던 기억이 아직도 생생하다. 내 기억으로는 모두가 첫 비행기를 타야 하는 이유로 법석일 때 아빠는 카운터에 가서 이렇게 말씀하셨다는 것이다.

"이 아이는 학교에 결석을 하고 이곳에 왔는데 이미 돌아갈 날이 지났다. 학교에 언제까지 돌아오겠다는 약속을 하고 온 아이라서 얼른 돌아가야 한다."

엄마는 이제 내가 알아듣고 이해를 할 만큼 미국에 대한 경험을 쌓았다면서, 그날 일에 대한 배경을 설명을 해주셨다. 미국을 여행하면서 금세기 최고의 나라를 있게 한 미국의 여러 가지 제도를 경험하고 난 후 9.11 사건을 겪을 때, 아빠의 설명에 두 말 없이 첫 비행기의 좌석을 내어주던 카운터 직원을 보고, 아빠는 망설이던 나의 유학에 대한 최종 결심을 하게 되셨다고 한다.

미국이 어떤 나라이기에 비상시에도 항공사 카운터의 직원이 스스로 결정해서 표를 배정해 줄 수 있는 것인지, 미국인들이 자기 자리에 대한 책임과 함께 독립성을 유지하는 것이 어떤 교육 때문에 가능한 것인지, 그러면서 제도가 어떻게 뒷받침이 되고 있는지를 내가 배우기를 아빠는 간절히 바라셨다는 것이다. 그리고 내가 미국에서 배운 것들을 어디에서 쓰든, 정말 시간을 낭비하지 않고 잘 배워서, 나뿐 아니라 이웃을 위해 유익하게 활용할 수 있기를 바라셨다는 것이다.

미국에서 사는 것이 고달프기는 하지만, 미국이 제도적으로 많이 발전되었다는 것을 나도 인정한다. 그리고 모든 인종과 민족에 대해서도 많은 배려를 한다.

히잡을 쓴 중동 학생이 우리 학교에 다니는 것은 한국에서는 어려운 일이라고 생각된다. 그리고 신분이 확실하다면 미국인과 같은 대우를 받으면서 돈을 빌릴 수가 있고 집을 살 수도 있다. 돈 하나 없이 이민을 와도 몇 년 후에 집을 갖는 것이 불가능한 꿈이 아닌 것이다.

그리고 동생이 영어가 서툰 데도 불구하고 아시아인인 데도 우수반에 들어가고, 밴드의 리더를 할 수 있도록 하는 게 미국의 학교 선생님들이다.

한국에서 그 흔한 치맛바람 한 번 피우지 않고도 동생은 대통령상까지 받아 가면서 편한 마음으로 초등학교를 졸업할 수 있었다. 결국은 나도 미국에 살고 있기 때문에 미국이 좋다고 하는 거 아니냐고 묻는다면, 나의 대답은 '절대 그래서 그런 것이 아니다'이다. 인종차별이 있고, 주류에 편입되기가 어려운 점 등은 사실이다. 그렇다고 해서 좋은 점, 잘하는 것을 깎아내릴 수는 없지 않은가.

미국처럼 수준별 수업을 진행하는 것은, 정말 한국에서도 시행했으면 하는 제도인데, 대학 입시요강을 바꾸기 전에 학생들의 다양한 능력 개발을 우선해야 하는 것이 아닐까 싶다.

그리고 미국은 너무나 넓은 나라다. 하도 넓어서 전체 한국인의 10분의 1 정도가 와서 유학하고 이민을 해도 당장 땅이 모자라는 일은 생기지 않을 것 같다. 유학을 하고 돌아가도 좋고 혹은 남아서 여기저기 자리를 잡고 사는 한국인이 많아지면 미국 정치인들은 한국인의 투표권을 의식할 것이며, 결국 우리나라에 도움을 줄 수도 있을 것이다.

엄마로부터 처음으로 나의 유학에 대한 배경을 듣고 나서, 나는 음악을 전공하겠다는 생각을 바꾸었다. 아빠가 바라는 인생을 살 생각은 없지만, 아빠가 힘든 기러기생활을 견디시는 것에 대한 일종의 책임감이 솟았다. 내가 현실을 피하기 위해서 음악을 선택하려 했던 점이 부끄러워졌다. 그리고 남은 기간 동안 SAT 공부를 해서 내가 받을 수 있는 최고점수를 받겠다는 결심을 했다. 나는 내가 좋아하는 과목이 라틴과 심리학과 수학임을 인정했다. 그래서 여름방학 동안에, 지난 11학년 내내 겪었던 수학의 실패를 반성하면서 이번 12학년에 수학을 다시 듣기로 최종 결정을 했다.

친구의 아빠가 e 메일로 엄마에게 보내주신 시다. 그 분도 한동안 기러기아빠 신세였는데, 그때 아들인 친구에게 들려주었다면서 내게도 들려주라고 권하셨다고 한다. 친구의 아빠께서는 영어로 보내주셨는데, 한글로 옮겨 적어본다.

<제목> 만일

만일 네가 모든 걸 잃었고 모두가 너를 비난할 때 너 자신이 머리를 똑바로 쳐들 수 있다면,
만일 모든 사람이 너를 의심할 때 너 자신은 스스로를 신뢰할 수 있다면,
만일 네가 기다릴 수 있고 또한 기다림에 지치지 않을 수 있다면,
거짓이 들리더라도 거짓과 타협하지 않을 수 있다면,
그러면서도 너무 선한 체하지 않고 너무 지혜로운 말들을 늘어놓지 않을 수 있다면,
만일 네가 꿈을 갖더라도 그 꿈의 노예가 되지 않을 수 있다면, 또한 네가 어떤 생각을 갖더라도 그 생각이 유일한 목표가 되지 않게 할 수 있다면,
그리고 만일 인생의 길에서 성공과 실패를 만나더라도 그 두 가지를 똑같은 것으로 받아들일 수 있다면,
네가 말한 진실이 왜곡되어 바보들이 너를 욕하더라도 너 자신은 그것을 참고 들을 수 있다면,
그리고 만일 너의 전 생애를 바친 일이 무너지더라도 몸을 굽히고서 그걸 다시 일으켜 세울 수 있다면,
한 번쯤은 네가 쌓아올린 모든 걸 걸고 내기를 할 수 있다면,
그래서 다 잃더라도 처음부터 다시 시작할 수 있다면, 그러면서도 네가 잃은 것에 대해 침묵할 수 있고 다 잃은 뒤에도 변함없이 네 가슴과 어깨와 머리가 널 위해 일할 수 있다면,

설령 너에게 아무 것도 남아 있지 않는다 해도 강한 의지로 그것들을 움직일 수 있다면,

많은 군중과 이야기하면서도 너 자신의 덕을 지킬 수 있고 왕과 함께 걸으면서도 상식을 잃지 않을 수 있다면,

적이든 친구든 너를 해치지 않게 할 수 있다면.

모두가 너에게 도움을 청하되 그들로 하여금 너에게 너무 의존하지 않게 만들 수 있다면,

그리고 만일 네가 도저히 용서할 수 없는 1분간을 거리를 두고 바라보는 60초로 대신할 수 있다면,

그렇다면 세상은 너의 것이며 너는 비로소 한 사람의 어른이 된 것이다.

- 루디야드 키플링 -

* S.A.T.

현재 2,400점이 만점이며 한국처럼 고등학교 3학년 때 동시에 치르는 것이 아니라 자기가 가능하다고 생각될 때 신청해서 치르는 제도이다. 미국 학생들은 보통 10학년부터 준비해가면서 시험을 치르기 시작하는데, T. J.(토마스 제퍼슨의 약자) 과학 고등학교 같은 곳에 입학하려는 학생들은 8학년에 그 시험을 쳐서 원서에 점수를 기록하여 제출해야 한다.

S.A.T. I 은 영어와 수학이고 S.A.T. II는 각 학과과목의 시험인데, 자기가 전공하려는 과목이나 원서를 내려는 대학의 경향을 봐서 2과목 정도를 치르는데, S.A.T. II의 외국어 과목에는 한국어도 포함되어 있다.

미국에서 대학을 가려면 학교의 성적과 S.A.T. 시험성적, 봉사활동, 각종 특기사항, 입학허가를 받고 싶은 대학에 보내는 에세이, 선생님의 추천서 등등을 준비해야 한다.

좋은 대학에 갈 수 있는 방법을 정리한다면, 학교성적인 G.P.A,와 S.A.T. 성적이 좋아야 하며, 몇 개의 A.P 성적을 가지고, 눈에 조금이라도 띌 정도의 방과 후 활동을 수년간 하는 것이다.

고마운 폭설

미국에서 생활을 시작한 뒤 처음 맞는 겨울이었던 8학년 1학기 말의 어느 날 일이다.

내가 사는 버지니아에 엄청난 폭설이 내렸다. 지금도 마찬가지지만 아침에는 꼭 엄마가 깨워야만 일어났다.

평소에는 엄막 나를 깨울 때 하는 말이 "준홍아 일어나서 학교 가야지"였는데, 이날 아침은 달랐다.

"준홍아, 눈이다. 굉장한데!"

탄성을 듣고 깨어보니 아파트 밖의 세상이 전날과는 완전히 달라져 있었다.

잠들기 전에 내가 보았던 세상이 아니라 온 천지가 눈으로 하얗게 덮여 있었다. 밤사이에 무슨 대단한 사건이라도 일어났다는 생각이 들 정도로 엄청난 눈이었다. 눈은 그칠 줄 모르고 계속해서 내리고 있었다.

하얗게 변해버린 설경을 보니 신기하기도 했지만, 학생은 학교에서 죽어야 한다는 생각에 꾸물거리면서 나름대로는 등교할 준비를 하기 시작하는데, 엄마 말씀이 오늘은 학교에 안 가도 된다는 것이었다.

그 말이 반갑기는 했지만, 확실한 지 확인할 길이 없어서 망설이다가 텔레비전을 켜보았다. "*** SCHOOL WILL BE CLOSED"라는 자막이 나오고 있었고, 창밖으로 스쿨버스 정류장을 봤더니 아무도 보이지 않았다. 휴교를 한 게 분명했다. 그날은 하루 종일 눈 구경을 하면서 집에서 빈둥빈둥 즐겁게 보냈다.

그런데 다음날도 역시 휴교가 계속되는 것이 아닌가. 학생들에게 갑자기 학교에 안 가도 되는 날이 생긴 것만큼 기쁜 일이 없겠지만, 전쟁이 났거나 미국이 공격을 받은 것도 아니고, 겨우 눈 때문에 휴교를 하다니 좀 어울리지 않은 듯했다. 물론 눈이 오는 버지니아의 겨울은 무척 근사하다는 생각도 하게 되었다.

눈이 와서 휴교하고, 길이 미끄러워서 휴교, 주말이어서 안 가고, 또 다시 눈이 조금 와서 휴교…. 이렇게 연속되는 폭설로 인한 휴교와 주말이 기막히게 겹치는 바람에 2주 연속 쉬게 되었다. 꿈같은 시간을 보내고 마침내 등교하게 되었다.

수업 도중 교내 방송에서 몇 번인가, 클래스 어쩌고 하는 내용이 들렸다. 그 내용을 어물어물 대충 해석해봤더니, 2주 동안이나 쉬었기 때문에 학기말 마지막 한 달은 매일 한두 시간 정도씩 연장수업을 한다는 것이었다.

미국에서 맞은 첫 겨울에도 폭설이 내렸고, 그 다음 해에도 역시 폭설이 내려서, 나는 간단하게 버지니아는 눈이 자주 많이 오는 지역이라는 것을 알게 되었지만, 사실 눈이 그렇게 많이 온 것은 이례적인 사건이었다. 여느 해와 비슷했다는 지난해 겨울을 나고 보니, 워싱턴에서 가까운 이 지방의 겨울은 눈이 적당히 오고 적당히 추운 정도였다(그래서 어떤 녀석은 겨울 내내, 심하다고 생각은 되지만, 반소매와 반바지로 학교에 오는 녀석도 있다). 미국식으로 표현하면 마일드한 정도다.

겨울에 폭설이 내리면 휴교를 하게 될 것을 대비해 평소에 수업 일
수를 넉넉히 책정해 두었지만, 그 해는 폭설로 인한 정전과 교통 두절
등 여러 사건이 유난히 많이 발생했다. 이렇게 미국 동부의 많은 주민
들을 허둥대게 만들었던 것은 지구 온난화로 인한 이상기온 때문이었
던 것이다.

눈이 많이 오면 왜 학교에 안 가는가? 미국에서 생활해보니까, 학교
는 학생들이 조금이라도 위험에 처하는 상황을 철저하게 피하고 있었
다. 안전을 생각한다기보다는, 만에 하나 잘못되면 책임을 져야 하기
때문인데, 지나칠 정도로 심하다는 느낌이다.

학생들이 아픈 경우, 한국 같으면 웬만하면 참고 수업을 끝까지 마
치라고 하는데, 미국에서는 어떻게 해서든 아픈 학생을 집으로 돌려보
내려고 한다. 집에 돌볼 사람이 있는지 없는지, 집에서 점심을 먹을 수
있는지 없는지는 상관하지 않는다.

한국의 선생님들과는 달리, 학생이 공부를 못해도 신경 쓰지 않고
(미스 위타키나 라틴 선생님은 집에 전화를 하는데, 매우 예외적인 경
우다), 대학에 가야 하지 않는가라는 염려도 관련 학부모 모임에서나
표현할 뿐 교사 개인 차원에서는 교실에서 절대 이야기하지 않는다.

이러다 보니 눈이 웬만큼 온 날, 눈을 치워야 스쿨버스를 운행할 수
있다는 판단하면 반드시 임시휴교를 한다. 눈을 치우느라 허리를 다쳤
다, 수업시간에 맞추려고 운전하다가 사고를 냈다, 걸어오다가 미끄러
져 넘어졌다 등등의 사태가 안 생기도록 하기 위한 가장 간단한 방법
이 두세 시간 늦게 수업을 시작하든가 임시 휴교를 하는 것이기 때문
이다.

어떤 사람은 이 제도가 노약자를 보호하기 위해 만들어진 것이라고 하지만, 미국에서는 12살 이하의 어린이를 어른이 없는 집에 혼자 두는 것은 심각한 범죄에 해당하므로, 눈 때문에 학교 베이스의 데이케어(daycare)마저 문을 닫아버리는 경우에는 난감한 사태가 발생한다.

저소득층 부모들은 아이가 학교에 가서 점심을 먹고 오후까지 있다가 집에 돌아오기 때문에 직장에 나갈 수가 있다. 그런데 이런 경우가 발생하면 아이와 함께 그날의 수입을 포기하고 집에 있거나, 아이를 혼자 집에 두고 나가면서 집에 있다는 인기척을 내지 말라는 당부를 하고 나가거나, 둘 중 하나를 택하지 않으면 안 되는 것이다.

그래도 학생들에게는 학교를 안 간다는 것이 크리스마스 선물만큼이나 반가운 일이어서 겨울이면 컴퓨터 바탕화면을 기상청으로 만들어놓는 등 일시적으로 기상청의 열성 팬이 되고 만다. 나처럼 초겨울부터 눈이 많이 오도록 '기설제'를 정기적으로 지내는 그룹이 생기는가 하면, 굿모닝 대신 'xx% of snow', 즉 눈이 어느 정도 올 거라는 인사를 하기도 하고, 주초부터 수업을 마칠 때 선생님들과 다음 수업 때 만나자가 아니라, 다음 주에 만나자며 수업 종료인사를 하기도 한다.

아무튼 눈은 즐겁고 고마운 것이다. 적어도 학생들에게는.

돼지 해부의 후유증

9학년 말, 생물 수업 중 인체 내부 공부에 대한 보충학습으로 해부를 ·했었다.

한국에서도 중학교에서 생물 시간에 한 번은 해부를 한다는 사실을 듣고 어린 마음에 무척 설레었던 기억이 남아 있었던 참이라, 두세 사람당 한 마리씩 금붕어를 받을까 개구리를 받을까 기대에 부풀어 해부 실습실로 들어섰는데, 이게 웬일인가!

실습실의 탁자 위엔 새끼돼지가 쌓여 있었던 것이다. 잠시 동안 돼지 시체의 용도를 파악하지 못하고 있다가, 돼지들이 해부 실습용이란 걸 깨달았을 때 정말 많은 생각을 하게 되었다. 돼지고기야 늘 먹어왔지만, 고기 한 덩어리가 아니라 살아 있는 듯한 모습 그대로인 돼지의 배를 가르게 된다고 생각하니 그리 유쾌하지 않을뿐더러, 메스로 배를 자르는 순간 주르륵 흘러내릴 피가 상상되어 소름까지 돋았었다. 해부에 대한 기대는 사라지고 선생님의 해부에 대한 설명은 귀에 하나도 안 들어왔다. 대신 삼겹살과 햄과 베이컨과 순대의 각 부위들이 연상되는 등 이제까지 먹어온 고기들과 테이블의 해부용 돼지가 오버랩 되어 혼란스러웠다.

그러다보니 중국 요리 중 귀한 손님을 접대할 때나 먹는 고급 요리로 새끼돼지 통구이에 대한 이야기까지 떠올랐는데, 털이 생기기 전의 정말 어린 새끼돼지의 내장을 다 빼낸 후, 북경 오리 요리처럼 껍질을 바삭하게 구워서 테이블에 올리고 즐겁게 담소하면서 잘라 먹는다는 것이다. 그 요리가, 해부실습용으로 테이블에 올려 있는 돼지의 크기 정도가 아닐까 하는 생각까지 하게 되었다.

이 상황에서 내가 어떤 생각을 하고 있든 현실적으로 닥친 것은 해부를 해야 한다는 것인데, 자세히 보니 인형 같은 모습에 단순하게 생긴 외관이 마음을 좀 진정시켰다. 그러자 실험이 끝난 후 돼지를 집에 가져가 요리를 하면 몇 명이 먹을 수 있을까 하는 어처구니없는 생각도 하게 되었다. 마음의 안정을 어지간히 찾을 때쯤 해부를 하기 시작했는데, 실습은 공부의 연장이고 테스트이기 때문에 선생님의 지시를 잘 듣고 그대로 실행해야 하는데, 실습과제는 이랬다.

세 사람이 한 팀이 되어 한 마리씩 배정된 새끼돼지의 배를, 절대 장기들이 상하지 않게 조심하여 가르는 일이 일차로 해야 할 공동과제로서 기본점수였고, 이어서 선생님이 말하는 장기를 찾아내는 것이 개인의 점수로 추가되는 것이었다.

이 당시 나는 점수가 하도 절실하던 때라, 점수를 위해서는 매미라도 먹을 수 있다는 정신자세가 되어 있었다. 따라서 징그럽고 말고 할 여유가 없었을 뿐 아니라, 사실 모습도 인형처럼 단순해서 무서움이 가시고 편안한 마음으로 해부를 할 수 있게 되었다.

배를 가르고 나니 그때까지 책에서 읽었거나 생물시간에 배웠던 것들과 다를 것이 하나도 없었다. 모든 장기가 배운 그대로의 자리에 있었고 핏줄도 뚜렷이 보였다(핏줄이 잘 드러나 보이게 하기 위해서 물감을 넣었다고 들었다).

한국에서 '신비한 인체의 탐험'이라는 정말 특별한 전시를 보았던 적이 있다. 사람들이 기증한 몸을 목적에 맞는 방법으로 처리해서 핏줄만 재구성해서 신체 그대로 만들어놓거나, 뼈를 일부 드러내거나, 신체의 단면을 보여주기 위해 한 사람을 통째로 잘라서 길게 늘어놓는 등등, 상상할 수 있는 모든 방법으로 인체의 각 부위를 전시해 놓은 것이었다.

시체를 전시했다고 생각하면 등골이 오싹해질 법도 하지만, 핏기라고는 하나도 없이 하얀 전시물들이 딱딱한 플라스틱 같은 느낌이어서, 인간을 본다는 느낌보다는 기괴하면서도 묘한 기분으로 '감상'이라는 행위를 할 수 있었다.

이날의 해부가 그랬다. 책에 있는 그림과 똑같은 위치에 있는 장기들의 이름을 재빨리 확인하고 외운 것에 대한 체크를 받고나자, 다시 선생님이 돼지의 뇌를 온전한 상태로 끄집어내면 가산점을 준다고 했다. 당시 나는 가산점이 절실히 필요했으므로 당연히 뇌를 끄집어내기로 했다. 파트너와 이 일을 어떻게 처리할지 상의하는 동안 대뜸 선생님이 오시더니 "뇌를 빼내려면 눈부터 도려내는 게 좋을 거야"라고 하시는 것이 아닌가.

가위 바위 보를 해서 진 사람이 눈을 도려내기로 했는데, 내기에서는 반드시 진다는 나의 징크스대로 나는 새끼돼지의 눈을 도려내게 되었다. 나는 이 사건으로 의과대학은 절대로 안 가겠다고 결심하게 되었는데, 실험을 같이 한 아이들은 시간 내내 핼쑥해져서 기분이 몹시 나빠 보이기도 했고, 흥분해서 죄다 자기가 하려고 하는 아이도 있었다. 그런가 하면 앞으로는 절대로 고기를 안 먹겠다거나 해부수업을 절대 못하겠다며 수업을 거부하는 친구도 있었고, 반면 너무 열성이

지나쳐 돼지 장기를 훔쳐서 집으로 가져가는 사람도 있었다.

나는 100% 비위가 약한 부류의 인간이어서 집에 도착하자마자, 엄마에게 페퍼로니가 든 피자 이외의 모든 돼지고기는 밥상에 올리지 말아달라고 부탁했다. 지금도 그 추억은 유쾌하지 않은 그림으로 내 머릿속에 남아 있다.

밴드 오디션과 바리톤 색소폰

우리 카운티에서는 매년 중·고등학교 학생들을 상대로 악기마다 오디션을 거쳐 최고의 밴드 두 팀을 선발하고, 이들에게 'All District Bands'라는 명칭을 부여하여 공연을 한다. 일종의 프로젝트적인 밴드로서, 여기에 선발된 학생들이 밴드 단원이 되어 며칠 동안 연습한 뒤 공연을 하고 다시 해산하는 것이다..

실력에 따라 두 개의 레벨로 구성되는 밴드의 멤버는, 어느 레벨이라도 자기 학교에서는 가장 잘하거나 유망주들이 틀림없다고 인정받는다. 왜냐하면 악기마다 대개 100명 이상이 경쟁을 하여 선발된 학생들이기 때문이다.

내가 다니는 고등학교는 밴드의 경우 카운티 전체에서 매년 가장 많은 숫자가 선발되며, 웬만한 악기 파트의 First Chair 몇 개는 차지한다는 전통을 가지고 있었다. 그래서 특별히 실력이 있는 학생들은 물론 심포닉 밴드에 있는 모든 학생들은 오디션마다 참여하는 것이 밴드 단원으로의 의무사항이었다. 11학년에서 나는 알토 색소폰 대신 바리톤 색소폰 주자로 Symphonic Band에서 활동하고 있었고, 자연히 모든 오디션에 참가해야 할 의무가 있었다.

나는 원래 Alto 색소폰을 연주했었다. 내가 처음부터 해왔던 악기이고 좋아하며 잘하는 악기이기도 했는데, 10학년의 마지막 실기시험을 본 후 밴드 선생님인 K(보통 선생은 Mr.를 붙이지만 밴드 선생은 K라

Symphonic Band

Piccolo
Anne Brickalsen — ChT

Flute
Kate Parkin — HRN
Jessie Nucho — MCL
Youngeun Kim — LAN
Elizabeth Passmore — LAN
Katie Bentley — HRN
Meghan Walsh — HRN
Hae Lee — MCL
Claire Smith — MAD
Victoria Cook — LAN
Rachel Jones — MAD

Bb Clarinet
Kevin Aliaga — MCL
Darrell Chan — MCL
Sarah Dickson — MCL
Natalie Allen — MCL
Robert Bogart — MCL
Sarah Atkinson — OAK
Jack Czerwinski — HRN
Erinn Connor — CHT
Chrissy Dusil — MAD
Elena Liberatore — HRN
Erin Flint — MCL
Helen Goldfrank — MCL
Becky Owen — MCL
Jennie Kim — MCL
Julianne Nava — YT
Melinda Hirt — HRN
Lindsey Navin — MAD
Elaine Dicicco — OAK
Leslie Walczak — YT
Molly Cretsinger — MCL
Elizabeth Hooper — YT
Laura Mansilla — YT
Yoon Choi — MCL
Theresa Crockett — MCL

Oboe
Susan Chong — MAD
Kim Thornton — MAR
Jessica Reber — LAN
Maria Raffaele — WL

Bassoon
Nora Swisher — YT
Mike Atkins — MCL
Janet Lee — YT
Colin Mannes — YT

Bass Clarinet
Christine Bax — MCL
Kelly McGregor — MCL
Lauren Terry — OAK
Natalie Manitius — MCL

Contra Bass Clarinet
Nathan Williams — HRN

Alto Saxophone
David Choi — MAD
Andrew Baroody — MCL
Rick Rusincovich — YT
Lera Brannan — CHT

Tenor Saxophone
Evan Humphrey — OAK
Chris Mehrvarzi — MAD

Baritone Saxophone
Meredith Saunders — MCL

Trumpet
Derek Anderson — FL
Adam Flu — WL
Austin Agee — MAR
Peter Dwyer — HRN
Sumedh Raina — MAR
Jonathan Brown — HRN
Andreas Gierke — SL
Tim Hirama — WL
Erin Shaw — CHT
Doug Havens — MCL
Samuel Bridges — LAN
Nathan Wu — MCL

French Horn
Avery Pettigrew — CHT
Russell Wheeler — LAN
Flannery Hourican — MCL
Arthur Gordon — OAK
Brendan Narod — LAN

Shelby Penn — MCL
Chris Eubank — HRN
Chanel Parks — HRN

String Bass
Nicholas Ingraham — CHT

Trombone
Duane Baker — OAK
Robert Van Trees — SL
Peter Gurney — WL
James Taylor — YT
David Cardwell — CHT

Bass Trombone
Matthew Dupertuis — LAN

Euphonium
Joseph Starnes — MCL
Matt Witchell — OAK
Chris Theodorakus — HRN
James Sennet — MAD

Tuba
Paul O'Doherty — MCL
Jeff Bennett — MCL
Jeff Miller — MCL
Stephen Rognlie — OAK
Nathan Scott — YT
Brian Giordano — CHT

Snare
Christina Knippler — CHT
David Cohen — MAD

Mallet
Chinegne-Parr — MCL
Marissa Tosiano — LAN

Timpani
Ian Christensen-Gibbons — MCL

Multi Percussion
Matt Jensen — SL
Kyle Pacque — MCL

Wind Ensemble

Piccolo
Stephanie Winkeljohn — SL

Flute
Analicia Carpio — MAD
Sarah Deisz — MCL
Alyson Frazier — MCL

Bb Clarinet
Diana Hunter — CHT
Erica Wickman — MCL
Rebekah Carpio — MAD
Liz Gorman — MCL
Katherine Ryland — LAN
Trish Tertell — MCL
Colin Jones — MAD

Oboe
Mary Riddell — CHT
Alexandra Mak — MCL

Bassoon
Caitlin Klimaviez — MAD
Eileen Roos — YT

Bass Clarinet
Matthew Ward — MCL
Marggie Andrews — MAD

Alto Saxophone
Stephen Dunlap — WL
Kevin Kingsley — WL

Tenor Saxophone
Michael Kalish — MCL

Baritone Saxophone
Jun Song — MCL

Trumpet
Max Friedfeld — MAD
Thomas Daniels — SL
Greg Ketcham-Colwill — YT
Matthew Gillen — MAD
Sam Koff — MAD
Steven Shaver — OAK

French Horn
Jennie Bowman — YT
Amanda Case — LAN
Kathryn Pocalyko — OAK
Steven Cutri — MAD
Enwlyn Rude — WL

String Bass
Sara Hiller — OAK

Trombone
Kyle Tilman — MCL
Ben Zoll — MCL
Tony Goode — MAD

Bass Trombone
James Trichilo — MAD

Euphonium
Ethan Henshaw — MCL
Benjamin Leventhal — HRN

Tuba
Brian Porter — MAD
Joe Bowelovic — MAD

Mallet
Douglas Goldstein — MCL
Danny Vozzolo — MAR

Timpani
Kyle Brightwell — SL

Multi Percussion
Rose Tobiassen — MCL
Tim Feerst — MAD

Guide to Student-School List

HIGH SCHOOLS	
Chantilly	CHT
Flint Hill School	FL
Herndon	HRN
Langley	LAN
Madison	MAD
Marshall	MAR
McLean	MCL
Oakton	OAK
South Lakes	SL
Washington & Lee	WL
Yorktown	YT

MIDDLE SCHOOLS			
Cooper	CPR	Langston Hughes	LH
Franklin	FKN	Longfellow	LGF
Gunston	GNS	Rachel Carson	CAR
Herndon	HMS	Swanson	SWN
Jefferson	JFS	Thoreau	THR
Kilmer	KLM	Williamsburg	WLM
Langley	TLS		

디스트릭밴드의 팸플릿. 앙상블 바리톤 파트에 내 이름이 있고, 곡명과 지휘자의 이름도 보인다.

고 부르고 있다)는 11학년에는 Symphonic Band에 올라가기는 하는데 바리톤을 불라고 지시를 했다. Symphonic Band에 알토 색소폰이 추가로 들어갈 자리가 없기도 하지만, 기존에 있던 학생을 밀어내고 들어갈 만큼 잘하지는 않았다고 추가 설명을 했다. 나는, 나보다 못하는 선배들도 있으니까 그 학생들은 떨어뜨리고 올라갈 수 있다고 믿었는데, 대학 진학을 앞둔 선배에 대한 배려도 해야 하는 것이 학교의 입장이라서, 바리톤을 하기로 하고 원하던 밴드에 들어가기는 했지만 관심이 없는 자리여서 밴드연습을 하면서 매일 툴툴거리던 참이었다.

게다가 자동차 뒤 트렁크에도 간신히 들어갈 정도로 엄청난 무게와 크기 때문에, 집과 학교를 가지고 다니면서 틈틈이 실기시험에도 대비해서 연습을 해야 하는 생활에 무척 염증을 느끼고 있었다. 그러던 중

차에 학교의 밴드에서 현재 연주하고 있는 악기로 오디션을 봐야 한다
는 조건이 붙은 디스트릭 밴드에 응시하는 날이 왔다. 이렇게 여러 가
지로 시달리면서 지내고 있는 데다가, 좋아하는 알토 색소폰으로 연주
하는 다른 학생에 대한 부러운 마음을 가뜩이나 억누르며 오디션을 봐

VMEA DISTRICT XII
2006 ALL-DISTRICT BAND
REHEARSAL AND PERFORMANCE SCHEDULE
Herndon High School
700 Bennett street
Herndon, Va. 20170

Feb.2– Feb.4, 2006

To: All-District Band Directors and Students
From: Richard Bergman Herndon High School, All-District Band Host

Subject: Schedules and Information for the 2006 All-District Band

FEE- $25.00 per student

Student Itinerary

Thursday, February 2, 2006 - Reg./Rehearsal - 6:00 p.m. – 9:00 p.m.
Friday,February 3, 2006 - Rehearsal - 9:00 a.m. - 5:00 p.m.
Saturday, February 4, 2006 - Rehearsal - 9:00 a.m. – 3:00 p.m.
Saturday, February 4, 2065 - Concert – 7:00 p.m. - Conclusion

Guest Conductors
Junior Band: Cindy Bulloch, Nimitz Junior High School, Odessa,
Texas
Senior Band: Ben Hawkins, Transylvania University, Kentucky,
Wind Ensemble: Takayoshi Suzuki, TAD Winds, Japan, UNLV,
All events will take place on the Herndon High School

Schedule
THURSDAY, February23, 2006

5:30 p.m. – Director Registration will take place in the High Main Lobby of
auditorium, gym area. Location: Back of School Entrance 6

Junior Band meets in auditorium
Senior Band meets in Herndon Band Room
Wind Ensemble meets in Herndon High School Choral Room

*STUDENTS SHOULD REPORT DIRECTLY TO THEIR REHEARSAL ROOM. NAME
CARDS WILL BE ATTACHED TO CHAIRS TO IDENTIFY SEATING. INSTRUMENT
CASE STORAGE WILL BE IN THE AUDITORIUM.*

디스트릭밴드 합격 학생들을 위한 연습일정 안내문. 며칠 동안에 엄청난 양의 곡을 연주할 정
도의 실력들이다.

야 하는 게 내키지 않아 대충 연습해서 시험을 치겠다는 생각으로 시험 장소에 갔다. 그런데 색소폰 연주자들끼리 모여서 연습을 할 수 있는 큰 방에 들어가니 벌써부터 분위기가 달랐다. 각 지역에서 오디션을 보기 위해 들어와 연습을 하고 있는데 모두들 정말 필사적이었다.

오디션에 참가한 응시자들은 대기실이라는 곳에서 각자 warm up을 하고, 자기 차례가 되면 독방에 들어가서 준비한 것들을 연주하는 방식인데(모든 장조 스케일, 크로매틱, 정해진 오디션 곡) 대기하는 동안 다들 표정이 심각했다.

나는 결과에 신경 쓰지 않고 대충 치를 생각으로 어슬렁거리고 있을 생각이었는데, 시간을 계산해보니 맨 마지막 순서였던 바리톤 색소폰

디스트릭밴드 오디션에서 바리톤 색소폰의 지정곡 악보의 일부분.

의 오디션까지는 두 시간을 넘게 기다려야 하는 상황이었다. 시간은 많은데 함께 얘기할 상대도 없어서, 어차피 남는 시간 동안 열심히 연습해서 오디션에 응하자는 생각으로 그때부터 연습을 시작했다. 그러다 보니 이왕 치르는 것 붙어야겠다는 자기최면에 빠져들어 두 시간 동안 정말 잠시도 쉬지도 않고 곧장 색소폰을 불어댔다. 또 오디션 직전 연주실 앞에서 가서도 악보를 보며 계속 중얼거리면서 외웠다.

오디션 방에 들어가 나는 깜짝 놀랐다. 시험관과 연주자 사이에는 커튼이 쳐져 있었고, Music Stand(보면대) 위에는 지시사항이 씌어 있었다. 수준이 있는 오디션에서는 종종 심사위원이 인종이나 성별, 혹은 외모에 의해 불공평한 판정을 내리는 것을 염려하여 연주자의 얼굴을 보지 못하게 한다는 말을 들은 적이 있었는데, 여기가 그런 경우였다. 그래도 나는 왠지 내가 동양인이라는 것이 알려지면 심사에서 불리할 것 같은 생각이 들어, 숨소리도 거의 안 들리게 깊은 호흡을 들이 마시고는 오디션을 시작했다.

당시 우리의 밴드의 First 바리톤은 여자 시니어였는데, 경력도 많고, 남자인 내가 들기에도 무거운 악기도 자유스럽게 연주하는 실력자였다. 또 지난해에는 District 밴드의 높은 밴드에 합격했었다고 들었다. 하지만 나도 경력은 짧지만 바리톤으로는 잘하는 편이어서, 나보다 월등히 잘한다고 인정할 정도는 아니었지만 분명히 잘하는 학생이었다.

그때 오디션이 어땠는지는 지금은 전혀 기억이 나지 않는다. 너무 떨려서 오디션을 마치고 방을 나오면서 떨어졌을 거라는 생각을 한 것만 기억이 난다. 일단 주위 사람들에게는 합격 여부에 별로 상관 안 한다고 말해뒀기 때문에, 붙고 싶은 마음이야 있었지만 조금이라도 내

색을 할 수가 없었다.

그래도 다음날 컴퓨터로 오디션 결과를 확인했는데, 딱 한 명을 뽑는 바리톤 자리에 작년에 붙었던 그 시니어 여학생의 이름이 올라 있었다. 나는 크게 실망하면서, 그래도 내가 몇 등이나 했는지는 알아보고 싶어 컴퓨터 스크롤을 내렸지만 내 이름은 어디에도 없었다.

나는 명단에도 못 들 정도로 시험을 못 봤다고 자책하며 창을 닫으려는데, 우연히 스친 커서 위로 스윽 지나가버린 화면의 위쪽에 Wind Ensemble이라는 섹션이 보였다. 그리고 거기에 내 이름이 선명하게 적혀 있음을 발견했다.

가장 높은 등급의 밴드 이름이 Wind Ensemble이었고, 그 밴드의 바리톤 색소폰 주자로 내가 선정되어 있었다.

나는 도저히 믿기지 않는 기쁨으로 등에 소름이 쫙 끼치는 희열을 느꼈다. 내가 바리톤을 죽도록 싫어하고 있었다는 것을 알 리 없는 밴드의 멤버들은, 내가 겨우 두 달 동안 연주한 바리톤의 경력으로 수년간 연주를 해왔을 쟁쟁한 다른 학생을 이겼다는 사실에 열광을 했고, 그 덕분에 그때 일주일 정도 엄청나게 잘난 척을 하고 다녔었다. 8학년 때 수학시험 이후로 1등이란 걸 해본 적이 없는 나였기에 그 정도 잘난 척하는 것은 내 자존심이 받아들일 수 있었다.

일탈과 벌에 대한 추억들

나는 학교생활을 하면서 상도 몇 번 받기는 했지만, 그다지 모범적인 학생은 아니었기 때문에 벌도 꽤 받은 편이다. 내가 주로 받은 벌은 가벼운 경고를 의미하는 디텐션이었다.

나의 디텐션의 역사는 중학교에서부터 시작되었는데, 유별나게 떠들어서 받은 것은 아니고 미스 위타키의 반에서 숙제를 안 해서 받은 디텐션이 여러 번이다. 이런 디텐션은 순전히 나의 게으름 때문이었는데, 아무리 영어를 못 알아듣는다 하더라도 숙제가 무엇인지만 알았더라도 엄마의 도움을 받으면 되는 것이었는데도 숙제를 안 해서 디텐션을 받고 살았다는 것을 지금 생각하면 머리가 어지간히 안 돌아가는 학생이었던 것 같다.

동생도 나처럼 영어를 못하는 상태로 학교에 입학했지만, 초등학교의 숙제를 열심히 했을 뿐더러, 중학교에 들어가서도 학교에서 내주는 숙제를 꼼꼼히 적어오고, 숙제를 한 뒤에는 우리에게 읽고 평을 해달라고 부탁하기도 한다.

나는 그러는 동생이 무척 기특하게 생각되어서 기꺼이 도와주게 되는데, 녀석이 나와 확연히 다른 점은, 엄마와 내가 함께 해대는 모든 잔소리와 충고를 속이 상해 눈물을 뚝뚝 흘리면서도 일단 수용한다는 점이다. 그러고는 결국 처음보다 더 완벽하게 마무리하고서야 숙제를 끝냈다고 생각한다는 것이다. 자연히 성적도 우수하다. 이런 모범적인 동생이 중학교에 들어가서 받아온 첫 숙제를 도와준 날, 내가 한 말이 걸작이었다.

"나도 그때 숙제가 뭔지 알았더라면 디텐션을 안 받았을 텐데."

숙제가 뭔지를 알아올 생각을 왜 안 했는지 지금 생각하면 한심하지만, 정기적으로 숙제를 안 해서 벌을 받는 것이기 때문에, 숙제를 거의 안 해 갔던 8학년에서는 디텐션을 자주 받을 수밖에 없었다. 그래서 일주일에 하루 정도는 집에 늦게 갈 것 같다고 엄마에게 미리 말해둘 정도였다. 엄마는, 내가 사춘기의 어려움에다 낯선 곳에 와서 겪는 이중의 어려움을 보시면서, 어떻게 해서든 공부를 따라잡게 할 것인가 아니면 스스로 견뎌내게 할 것인가를 고민하셨다.

결국, 내가 고집이 센 편인 데다가, 매사에 느린 아들이니까 1년 정도 자기가 경험하면서 직접 터득하도록 해야겠다고 결심하셨다고 한다. 이런 점이 엄마의 대범함인데, 이때 학교 성적을 올리려고 했다면 성적이 오르기는 했겠지만, 실패를 하고 오판을 하는 과정에서 배우는 경험의 부족으로 인해 지금까지도 헤매고 있을지도 모를 일이다.

고등학교에서는 디텐션을 딱 한 번 받았는데, 그 이유는 라틴어 수업을 무단으로 빠졌기 때문이었다. 작정을 하고 빠진 것은 아니었고 밴드 트립을 다녀온 다음날 갑작스런 라틴어 시험이 있다는 말을 듣고, 아무 생각 없이 큰일이 났다 싶어서 빠진 것이었다. 며칠 동안 수업에 빠졌으니 당연히 준비할 수 없었고, 선생님에게 전후 사정을 이야기했으면 아무 문제없이 해결되었을 것을, 지레 겁을 먹고 놀라서 학교 안의 한 장소로 숨어버리고는 그렇게 했던 일을 그냥 잊고 지낸 것이 발단이었다.

hand or near in time, while **ille** points to someone or something further away or distant in time or space. These are called *demonstrative adjectives*, from the Latin verb **dēmōnstrō, dēmōnstrāre,** *to point out, show.*

Here is a table showing all the cases of **hic** (*this, these*) and **ille** (*that, those*) in masculine, feminine, and neuter genders:

Number / Case	Masc.	Fem.	Neut.	Masc.	Fem.	Neut.
Singular						
Nominative	hic	haec	hoc	ille	illa	illud
Genitive	huius	huius	huius	illīus	illīus	illīus
Dative	huic	huic	huic	illī	illī	illī
Accusative	hunc	hanc	hoc	illum	illam	illud
Ablative	hōc	hāc	hōc	illō	illā	illō
Plural						
Nominative	hī	hae	haec	illī	illae	illa
Genitive	hōrum	hārum	hōrum	illōrum	illārum	illōrum
Dative	hīs	hīs	hīs	illīs	illīs	illīs
Accusative	hōs	hās	haec	illōs	illās	illa
Ablative	hīs	hīs	hīs	illīs	illīs	illīs

The Latin sentences above show these demonstrative words being used as *adjectives* modifying nouns; they may also be used without nouns as *pronouns* meaning *he, she, it, this, that*, etc.:

Ille, postquam **haec** audīvit, ē caupōnā sē praecipitāvit.
He*, after he heard* ***this*** *(lit.,* ***these things****), rushed out of the inn.*

Postquam **hoc** fecit,... *After he did* ***this****,...*

Marcus patrem, "Quid est **illud**?" rogāvit. *Marcus asked his father, "What is* ***that****?"*

"Cavē illōs hominēs!" clāmāvit Sextus. "**Illī** certē nōs in domūs vīcīnās trahent et ibi nōs necābunt." (26:20–21)
*"Be careful of those men!" shouted Sextus. "****They*** *will certainly drag us into the neighboring houses and kill us there."*

Sometimes **hic** refers to a nearer noun and means *the latter*, while **ille** refers to a farther noun and means *the former*:

Nōnne heri in urbe vīdistī multōs cīvēs post senātōrem sequentēs? **Hic** erat patrōnus, **illī** erant clientēs. (25d:21–22)
Didn't you see yesterday in the city many citizens following behind a senator? ***The latter*** *(literally,* ***this one****, i.e., the one last mentioned) was a patron,* ***the former*** *(literally,* ***those men****, i.e., the ones first mentioned) were clients.*

Be careful to distinguish **hic**, the adjective or pronoun, from the adverb **hīc**, *here*:

Quid tū **hīc**? (9:8) *What (are) you (doing)* ***here****?*

A GRIM LESSON 241

라틴어 첫 학기의 교재 내용

사실, 무단결석을 하면 학교에서는 점수를 감점하고 사무실에 기록하는 것으로 끝낸다. 감점을 하기는 해도, 나는 라틴어를 잘하는 학생이었으므로 급한 대로 수업을 빠진 후 공부를 조금만 더하면 감점된 점수를 보충하는 것은 간단한 일이었다. 그러나 공교롭게도 라틴 선생님은 학생에 대한 무한한 관심을 가진 분이었던 것이다. 즉, 학교의 다른 과목 선생님들은 집으로 연락을 하지 않고 결석을 기록만 하고 마는데, 라틴어 선생님은 엄마에게 전화를 해서 정확히 어느 날 언제 내가 수업에 무단으로 빠졌는지를 알렸던 것이다. 엄마는 믿기지 않았지만 일단 학교 사무실에 가서 나의 출결 상황 내역을 증거로 복사한 뒤 나를 기다리고 계셨다.

그날 집에 와서 생각지도 않은 엄마의 추궁에 나는 일단 오리발을 내밀었다. 하지만 엄마는, 만일 내가 그날 결석을 안 했다면 그날 배운 내용을 기록한 노트가 있을 테니 선생님의 확인을 받고, 사무실에 가서 정정까지 받아오라고 하셨다. 결국 나는 다음날 어쩔 수 없이 사실을 고백할 수밖에 없었는데, 이 사건으로 집에서 쫓겨날 뻔한 데다 학교에서도 별도의 벌까지 받아야 했다.

학창 시절에 한 번쯤 수업을 빼먹는 것은 누구에게나 매력적인 일탈이어서, 대개는 누가 학교를 빠진다고 해서 부모에게 알리지 않으며, 할 수만 있다면 위조된 결석계에 부모의 사인을 해주는 악역을 자청하는 학생조차도 있다. 그러나 한번 재미를 붙이면 자꾸 반복하게 되는 경우가 많다. 왜냐하면 학생들 누구나 알듯이, 한번 빼먹은 수업의 다음시간은 더 어렵고 따라잡기가 힘들기 때문이다. 어려워서 빼먹고 그 다음은 더 어려워서 또 빠지고 이러다보면 다음 시간의 수업은 더 어려워서 또 빠지게 되는 악순환이 반복되어 상습범이 되는 경우가 흔하다. 그 결과는 최악의 경우 과목낙제라는 후유증을 초래하기도 한다.

수업에 빠지는 학생들은 나름대로 스릴을 느끼는 대신, 때로는 큰 대가를 치르기도 하는데, 우리 학생들 전원을 포복절도하게 한 사건이면서 듣는 학생의 모골까지 성연하게 한 사건이 있었다.

지금은 졸업을 했지만, 한 선배가 그날도 서류상으로는 완벽하게 처리를 하고 학교를 빠진 뒤, 신나게 돌아다니다가 학교 쪽으로 가기 위해서 495번 도로를 운전하고 있었다고 한다. 더 놀고는 싶었겠지만 매일 학교 수업 후 동생을 Pick Up 해야 했기 때문에 적당한 시간에 맞추어서 돌아가던 중이었다고 한다. 그런데 웬지 오른쪽 뒷목의 기분이 계속 이상하면서 근질근질하더라나. 이상하다 싶어서 운전을 하면서 오른쪽을 힐끗 돌아보니(우리는 이 대목에서 모두 오싹했다) 엄마가 바짝 붙어서 운전을 하고 오면서 교통경찰처럼 수신호로 갓길 (Shoulder)에 세우라는 신호를 하고 있더라는 것이었다. 아들에게 갑자기 볼일이 있어서 학교에 간 엄마가 아들의 무단결석을 알고는 갈 만한 곳과 시간대를 계산해서 아들과 비슷한 시간에 그 길을 운전하면서 찾고 있었던 것인데, 이 무용담은 듣고 있던 우리가 무서워서 덜덜 떨었을 만큼 결말이 무서웠다.

그 다음 이야기는 한 선배가 수업을 빼먹고 운전을 하며 돌아다니다가 교통사고를 냈던 경험담이다. 사고가 나서 차가 꽤 망가졌는데, 상대가 하필이면 스쿨버스였다는 것이다. 대개의 경우는 부모의 보험에 함께 가입되어 있으므로 혼자 해결할 수도 없고, 수업을 빼먹은 것이 알려지면 두 배로 야단을 맞을 것이고, 학교에서는 처벌을 받을 뿐더러 학점도 망가지므로 곤경에 처하게 된다. 하지만 결과는 잘 해결했다는 것인데, 그 비결을 다 듣지 못한 것이 지금도 아쉽다.

또 다른 한 친구의 경우다. 나하고 같은 학년인데 운전을 할 나이가 아니어서 차를 몰고 멀리는 못 가고 학교 근처를 돌아다니면서 놀고 있었단다. 놀고 있다고 해도 갈 데가 있는 것도 아니고, 본격적으로 방황을 하거나 담대한 편도 아니어서 그냥 걸어 다니다가 학교로 들어오는 정도였다. 그런데 공교롭게도 그 학생의 엄마 친구가 운전을 하고 가다가 하필이면 그 길에서 그냥 걸어 다니고 있는 친구를 보고 발각된 경우이다. 작정하고 논 것은 아니었지만 그 동안 뒷일을 생각 안 하고 놀던 터라 그 친구는 당연히 떨어져가던 성적과 합쳐서 단단히 혼이 났다. 하지만 워낙 착한 녀석인 데다가 어린 나이에 한 번쯤 그럴 수 있는 일이라서 곧 성실한 학생이 되었다.

내가 집에서 그 친구 일을 이야기하면서 편을 들었을 때, 엄마는 그 친구가 그렇게 돌아다닐 때 말리지 않은 것을 나무라셨다. 친구끼리 고자질은 할 수 없었겠지만 그래도 내가 집에 와서 엄마에게 이야기는 했어야 한다는 것이었다. 일탈이란 것이 한 번쯤 해보고는 싶으나 어린 학생들이 감당할 수 있는 것이 아니며, 특히 우리는 한 동네 친구이므로 눈감아줄 일이 아니었다는 것이다.

아무튼 보통 학생들에게도 무단결석은 종종 있는 편이며, 성적이 좋은 학생들도 어려운 상황을 피하기위해서 나름대로의 임기응변의 도구로 써먹는 수단인데, 이 경우는 숙제를 덜하고 시험을 피해서 기존에 확보한 높은 점수를 유지 할 수 있는 경우에 극약 처방으로 시도하는 것이며, 생각대로 안 되는 경우는 전 과목 성적이 F가 될 위험이 있는 방법이다.

학교의 처벌규정에 대해서는, 공립보다 사립이 더 까다로운 편이다. 조금만 잘못해도 정학에 처한다. 이런 경우를 Suspension이라고 하며, 처벌은 2~3일 내지 1주일 정도다. 내가 보기에는 별 것도 아닌 일에 대해 정학 처분을 하면서 아이들을 통제하는 수단으로 삼고 있다고 생각되는데, 폭력은 정학 단계를 거치지 않고 곧바로 퇴학처분을 하는 경우도 있다. 공립학교도 폭력에 대한 규정은 무척 엄한 편이어서 최소한 정학, 심하면 퇴학을 각오해야 하며, 사립학교의 경우는 거의 곧바로 퇴학처분이라고 한다.

나의 초등학교 동창과 형이 유학을 하고 있는 학교에서 일어난 일이다. 가디언으로 등록되어 있던 엄마가 미국 내의 법적인 보호자였는데, 어느 날 저녁 친구의 형이 고막을 다쳤다는 소식을 한국에 있는 그 형의 엄마로부터 전해 듣게 된 것이다. 길게 들을 것 없이 새벽이 되자마자 집에서 출발하여 3시간이나 걸리는 길을 운전해간 뒤 친구와 형을 만나겠다고 신청을 해서 만났다고 한다. 학교에서는 가해자를 퇴학조치 할 것이며, 고소하여 감옥에 보내겠다고 강경하게 나왔다고 한다. 하지만 피해자의 엄마가 속이 상하기는 했지만, 최대한 관대하게 처분해달라고 부탁하더라고 전했더니 그 말을 전해들은 학교에서는 다른 학교의 전학을 하는 것으로 일을 마무리했다고 한다.

미국의 학교에서는 Zero Tolerance라고 해서 공포나 협박이나 폭력에 대해서는 어떤 관용도 베풀지 않는다는 원칙을 엄격하게 적용하고 있다. 또 어떤 종류이든 학교에서 처벌을 받는 것은 좋지 않은 기록을 남길 뿐더러, 학교에서의 폭력은 절대로 용납될 수 없다는 것을 명심해야 한다.

'애물단지' 라커

고등학교가 배경인 미국 영화에서 거의 빠짐없이 볼 수 있는 장면이 복도에 즐비한 라커들인데, 초등학교는 각자 자기의 책상이 있으니까 라커가 없지만 중학교부터는 실제로 라커가 있다. 학생들은 아침에 라커에 가방을 넣어두고 첫 번째 수업에 필요한 것들만 들고 가서 수업을 하고, 끝나면 다시 라커에 와서 다음 수업에 필요한 것을 들고 다른 교실에 가서 수업에 참여하는 생활을 한다. 하지만 일부 학생들은 힘자랑이라도 하듯이 엄청난 무게의 가방을 교실마다 그대로 메고 이동하면서 1년을 보내기도 한다. 나는 가방을 메고 이동하는 무리 중 하나이다. 내가 왜 라커를 사용하지 않는가? 그 이유는 딱 하나인데 시간마다 필요한 것들을 꼼꼼하게 챙길 자신이 없기 때문이다.

미국에서는 라커를 잘 사용하는 법을 초등학교 때부터 훈련한다. 훈련과목이 따로 있는 것은 아니지만 담임선생님의 끈질긴 잔소리가 곧 매뉴얼이다. 또 학기마다 집으로 배달되는 성적표의 Study Skill 항목의 점수로 아이가 어느 정도 실행하는가를 알 수 있다.

동생도 초등학교 4년 동안 엄청난 훈련을 받기는 했지만, 우리는 동생의 성적표가 배달되어 오면 학과목은 젖혀두고 정리항목을 먼저 들여다보곤 했다. 왜냐하면 욕심이 많아서 다른 아이보다 공부를 잘해야 하고 운동도 잘해야 하는 동생이, 정리 항목에서는 유독 낙제를 간신히 면할 정도이거나 조금 나아진 정도를 넘나드는 것이 신기하고 재미있었기 때문이다.

책상의 관리가 당장 중학교에 가면 라커 사용 기술로 이어질 것이라는 것을 아시는 엄마는 중학교에 다니면서 동생이 허둥댈 것이 무척 걱정스러워서 집안의 내력을 더듬기 시작했다. 졸업 때는 꼭 대통령상을 받고 싶다는 의욕을 보이는 동생이 오늘은 더 잘 정리할 거라고 다짐을 하면서 학교에 갔지만 여전히 성적표의 정리정돈 점수는 수렁을 헤매는 생활이 반복되는, 우리만 보기에는 아까운 나날이 내내 계속되었다.

그러던 어느 날, 동생의 6학년 담임선생님을 만나고 집으로 돌아오신 엄마가 싱글벙글하셨다. 동생의 담임선생님과 면담을 하시다가 그동안 벼르고 벼르던 질문을 하셨다는 것이다.

"아무래도 우리 아이는 정리정돈을 못하는 집안의 내력이 있는 것 같은데, 혹시 다른 아이들, 특히 여학생들은 잘하나요?"

이때 담임선생님은 고개를 절레절레 흔들면서 정말 낙담하는 표정으로(학교의 방침 때문에 같은 반 담임을 두 해 동안 하고 있던 상태였단다) 남학생 여학생을 가릴 것 없이 하나같이 너저분하다고 대답하더라는 것이다.

중학에 갓 들어간 동생에게 다른 사람의 라커를 들여다봤냐고 물어봤더니, 남학생들은 그냥 물건만 있는데 여학생들은 주로 핑크의 거울과 사진을 붙여놓고 서로 자기 것을 구경시켜주고 있었다고 했다. 초등학교 시절에 자신과 마찬가지로 어수선하던 여학생이 이렇게 완벽하게 변신한 것에 동생은 좀 놀란 것 같았다. 그로부터 동생은 중학생이 된 여학생은 신기한 존재라고 생각하게 된 것 같은데 정작 자기 것을 어떻게 관리하는지는 말해주지 않고 있다.

중학교에서는 학생들에게 라커 사용을 강력히 권하지만, 고등학교 정도 되면 권장 정도에서 끝내기 때문에 나처럼 라커를 안 쓰는 학생도 상당수 있다. 그렇다고 해서 내가 악기까지 들고 다니는 것은 아니다. 밴드를 하는 학생들에게는 학교에서 개인전용 악기 라커를 제공하므로 그곳에 보관해둔다.

라커는 학교에 들어가면 졸업할 때까지 쓰는 것이 아니라 학기말에는 자기 물건을 깨끗이 비우고 새 학기에는 다시 다른 라커를 배정받게 된다. 학교 사무실에서는 방학 동안 열쇠의 비밀번호 콤비네이션을 완전히 바꾸어서 지난번에 쓰던 학생의 번호로는 열 수 없게 한다. 정기적으로 전교 학생들의 라커를 바꾸는 것이 귀찮은 작업이기는 하겠지만, 운에 따라서 항상 편한 위치에 있거나 불편한 위치에만 있게 하지 않는다는 점에서는 합리적인 제도라고 생각한다.

이런 제도 때문에 학생들은 학기마다 새로 배정받은 라커의 위치를 익히고 세 가지 숫자로 된 라커의 비밀번호를 외워서 사용하게 된다. 학교에서 사용해야 하는 번호는 이것 이외에 식당에서 점심을 먹을 때 사용하는 개인의 Pin도 있으므로 가끔 기억이 깜박하는 경우를 예상해서 자기 번호를 다른 아이보고 외워달라고 부탁하는 친구들도 가끔씩 있다.

라커는 학생들의 필수품이나 귀중품을 보관하는 곳이므로, 학교에서는 거의 한 달 동안, 비밀번호는 자기만 알고 있어야 절대로 다른 학생과 공유하지 말라고 방송을 통해 경고성 멘트를 내보내지만, 학생이라는 종족이 학교가 하라는 대로 하기보다는 한 귀로 듣고 한 귀로 흘려버리는 경우가 많다.

왜냐하면 라커를 배정할 때 학교에서는 학생들의 친구관계나 수강과목을 배려해서 배정하는 것이 아니기 때문이다. 그래서 받을 때와는 달리 한 학기의 중간쯤 되었을 때는 라커 한 개를 친한 두 사람이 함께 쓰는 경우도 있고, 나처럼 아예 문도 안 여는 학생도 있고, 한 과목만 다른 사람의 것을 같이 이용하기도 한다. 그 동안 학교에서 터득한 각종 서바이벌 요령을 다 활용해서 라커를 편리하게들 이용하는 것이다.

학교가 아무리 비밀번호를 공유하지 말라고 해도 이동시간에 보면 한 라커에 두 학생이 동시에 꺼내느라 법석인 경우를 흔히 보게 된다. 또 가끔은 남의 라커를 자기 것으로 알고 쓰는 학생도 있다. 올해 내가 사용할 밴드 라커가 그런 경우다. 색소폰을 연주하는 누군가가 사용하고 있는데, 심포니가 아니고 콘서트 밴드의 어떤 녀석이다. 시간대가 다른 밴드이다 보니 나와 같은 알토 색소폰인 것은 알겠지만 아직 그 학생의 정체를 확인하지는 못했다. 생각만으로는, 이제 내가 시니어이기도 하겠다, 색소폰에서는 얼굴도 알려졌겠다, 들어가서 '누구야! 방빼!'라고 해서 당장 해결하고 싶지만 바쁘게 돌아다니다 보니 아직 그렇게 못했다.

그 동안 이곳 페어팩스의 교육환경이 좋다는 소문이 꾸준히 나서 그런지 타지방에서 오는 학생들이 계속 증가해 왔다. 공식적으로 전국에서 12번째로 학생 수가 많은 카운티라고 한다.

우리 학교도 계속 학생이 늘어왔는데 올해는 지난해보다 더 많은 학생이 증가했다고 한다. 뿐만 아니라 학기 중에도 계속 학생들이 늘어

날 것을 예상하여, 학교에서는 이례적으로 웬만하면 라커를 공유하도
록 권하고 있다.

음악이 가져다준 것들

11학년부터는 학교 재즈 밴드에 참가해서 First 테너 색소폰을 불게 되었다. 그런데 이 밴드는 1년 내내 해도 겨우 반 크레딧을 주는 정도였지만, 오디션을 봐서 멤버가 될 수 있는지 아닌지를 결정하는, 어느 정도의 실력을 요구하는 밴드였다.

이것저것 잘 까먹어서 자주 놓치는 내가, 오디션과 가입신청이라는 번거로운 과정을 열심히 기억해야 하는 번거로움을 감수하면서까지 재즈밴드에 들어가게 된 계기는, 적어도 내가 다니는 학교에서는 최고의 알토 색소폰 주자가 되겠다는 야심을 갖고 있을 무렵인 9학년의 어느 날, 학교 식당에서 요란한 셔츠를 입고 흔들어대며 빵빵 불어대는 재즈 밴드를 보고 단번에 매료되었기 때문이다.

지금은 알토 색소폰과 테너와 바리톤을 자유로 불고, 악기를 연주하면서 나는 행복하다고 생각하게 되었지만, 원래 색소폰은 내가 하고 싶어서 선택한 악기가 아니었다.

나는 아직 부모님의 마음을 알 수가 없다. 특히 엄마의 마음은 평생 동안 모르고 살지도 모르겠는데, 나는 느끼지 못하고 있었지만 엄마는 나의 소심함과 나약함에 대해 어릴 때부터 많이 걱정을 하셨다고 한다. 그런 나의 성격은 현재 내 생활 전반에서 취약점으로 작용하기 때문에, 그 당시 엄마를 생각하면 정말 그 심정이 이해가 된다.

아무튼 엄마는 아들의 인생을 평생 지배할지도 모르는 소심증을 극

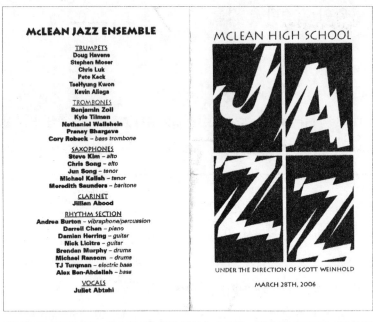

재즈밴드의 팜플릿 표지. 여러 장으로 되어 있으며, 속지에는 연주자와 연주곡명 등이 자세히 기록되어 있다.

복하기 위해 청학동에 보내서 예절을 배우게 하거나, 군대식 훈련 캠프나 국토순례 참가 등의 처방 대신, 아들 인생의 작은 한 부분 정도는 엄마가 직접 해결하겠다는 결심을 하시고, 그 당시 엄마가 직접 가르치던 피아노를 중단하고 색소폰을 배우게 하셨다.

색소폰은 근대에 만들어졌기 때문에 이른바 클래식 세계에서는 사용된 적이 없고, 재즈 밴드에는 반드시 있어야 하며, 클래식 연주를 주로 목표로 하는 피아노보다는, 자유로운 연주자를 접할 기회가 많다는 이유였다고 한다. 특히 연주를 할 때 악기의 특성상 얼굴을 어느 정도는 숙여야하므로 소심함을 어느 정도는 커버할 수 있다는 장점, 그리고 연주하기 위해서는 다른 사람의 앞에 정면으로 서야 한다는 점으로 봐

서 색소폰은 나의 성격에 맞는 악기라고 판단하신 것이다. 게다가 피
아노는 혼자서 연주를 하는 경우가 흔하지만 색소폰은 그룹으로 어울
릴 일이 많으니까, 내가 싫더라도 다른 사람과 어울려서 의사표시를
할 일이 늘어날 것이라는 기대도 하셨다고 한다.

아무도 하지 않는 색소폰을 한다는 사실에 기가 막혀서, 그 당시는
거의 울음 섞인 투정을 하면서 거세게 반항을 했었다. 하지만 엄마의
결단이 있은 지 1주일 후부터, 6학년의 어느 날 나는 1주일에 두 번씩
레슨을 받고 엄마의 철저한 감독하에 연습을 하게 되었고, 두 번째 레
슨부터는 기막힌 소질이 있다는 레슨 선생님의 평가를 듣게 되었다.
그래도 어떻게 해서든 시키려는 엄마와 안 하겠다는 내가 신경전만 벌
이다가 미국에 오게 되었다.

미국에 온 이후에는 중학교의 첫 밴드 시간에 '나비야 나비야'의 음
악을 관악기가 연주할 때의 웅장함과 신선함에 감동을 해서 색소폰을
좋아하게 되었는데, 9학년에서도 음악이 뭔지도 모르면서 래퍼토리도
짧은 완벽한 초보라는 엄마의 평가는 완전히 무시하고, 그저 아름다운
소리를 내는 것에만 치중하고 있었던 참에 재즈 밴드의 연주를 실제로
듣게 된 것이었다.

지금은 쿨재즈와 빅밴드, 그 외에 여러 장르의 재즈 음악을 들으며
즐기고, 어느 정도의 즉흥연주를 하는 정도가 되어 있지만, 처음 학교
식당에서 들었던 빅밴드의 음악에 매료된 이유는 음악적인 데 있지 않
았다.

우선 음악을 하면서 몸을 경직하지 않고 이런 저런 표정을 할 수가
있고, 다양한 소리의 묘한 조합을 할 수 있는 등등 겉으로 보이는 모

재즈밴드 단원의 모습들. 위 사진 앞줄의 왼쪽에서 세 번째(색소포니스트 중 왼쪽에서 첫번째 테너 주자)가 나다. 모두 학생이며 서 있는 여자는 보컬이고 공식멤버는 아니다.

습에 반했다. 그리고 신나는 음악에만 매료되면 많이 힘든 학교생활이 덜 힘들 수도 있을 거라는 기대에다, 나의 알토 색소폰으로 저런 음악을 같이 할 수 있을 거라는 생각에 그냥 신나게 해보자는 정도가 이유의 전부였다.

그러면서도 재즈를 연주하는 학생들이 신이 나서 연주하는 것이 아니고 관객을 위한 연출이기도 할 거라고 생각했었다. 속내야 어떻든, 재미는 상당히 있을 것 같은 밴드여서 당장 들어가고는 싶었지만, 오디션을 거쳐 도전해볼 생각보다는 일단 포기하는 쪽을 택했다. 10학년엔 자신이 있긴 했지만 단순히 오디션을 본다는 날짜를 까먹어서 재즈밴드 가입에 실패하고 만 것이다.

이때는 내가 한심하게 엄마에게 둘러댔지만 속는 것 같지는 않았고, 이렇게 딱 한마디 경고를 하셨을 뿐이다.

"다음에는 이런 핑계를 듣고 싶지 않거든."

11학년이 되어 오디션을 보는데 색소폰 섹션은 알토 두 명, 테너 두 명, 바리톤 한 명이 새로 필요하다는 것이었다. 나는 테너 섹션의 오디션을 봤고, 밴드 선생님은 First 테너를 하라고 하셨다.

내 전공인 알토를 못하고 아무리 First라지만 테너를 하라고 하니 조금 한심했지만, 어쨌든 재즈 밴드 멤버가 되었다는 것이 일단 좋았다. 하지만 멤버로서 정식 연습을 시작하고 봤더니 테너라는 게 보통 중요한 자리가 아닌 것이었다.

우리 밴드는 빅 밴드인데, 보통 빅 밴드에는 First 알토 주자를 리듬과 피치를 위하여 두고, First 테너 주자는 솔로를 위해 둔다는 것이었다. 솔로 파트가 되면 연주하는 다른 악기들은 작게 소리를 내고, 솔로 주자는 일어서서 멜로디를 연주하게 된다. 밴드 선생님은 내가 알토를 잘 하기 때문에, 선배가 쟁쟁하게 있는 알토 섹션에 두어서 솔로를 나누는 것보다는, 독립된 솔로를 할 기회가 많은 테너의 First를 하라고 배려한 것이었다.

그런데 밴드에서 두 번째로 솔로가 많았던 연습에서는 연주를 잘했어도 막상 실제 무대가 되면 즐겁기는 했지만, 일어나서 연주한다는 것만으로도 너무나 떨렸다. 그러니 맞는 음보다 틀린 음이 많았다. 너무 틀리다보니 처음에는 미안하고 긴장하여 식은땀까지도 흘리자, 농담 반 진담 반으로 재즈 선생님이 하시는 말씀이, 재즈 연주는 첫 음과 마지막 음만 맞으면 된다고 하셨다. 그 말씀에 위안을 받고는, '어차

피 재즈 연주인 걸' 하는 마음으로 강심장이 되었고, 나중에는 '이번에
도 틀렸군' 하는 경지가 되었다.

나는 연습을 하거나 연주를 할 때면 행복하다. 굳이 무대가 아니어
도 연습을 하기 위해 악기를 드는 순간부터 행복해진다. 그리고 재즈
밴드에서는 행복한 정도가 아니라, 내가 악기를 즐길 수 있다는 것이
고맙기까지 하다.

우리 밴드 선생님이 편곡한 My Funny Valentine 같은 경우는, 바리
톤 색소폰의 솔로 도입부 연주 후 테너와 알토 색소폰 세 사람이 각자
의 멜로디를 연주하면서 분위기를 돋우는 부분이 있는데, 이런 때는
우리가 연주하는 그 부분을 내가 즐기고 있다는 것을 실감하게 된다.
양로원을 방문해서 어르신들께 연주를 들려드리고 춤을 같이 추고 다
과를 나누어 먹은 뒤, 집에 돌아와서 잔뜩 밀려 있는 숙제까지 해야
했지만, 그렇게 많이 피곤한 날도 나는 '오늘 즐거웠다'라고 생각할 수
있었다.

나는 재즈 밴드의 멤버가 된 후 재즈 음악에 대해 조금씩 공부를 해
왔다. 1년간 활동을 해본 결과 재즈 쪽으로 큰 재능이 없는 것은 확실
하지만, 엄마의 바람대로 색소폰 음악을 하면서 내 성격이 밝아졌고,
연주를 더 잘하기 위해서 질문을 하는 경우가 늘어나면서 대인관계를
덜 두려워하는 쪽으로 바뀌고 있다. 또 같은 밴드에서 멤버들과 오랜
기간을 같이 하면서 친구들을 다양하게 사귀게 되었다.

소리에 대한 관심도 생겼는데, 초창기에는 단순히 악기를 분다는 생
각이었지만, 지금은 발전하여 힘이 있으면서도 부드러운 반면 다양한
표현을 할 수 있게 되었다. 연주가들의 생애를 책을 통해 읽고, 연주법

을 연구하고, 음악을 듣고, 마우스피스를 직접 고르고, 구입하고, 이런 과정에서 외부에 대해 관심을 표하고 나를 드러내는 것에 대해 덜 어려워하게 되었다.

그리고 다양한 주법을 시도하고, 내가 이미 알아서 지루해진 평범한 곡에 즉흥 부분을 붙이고 약간 손질해서 느낌이 다른 새로운 음악으로 만들어서 연주를 하게 되면서, 과거에 사두고 재미가 없다고 팽개쳐 둔 악보들을 다시 연주해보았다. 그랬더니 재미없다고 생각했던 음악이 주법을 달리하면 음악 자체가 달라지는 것이 아닌가!

지금도 한때 열심히 추구하던 아름다운 음색 만들기를 하고 있기는 하지만, 즉흥연주까지는 아직 못 미치고 있다. 하지만 즉흥연주에 능하다는 U.S. Army Band의 쟁쟁한 연주자 정도는 되어 보려고 목표를 세워 놓았다. 그리고 학교 식당에서 예전에 내가 봤던 밴드처럼 연주를 하게 되었을 때, 나는 겉모습만 신나는 음악이 아니라, 연주를 즐기면서 관객도 즐겁게 해주고 싶다는 두 가지 욕구를 느끼면서 연주를 할 수 있었다.

성적과 선생님의 함수관계

미국의 학생들도 잘 가르친다 못 가르친다 하며 선생님에 대한 평가를 한다. 선생님을 잘 만나고 못 만나는 것이 한 해의 성적을 좌우하는 것은 당연하고, 어떤 경우는 자기의 전공을 택하는 것까지도 영향을 미치기 때문이다.

나의 경우 선생님을 잘 만난 경우가 미스 위타키이다. "댁의 아들이 게으릅니다" 하고 집으로 전화를 할 정도의 열성을 가지고 있으며, 가르치는 데도 엄격했던 미스 위타키가 아니었으면 허둥대는 나의 스타일로 봐서는 중학교 이후 몇 년 동안은 더 헤맸을 게 뻔하다.

한 술 더 떠서 미스 위타키는 8학년 2학기가 시작된 첫 시간부터 나를 더 절망하게 했는데, 원래 영어와 사회만을 담당하던 사람이 2학기에는 과학시간에도 들어와서 자기 학생을 감독했다. 나를 아예 한눈을 팔지 못하도록 맨 앞자리의 지정석에만 앉도록 조치해 버렸던 것이다. 그러고도 모자라서 방과 후, 성적이 낮은 몇 명은 스쿨버스를 탈 때 붙잡아서 숙제를 더 내주는 등 특별조치를 취했다. 지금도 기억하는데, 8학년 2학기 첫날 집에 와서 "엄마, 미스 위타키가 다른 선생님들하고 방학 동안 짰나봐. 모든 수업시간마다 다 들어와"라고 절망스럽게 한탄을 했던 적이 있다.

그리고 선생님 운이 없었던 경우는 10학년의 '미국정부사' 과목이다. 이 과목은 졸업을 위한 필수과목인데, 선생님의 취미가 '이야기하기'였다. 그리고 시험문제는 교과서에서 냈다. 이러다보니 재미는 있지만 책을 읽고 설명해주지 않으면 독학하는 것과 다를 것이 없는 상황이어서 매시간 애가 타서 죽을 맛이었다. 결국 성적은 죽을 쑤고 말았다.

섬머스쿨은 비교적 선생님 운이 좋았는데, 이번 여름에 English 12를 들으려다가 포기한 것은 운이 좋았다고 생각한다. 내 친구 중에 꽤 공부를 잘하며 뚝심도 있는 녀석이 있는데, 이 녀석이 섬머스쿨의 New Credit 코스에서 English 12를 신청했다가 1주일 만에 포기해버렸다.

이 친구는 한국인이면서도 하루에 영어 수십 장을 읽는 것은 일도 아니라는, 꽤 실력 있는 녀석이다. 그런데 걸리면 정말 안 좋다는 악명 높은 선생님의 반에 배정되었고, 한 달 내내 참고 견디다가는 스트레스 때문에 점수가 안 좋을 수 있다는 고민 끝에 과감히 포기를 한 것이다. 포기를 하면 기록이 남지 않으니까 안 좋은 기록보다는 낫지만, 야심이 꽤 있는 친구가 그만두었을 정도이니 그 선생님의 반 학생들은 이번 여름에 죽을 지경이었을 것이라고 우리가 걱정해 줄 정도였다.

동생의 학교도 벌써 어느 과목 선생님한테 걸리면 성적을 포기하라, 가르치지도 못하면서 그냥 '알았지?' 하고 넘어간다는 등 별별 소문이 다 돈다고 한다. 미국 아이들은 얼굴에 직접 감정을 드러내는 것을 웬만하면 삼가지만, 그래도 인간이라 뒤에서는 별별 소리를 다한다.

한국 학교를 많이 다녀보지도 않았거니와, 미국에서 학교를 다닌다는 것만으로 미국의 선생님을 마냥 찬양할 수는 없지만, 학생들의 질문에 대답을 잘해주는 것이 한국 선생님들과는 다르다면 다른 점이다. 모르면 묻고, 점수가 이상하면 기세가 등등해서 따지려는 마음을 먹지 않고도 '내 생각에는 점수가 이상한데요'라고 편하게 물어볼 수가 있다. 그리고 저학년에게는 진도가 어려우면 숙제를 덜 받아서 자기가 할 수 있는 만큼 하도록 배려도 해준다.

한국에서는 좋았던 선생님도 계셨지만, 초등학교에서부터도 질문을 포기해야 하는 선생님이 더 많았다.

오죽하면 중학교 입학하기 전의 예비상식으로 선배들에게서 가장 자주 들은 것 중 하나가 중학교에서는 질문을 안 하는 것이 가장 좋다는 말이었을까. 그런 예비상식을 가지고 입학을 해서 중학교를 다녔다면 나 같은 소심한 학생은 무조건 졸업 때까지 질문을 포기하고 다녔을 것이다.

질문을 얼마든지 할 수 있는 미국의 선생님들은 비교적 학생들에게 관대한 편이지만, 그렇다고 마음에 안 드는 학생이 없는 것은 아닐 것이다. 그게 바로 공부는 안 하면서 숙제를 안 하는 학생일 텐데, 떠들지만 않으면 내버려두는 편이라 학생 쪽이 불편해지는 경우는 없다. 이곳에서는 고등학교 졸업은 꼭 해야 한다든가, 대학에 꼭 가야 한다고 강요하지 않는 교육환경이어서 수업시간에 잠을 자는 학생도 내버려둔다.

두 얼굴의 수학

흔히 한국에서 미국에 유학 오는 학생들은 영어가 서툴러도 웬만하면 수학 과목만은 쉽게 점수를 받는다고 한다. 그 이유는 크게 두 가지로 요약되는데, 첫째는 한국 학교의 교과과정에서 수학이 미국보다 더 앞서가기 때문에 같은 학년이라면 이미 한국에서 배우고 온 경우가 대부분이고, 둘째는 대개의 학생들이 선행학습을 해서 자기 학년의 교과내용보다도 한 학년 정도는 진도를 나아간 상태에서 오기 때문이라는 것이다.

모든 학생이 그런 것은 아니지만 한국에서 오는 학생들은 수학과 세계사와 생물 과목에서는 다른 과목에 비해 덜 고생을 하는 편이다. 나는 다니던 학년보다 한 학년 높은 데서 시작한 데다가, 선행학습을 하지 않아서 미국에서의 수학이 그다지 쉽지는 않았으나, 그래도 역시 수학이 다른 과목보다는 쉬운 편이었다.

한국과 마찬가지로 미국 학생들이 가장 신경 쓰는 과목은 수학이다. 얼마 전 성인 미국인들의 대부분이 학교 다닐 때 수학에 편중해서 공부한 것이 후회스럽다는 생각을 가지고 있다는 기사가 나왔을 만큼 미국 교육에서 수학이 차지하는 비율이 다른 과목보다 높다.

고등학교의 수학은 Regular와 Honor와 AP*로 구분하는데, 초등학교에서의 수업부터 이 레벨과 비슷하게 분류해서 수업을 하기 때문에 보통의 수학을 하는 아이와 높은 과정의 아이로 나뉜다. 초등학교 때부터 높은 반에 들었던 학생은 언제나 수학 코스를 선택할 때 다른 학생보다 높은 것을 선택하는 경우가 많을 것이다. 그렇지만 중학교 과정에서 한국에서 온 지 얼마 안 되는 학생들이 다소 높은 것을 선택했다해도 어려워서 허덕이는 경우가 적지만, 웬만큼 잘하던 아이들도 미분과 적분에 들어가면 대부분이 어렵다는 말을 한다고들 한다.

나는 한국에서 수학을 잘하는 학생이 아니었지만, 미국에서 수학은 가장 쉬운 과목이었다. 미국 아이들이 절절 매는 시간에도 제일 먼저 풀었고, 쉬는 시간에 다음날의 숙제를 다 해버리기도 했었다. 그야말로 수학과 밴드에서 실력이 향상되는 재미로 학교에 다닐 수 있을 정도였다. 그런데 수학에서 Pre Calculus를 선택했던 해에는 수학 쉽다는 말이 쏙 들어가고 말았다.

얼마나 고전을 했는가 하면, 하도 안 되어서 자존심이 상하면서도 Trigonometry로 낮추어서 학기를 끝냈을 정도이다. 우리 학교 학생의 경우는 신학기 전에 과목을 선택할 때 평균 낙제율과 평균 성적, 그리고 선생님마다 학생들을 고생시키는 정도가 퍼센트로 매겨져 좍 도는데, 이런 정보는 대부분의 AP 과목과 주로 영어 과목에 집중한다. 그리고 높은 과목은 누가 듣는가도 관심의 대상인데 나는 자진해서 Drop를 했으며, 마음에 충격을 받고 학년 끝까지 괴로운 마음으로 보냈다.

내가 Drop했다고 해서 어려운 것은 아니지만 한국 아이들의 경우 미국에 와서 과외를 하면 영어와 수학은 기본으로 하는데, 높은 레벨에 들어가면 안 했던 아이들도 과외를 해야겠다는 생각을 할 정도로 수학이 어려워진다. 그때까지 대부분의 부모들은 아이들의 숙제를 조금씩이라도 도와주었지만, 여기서부터는 완전히 포기하게 된다.

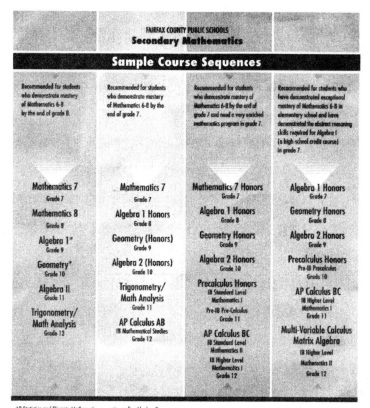

FAIRFAX COUNTY PUBLIC SCHOOLS
Secondary Mathematics

Sample Course Sequences

Recommended for students who demonstrate mastery of Mathematics 6-8 by the end of grade 8.	Recommended for students who demonstrate mastery of Mathematics 6-8 by the end of grade 7.	Recommended for students who demonstrate mastery of Mathematics 6-8 by the end of grade 7 and need a very enriched mathematics program in grade 7.	Recommended for students who have demonstrated exceptional mastery of Mathematics 6-8 in elementary school and have demonstrated the abstract reasoning skills required for Algebra 1 (a high-school credit course) in grade 7.
Mathematics 7 Grade 7	**Mathematics 7** Grade 7	**Mathematics 7 Honors** Grade 7	**Algebra 1 Honors** Grade 7
Mathematics 8 Grade 8	**Algebra 1 Honors** Grade 8	**Algebra 1 Honors** Grade 8	**Geometry Honors** Grade 8
Algebra 1* Grade 9	**Geometry (Honors)** Grade 9	**Geometry Honors** Grade 9	**Algebra 2 Honors** Grade 9
Geometry* Grade 10	**Algebra 2 (Honors)** Grade 10	**Algebra 2 Honors** Grade 10	**Precalculus Honors** Pre-IB Precalculus Grade 10
Algebra II Grade 11	**Trigonometry/ Math Analysis** Grade 11	**Precalculus Honors** IB Standard Level Mathematics I Pre-IB Pre-Calculus Grade 11	**AP Calculus BC** IB Higher Level Mathematics I Grade 11
Trigonometry/ Math Analysis Grade 12	**AP Calculus AB** IB Mathematical Studies Grade 12	**AP Calculus BC** IB Standard Level Mathematics II IB Higher Level Mathematics I Grade 12	**Multi-Variable Calculus Matrix Algebra** IB Higher Level Mathematics II Grade 12

AP Statistics and Discrete Mathematics are options after Algebra 2.
Computer Science is an option concurrent with or subsequent to Geometry beginning in grade 9.
Multi-Variable Calculus and Matrix Algebra are available after Calculus BC as semester courses.

* A four-mathematics-credit program for select students seeking a standard diploma may consist of a two-year Algebra 1 program and a two-year Geometry program.

September 2005

페어펙스 카운티 공립학교의 공식적인 수학 레벨표. 학생들은 이 과정의 순서대로 선택하는 것을 원칙으로 한다. 표에 나타나 있는 것처럼 같은 7학년이라도 Honor을 하는 학생은 레귤러와 다른 진도로 간다.

미국에서의 학과목 선택 기준은 과시용이 아니라 장래의 직업에 대한 적성까지도 간접으로 알아보는 기회이다. 새삼 선생님을 붙여서 공부를 해야 할 정도의 수준이라고 느낀다면, 장차 그 과목으로는 안 가는 것이 나을 거라고 조심스럽게 조언하고 싶다.

한국 아이들은 대학에 가서 전공을 바꾸는 것을 거듭하다가 아까운 시간을 낭비하는 경우가 많다고 들었다. 막상 입학을 했더니 원하는 학문이 아니었다는 경우도 있지만, 잘 할 자신은 없었지만 중요한 과목이기에 억지로 공부해서 입학을 한 후 대학 과정에서 버티기가 힘들었다는 학생도 많다고 한다.

수학을 망친 나는 11학년에 수학에 다시 도전하고 싶고, 여전히 좋아하고는 있었지만 지난 한 해 동안 겪었던 갈등과 괴로움 때문에 일단 제외했고, 나의 장기인 수학을 살리지 못했기 때문에 소외감도 가졌다. 덕분에 11학년 중간부터 SAT 수학을 준비했을 때, 1년 동안 수학을 중단했던 머리통을 풀기 위해 좀 고생을 했다.

내가 수학에서 크게 실패를 한 이유는, 완전히 나의 자만심 때문이었다. 수학은 Alg.2→Trig.→Calculus 및 AB→Calculus 및 BC→Multivar.로 가든가, 아니면 Alg.2 Hr→Pre. Calculus→Calculus 및 BC→Multivar.의 코스로 갈 것을 학교에서는 강력히 권장하는데, 나는 대학까지의 한정된 시간 때문에 초조해서 빨리 단축하고 싶었고, Alg.2 다음 과정으로 예정된 Trig.를 거절하고 곧장 Calculus 및 AB로 간다고 떼를 썼던 것이다.

그 결과 수업에서는 배우지 않은 것이 수시로 튀어나왔고, 잘될 거라고 위안을 하면서 버티다가 마지못해서 Drop 했을 시기에는 이미 Trig.의 진도조차 따라잡지 못하게 된 것이다.

이 일은 내게 학점으로는 큰 손실이었고 어리석은 행동을 한 것에 대한 자책을 학년말까지 해야 했으며, 수학을 최소한 1년간 돌아보지 않는다는 결정까지 하게 된 악몽으로 남아 있다.

이공계로 갈 생각이었고 그래서 수학을 많이 하되 전 코스 A를 유지한다는 목표가 완전히 어긋난 것에 대한 충격으로 11학년 내내 마음이 편치 않았다. 조기 졸업을 해버릴까, 전공을 다른 것으로도 바꿔버릴까 하는 생각도 했지만, 수학 공부를 다시 해서 만회하려는 생각이 간절했기 때문에 12학년의 스케줄에 Calculus AB를 선택했는데 예습을 해보니 이제는 그다지 어렵지 않을 것 같아서 대학은 여전히 이공계 쪽을 생각하고 있다.

* Regular와 Honor와 AP

AP(Advanced Placement)는 대학에서 배울 과목을 고등학교에서 미리 배우는 과목이나 제도이다. 과거에는 AP를 안 하고도 좋은 대학을 갔다지만 요새는 사정이 달라져서 이른바 명문대학을 가려면 AP 몇 과목 정도는 해야 원서를 쓸 수 있다.

공부는 자기가 다니는 고등학교나 인근 대학 등 그 과목이 개설된 곳에서 할 수가 있으며, 자기가 선택한 과목을 고등학교에서 수강을 하고 나서 얻는 점수는 고등학교의 학점으로만 남지만, 5월에 시행되는 정부 차원의 AP 시험에 응시해서 3점 이상을 받는 경우는 고등학교의 학점도 생기고 대학 학점도 미리 챙기는 두 가지 효과가 있다. 올해 여름, 버지니아 주립대학을 1년 만에 졸업한 베트남계 학생의 이야기가 잠시 화제가 된 일이 있는데, 고등학교에서 AP과목을 하도 많이 듣고 대학 학점까지 인정을 받았기 때문에 막상 대학에 들어가서 1년 만에 졸업을 할 수 있었다는 것이다.

고등학교 과목은 일반적으로 Regular라고 하는데, 조금 높은 수준의 과목이 Honors이다. 중학교부터 Honor 과목이 있으며 겉으로 보기에는 꼭 같은 A라도 Regular와 Honors의 평가가치는 다르며, AP의 A라면 엄청난 가산점을 받을 수 있다. 동생이 중학생이면서 Honor 과목을 듣고 있는데, 이런 학생의 대부분이 AP 몇 과목을 해내고 졸업하는 학생들이 된다.

심리학 예찬

내가 지금까지 들었던 수업 중 상당히 재미있었던 과목은 심리학이다.

고등학교의 학점 제도가 어느 정도의 교양과목과 필수과목을 듣고 나머지는 관심이 있거나 자신 있는 과목을 더 선택할 수 있도록 되어 있는데, 보통학생이라면 10학년부터 시간표에서 이런 제도를 이용할 만한 여유가 생긴다.

물론 저학년인데도 보통 학생과는 달리, 다른 코스로 공부 탁월하게 잘해서 이미 9학년 때부터 ooo의 높은 과목을 듣는다는 학생도 있지만 (동생도 그렇게 될 것 같다), ESOL을 거치는 보통 학생으로 충실히 살고 있는 나는 ESOL과 밴드를 병행하였기 때문에 시간표 선택의 여유가 한 과목 이상 줄어들 수밖에 없었다. 그래서 11학년이 되어서야 필수과목 이외에 관심이 가는 과목을 생각해볼 여유가 생겼다.

일반적으로 고등학교에서 제공하는 과목은 국·영·수에 해당되는 것 이외에 다양한 외국어, 예능 부문이 있고, 마케팅, 미분, 적분, 사진, 심리학, 철학 등등 무척 다양하다. 이런 제도 덕에 공부에 재능이 있는 아이들은 얼른 필수과목을 끝내고 공부의 능력을 보여주기 위해서 AP 과목을 죽 듣든가 대학에서 무엇을 전공할지를 탐색하기 위해 가볍게 한 과목 들어보든가, 취업을 위해서 선택하게 된다.

일반적인 학생이라면 9학년부터 학점을 따는 것에 조금만 부지런하다면 나 같은 보통학생조차 11학년에 이미 졸업에 필요한 학점을 다 이수해서 원하면 졸업을 할 수 있는 상태가 될 수 있다. 미국에서 공부하면서 이런 제도를 이용할 때마다 한국도 이런 제도를 도입하면 좋겠다는 생각이 들었고, 이런 제도 하에서 공부하는 학생이라는 신분에 만족하게 되었는데, 공부나 다른 면에 재능이 많은 학생들은 이 제도를 통해 자기의 욕구를 어느 정도 만족시켜가면서 당연히 많은 가능성을 발전시키고 찾아내는 계기가 될 것이라고 생각한다.

내가 심리학을 듣겠다는 생각을 한 것은, 이즈음 머리는 그다지 나쁘지 않은 것 같은데도 특별히 잘하는 것은 없고, 가끔은 너무 소극적으로 도피해버리는 선택을 하는 등의 나의 행동 패턴에 스스로 싫증을 느끼던 차에, 정신개조 차원에 도움을 받을 수 있었으면 하는 생각에서였다.

마음이 내 몸의 어느 구석에 있는지는 모르겠지만, 미국 생활을 하는 동안 여러 가지 면에서 내가 어렵더라도 나의 생각과 마음을 컨트롤해야 하는 이유를 뼈저리게 느껴왔었다. 그래서 무조건 듣기로 결정을 하고 심리학에 대한 상담을 카운슬러와 했더니, 심리학 공부는 영어만큼 새 단어가 많아서 힘들 거라는 충고를 해주었다.

학점문제로 골치를 앓고 있던 참이라 새 단어가 많다는 것이 다소 걱정은 되었지만 쉬운 것 위주로 듣다가는, 평생 다음으로 미루어야 할 과목이 있을 수밖에 없을 것이라는 생각에 결단을 했다. 이제까지의 학점에 심리학의 결과까지 합해지면 더 나쁠 수도 있겠구나 싶었지만 잠을 줄이기로 결심하고 선택하기로 했다.

그 결정을 하기 전까지 내가 무언가를 정말 열심히 했던 것은, 9학년 때 밴드 최종시험이 있었을 때뿐이다. 나는 정말 악기에 재능이 있어서 영어는 못 해도 악기는 항상 잘하는 편이었다. 실기시험을 볼 때마다 분명히 내가 제일 잘한 것 같은데도 계속 꼴찌 Chair를 면치 못했다. 나는 도저히 인정할 수 없는 결과에 오기가 나서 입술에 피가 날 정도로 매일 몇 시간씩 연습을 했다. 선생님의 인종적인 편견도 작용할 수 있는 자리 정하기 오디션에서, 웬만큼 잘해선 계속 꼴찌에 앉혀버릴 테니까 아예 압도적으로 잘 치러서 인정을 받아버리자는 생각이었다. 밴드 시험 날, 차분히 시험을 끝내고 나니 선생님의 눈이 휘둥그레져 있었다. 내가 이렇게 잘하는 줄 몰랐다며 레슨 선생님의 이름까지 물어보셨다(학교 밴드에서는 레슨을 적극 권장한다).

이를 계기로 내가 밴드에 좀 더 집착하게 된 것 같은데, 아무튼 미국에 와서 1~2년이나 살았는데 그 정도 칭찬은 나에겐 하버드 감이라는 의미였다. 그때부터 '음악은 정말로 언어가 필요없구나'라는 생각으로 학교에 다녔다.

그러나 전반적으로는 무기력하고 간단한 것에서도 좌절의 연속이어서 큰일이라는 생각은 했지만, 어떻게 해야 나아질 수 있는지 방법을 찾는 것도 두려워서 허둥대다가 심리학이라는 과목으로 변화의 계기를 만들겠다고 결심을 했다.

밴드는 오기를 내면 성공할 수 있을 만큼 내 악기 실력에 자신이 있었지만, 심리학은 영어와 같은 정도의 수준이라서 정말 잠을 줄여가면서 공부를 했다. 그 결과 성적이 그다지 나쁘지 않았고, 지금은 대학 과정에 해당되는 AP심리학을 들으려고 신청해둔 상태이다.

심리학에서 반년인 한 학기는 사회학을 배웠고, 다음 반년은 심리학에 본격적으로 들어갔다. 심리학 선생님은 젊은 재미교포 2세였다. 선생님은 첫 수업에서 빈 종이에다 각자가 자기에 대해 알리고 싶은 것들을 적어서 내라고 하셨다. 나는 "가끔 남이 말하는 것을 못 알아듣는다"라고 적어서 냈다. 그랬더니 그 후론 내게는 한국말로 해주셨는데, 그 반의 유일한 한국인인 나에 대한 엄청난 배려라는 생각이 들어 고맙게 받아들였다.

이 수업에선 부속 자료로 영화를 많이 사용했는데, 대부분 90년대 이후의 생각을 좀 하면서 봐야 하는 영화들이었다. 예를 들어 사람의 학습능력에 대해 배울 땐 조디 포스터 주연의 <넬>을 봤는데, 고립된 환경에서 자란 '넬'이 사회인들과 만나면서 언어와 행동을 배우게 된다는 내용이었다. 이외에도 심리학 시간에 본 영화들로는 "The Awakening", "Lorenzo's Oil", "Beautiful Mind" 등이 있다. 예전에 봤던 영화들이었는데도 심리학 수업차원에서 볼 때는 감상의 관점이 달라지는 것을 느낄 수 있었다.

심리학 수업을 통해 일어난 개인적인 변화로는 나에게 대한 관심은 물론이고, 사회와 인간 전반에 대한 관심도 늘게 되었다.

심리학을 배우면서 나의 약점과 그것을 개선하기 위해 들여다볼 수 있는 여러 유용한 방법의 가능성도 보았기 때문에, 12학년에서는 AP심리학을 선택했고 대학에 가서도 내 전공과 병행하여 공부할 생각이다.

에그 드롭(Egg Drop)

5미터의 높이에서 달걀을 떨어뜨리되 160g의 무게 제한과 포장용품을 사용할 수 없으며, 달걀이 안 깨진 상태에서 타겟을 맞출 경우 60/50, 달걀은 안 깨졌지만 타겟은 맞추지 못할 경우 50/50, 무게 제한을 넘길 경우 45/50, 열심히 만들었지만 달걀이 깨질 경우 42/50을 받는다.

11학년 섬머스쿨에서는 물리를 택했는데 생각보다 쉬워서 스트레스를 하나도 안 느끼면서 수업을 받다가 마지막 수업시간에 Due('제한시간' 혹은 '마감시간'이라는 뜻인데, 숙제의 경우는 언제까지 꼭 내야 하는 날을 말한다) 프로젝트로 에그 드롭을 과제로 받게 되었다.

말 그대로 계란을 떨어뜨리는 실험인데, 한국에서 이미 여러 해 전부터 유행하던 프로젝트라서 나에게도 마침내 해볼 기회가 온 것이 즐거웠지만, 문제는 만들기였다. 프로젝트를 받을 당시 A학점을 유지하고 있었고, 물리 반에서 1등을 하고 있었기 때문에 점수에는 어느 정도 여유가 있었지만, 만들기는 나에게는 도저히 극복할 수 없는 어려운 문제였다.

Catapult 이후로 그 동안 웬만하면 멀리 하고 있던 참이라 과제를 받는 순간 걸맞지 않게 덜덜 떨리기까지 했다. Catapult의 참담한 실패 이후로 나는 만드는 것은 가능한 피해 왔다.

손으로 만드는 프로젝트를 피하기 위해서, 같은 조건의 경우에는 컴퓨터로 하는 쪽을 선택했고, 꼭 손으로 만들어야 할 것은 가장 간단한 것으로 하거나, 어떻게 해서든지 엄마에게 만들어 달라고 애걸복걸해서 해결을 했다. 그럼에도 불구하고 어떤 경우든 쉽게 넘어 가지는 못했었다.

라틴어의 경우도 그랬다. 나는 이 과목을 상당히 좋아하기도 하고 성적도 좋아서 고등학교를 졸업 한 후에도 평생 동안 내 전공과목과 함께 계속 공부할 거라고 결심하고 있을 정도이다. 그런데 비록 성적을 떨어뜨리는 일은 아니었지만 만들기 때문에 간담이 서늘했던 적이 있었다. 지금 생각해도 등골이 오싹한 이 만들기 과제는, 다름이 아니라 로마의 시대상을 나타내는 것을 만드는 프로젝트였는데, 나는 아주 편안한 마음으로 상선(商船)을 만들기로 결정을 했었다.

그리고 만들기에 들어갔을 때 로마의 배를 만드는 것은, 내가 할 수 있는 종이배 접기와는 완전히 다른 공정이 필요하다는 것을 깨달았다. 결국은 엄마에게 갖은 애교를 다 떨어서 만드는 것을 도와달라고 해야 했고, 배에서 팔고 사는 올리브 병이나 포도주 병, 빵 같은 미니어처까지 만들어서 싣느라 진땀을 뺀 적이 있다.

만들기를 좋아하는 것만큼은 내 손의 능력이 안 된다는 것을 철저하게 깨달은 이후로, 만들기에 관한 한 나의 인생관은 완전히 달라졌다. 적어도 학교 과제로서의 만들기는 내 능력으로 가능한 것인지를 먼저 생각하기로 했다.

내가 집에 도착하자마자 가장 먼저 한 일은 컴퓨터로 검색을 하는 것이었는데, 에그 드롭은 안전한 착지와 달걀의 보호가 목표여서 내가 눈에 불을 켜고 찾은 것은 가장 간단한 낙하산 모형이었다. 스쿨버스

를 타고 집으로 가는 동안 내내 생각한 결과, 달걀의 직접적인 보호보
다는 저속으로 떨어지도록 만들어야 할 것 같았다. 손재주의 한계로
봐서는 낙하산을 만드는 것 이상은 어려울 것 같았는데, 내가 하도 심
각해 하니까 엄마는 프로젝트에 대한 규칙을 슬쩍 읽어 보시더니 이렇
게 한마디 하셨다.

"음一, Catapult가 생각나는군!"

생각하고 싶지는 않았지만 가장 간단한 재료인 비닐과 실로 묶어 만
든 실험용 낙하산은 거의 부서질 정도의 초라하고 허약한 모습이었다.
더 손을 대고는 싶었지만, 조금 더 넓은 쓰레기용 봉지와 강한 실로
만들면 충분히 효능을 발휘할 수 있을 것 같아서 더 이상 욕심을 부리
지 않기로 했다.

그 다음 해결해야 할 것은 달걀을 보호할 방법을 생각해내는 것이었
다.

사람은 가끔 엉뚱한 데서 아이디어를 얻는 경우가 있다고 한다.

컵에 넣을까, 풍선에 넣어서 매달까, 휴지에 싸서 낙하산에 붙일까
생각하다가, 문득 아빠가 다 읽고 나서 두고 간 영문판 『다빈치 코
드』(The Da Vinci Code)에서 피라미드에 대한 내용을 본 기억이 났
다.

내 영어 실력이 충분치 않아 완벽하게 이해를 하면서 읽은 것은 아
니지만, 아무튼 그 책에서 피라미드형 박물관의 자태에 대해 자세히
묘사한 대목이 기억났다. 너무 생생하고 구체적이어서, 정말인가 하고
감탄하면서 읽었었는데, 그 내용에서 달걀과 관련된 것은 아니었지만
왠지 피라미드 모형을 만들어서 하면 되겠다는 생각이 스쳐지나갔다.

결국 내가 만든 것은, 부엌에서 찾아낸 여섯 개의 빨대로 만든 피라미드 형태의 뼈대에 1회용 비닐장갑에 식빵과 휴지로 말아서 넣은 유기농 달걀(껍질이 단단한 편이다), 대형 쓰레기 봉지의 네 귀퉁이에 실을 묶어서 만든 낙하산이었다. 나는 이것으로 그 다음날 달걀을 안전하게 드롭할 수 있었다.

여름방학과 섬머스쿨

미국의 여름 방학은 길다. 거의 두 달 정도이다. 이 긴긴 여름방학 동안 아이들이나 부모들은 무엇을 어떻게 할 것인지에 대해서 여름방학이 시작되기 훨씬 전부터 의견이 분분하고 신문 잡지에서도 관련된 기사를 반드시 취급한다.

직장에 다니는 부모들은, 어린 아이들만 집에 두는 것이 중대 범죄에 해당되므로 이웃의 베이비 싯을 하는 곳에 맡기거나, 각종 단체에서 하는 크고 작은 규모의 데이 캠프에 보내고, 좀 큰 아이들은 학교에서 공부를 하거나, 직업을 갖거나, 대학 입학에 도움이 되는 특별 활동을 찾아서 눈에 불을 켠다.

데이 스쿨이라면 공립이나 사립에서 하는 프로그램이 주인데 물놀이나 만들기 등 여러 가지 활동과 조건에 따라 참가비가 다르다. 프로그램은 아이를 돌보는 어른들과 학생 자원봉사자와 전문인들이 비교적 넉넉해서 안전한 편이지만, 노는 것도 하루 이틀이지 아이들은 데이 캠프 종일반에 갔다 오면 많이 피곤해 한다. 그러나 직장에 나가야 하는, 특히 저임금의 부모들은 아이를 집에 둘 수 없기 때문에 무조건 어딘가에 보내야 하는 반면, 부유층은 뭔가 더 배워서 남들보다 앞서 가도록 하는 등 부익부 빈익빈의 차이를 여실히 느끼게 하는 계절이기도 하다.

나는 여름방학 때마다, 1년에 할 분량의 과목을 1달 동안에 듣고 뉴 크레딧을 받는 제도인 공립학교의 섬머스쿨을 적극적으로 활용했다. 그 결과, 고학년 때에는 제법 도전적인 과목을 들을 수 있는 시간표의 여유를 가질 수 있게 되었다.

사실 바람직한 것은 여름에 뉴 크레딧을 따는 대신 다양한 활동, 예를 들면 점원노릇, 인턴사원, 리더십 트레이닝 등을 하는 것이 대학 진학을 위해서 좋다. 학교의 카운슬러도 한국 학생들은 왜 크레딧을 따는 데에 목을 매는지 모르겠다고 의아해하는 말을 듣기도 했다.

그런데 그 이유는 미국에서 태어나 자란 한국 학생들은 여름방학에 다양한 활동을 추가해서 대학에 보기 좋은 자료로 내어놓는 일이 가능하지만, 고등학교 때에 미국에 온 아이들은 우선 학점을 다 채우지 않으면 대학에 들어가기 어렵기 때문이다.

내 경우가 9학년까지 ESOL을 하면서 기본으로 해야 할 수학 과목을 섬머스쿨로 해결했고, 미국사와 물리를 한 결과 어느 정도는 도전적인 과목을 택할 수 있었고, 외국어도 꼭 필요한 학점만 따지 않고 더 들어서 제대로 활용할 수 있는 레벨까지 갈 수 있었다.

이렇게 하지 않았다면 레귤러 과목만으로 학점을 채우고 고등학교 생활을 마무리해야 했을 것이다.

그러나 방학 동안 학점이나 채우고 있었다는 인상을 주기에 딱 맞는 섬머를 보내면서 매번 심란하고 마음이 편치 않았다. 내가 이러고 있는 동안 어떤 아이들은 눈에 뜨일 만한 봉사활동을 하거나 다른 것들에 많은 관심을 기울이고 있을 것을 생각하니 초조했기 때문이다. 하지만 레귤러 수준의 과목을 하는 것만으로 그럴 듯한 대학에 응시해봐야 소용이 없으므로 다른 방법이 있는 것도 아니었다.

나는 섬머스쿨을 최선을 다해 이용했다고 생각하는데, 동생은 나처럼 바쁜 처지가 아니어서 방학 때마다 테니스 캠프, 비엔나 캠프 등 나보다 색다른 경험을 많이 했다. 그래서 일상에서 관심을 두는 범위가 확실히 나와는 다르다는 것을 느낄 수 있다.

영어에 대한 단상

고등학교 영어수업 시간에는 과제로 읽어야 하는 책이 많아지면서, 매일 조금씩이라도 책을 읽어야 진도를 따라갈 수가 있었고, 숙제의 양도 늘어났다. 미국 학교의 성적에서는 숙제가 차지하는 비율이 높기 때문에 숙제만 잘 해가도 B를 받는다고 할 정도이다. 하지만 한국 초등학교에서도 숙제는 잘 해가야 했었다. 미국에서만 자기 아이들을 학교에 보내본 사람들은, 한국에는 숙제와 수업태도에 대한 점수가 포함되는 내신 성적이 없는 줄 알고 있다. 하지만 한국에서 막 온 아이들에게 물어보면, 중학교와 고등학교 모두 숙제가 있고 잘 해가야 한다고 한다.

영어는 교과서를 외워서 점수를 더 받는 것이 불가능하고, 정말 숙제를 잘 해야 학점도 좋은 과목이다. 특히 글쓰기는 주로 매일 실시해서 최종 점수를 결정하는 방식이어서 한 주일 내내 무엇인가를 쓰고 있다는 기분이 들 정도이다. 글쓰기는 내가 미국에서 교육을 받으면서 크게 발전한 분야 중의 하나인데, 드래프트를 통한 훈련 덕이었다.

한국에서도 작문은 많이 했다. 독후감 쓰기, 일기 쓰기, 글쓰기 등등. 제출한 글은 선생님이 빨간 펜으로 첨삭을 하기도 했었다. 그러나 그것은 이미 완성된 글에 대한 소감이거나 평가이므로 스윽 보고 나면 끝이었다. 선생님은 다시 한 번 보라는 의미로 했겠지만 이미 평가가 끝난 글을 바꾸어서 무엇하겠는가?

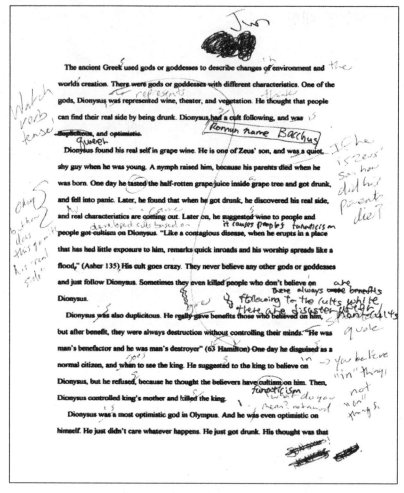

같은 교실에서 한 명 이상의 학생들이 드래프트 해준 원고.

그런데 미국에서는 선생님의 평가가 내려져서 점수만 확인하면 되는 글쓰기 과제도 있지만, 대부분의 것은 드래프트를 통해서 걸러지고 개선되고 중간 평가를 거치면서, 내 글을 몇 번이든 개선할 기회를 가질 수 있게 된다. 더불어 다른 사람의 글을 보면서 아이디어를 얻는 기회도 가질 수 있었다..

드래프트를 적용하는 글쓰기는 이렇게 한다.

첫번째 마감시한까지 글을 하나 써놓는다. 그리고 내가 쓴 글을 반 학생들에게 공개하며, 나도 공개한 학생의 글을 읽는다. 그리고는 내 글을 다른 학생들이 돌려가면서 문장을 고치고, 더 나을 것 같은 단어 로 바꾸고, 어색한 부분에 대해 의문부호를 표시하는 동안, 나도 다른 학생의 글에 의견을 달아놓는다.

나는 이 제도의 효과를 많이 봤다. 내 글에 대한 다른 학생의 첨삭 을 보고는 이렇게 다르게 쓸 수 있구나 하는 아이디어를 얻었고, 다른 학생의 글을 읽으면서는 이 제목으로 이렇게 글을 풀어나가는구나 하 는 아이디어를 얻었다.

마감시한의 첫 번째의 글은 누구의 것이든 아직 만들어지고 있다는 느낌이 강하기 때문에, 다른 학생의 글을 보면 이렇게 하면 좋겠다는 생각이 솟아났고, 내게 돌아온 글에 적혀 있는 것들도 소중한 아이디 어들이었다.

완성해둔 글들을 볼 때마다 드래프트를 두 번 정도 거쳐서 선생님에 게 제출할 때까지의 과정이 항상 새록새록 생각난다. 글재주가 없는 나도 이 제도의 덕에 글을 풀어나가는 솜씨가 조금씩 나아지게 되었다.

있는 힘을 다해서 살지는 않았지만 그래도 어느 정도 땀을 흘리면서 살았기 때문에, 11학년 무렵에는 영어가 많이 늘었다는 것을 느꼈다. 특히 동생이 읽고 있는 책의 제목을 봤을 때였다. 8학년 우리 ESOL반 을 달달 볶으면서 공부시키던 미스 위타키가 읽어주던, 잊지 못할 *The Hole*. 영화를 보여주고 천천히 읽어주고 했는데도 영화는 재미있었지만 내용을 알아듣지 못했던 바로 그 책을 동생이 읽고 있었다.

그때부터 3년 반 정도의 시간이 흐른 시점에 책을 읽어보니 격세지 감이라는 사자성어가 떠올랐다. 너무나 쉬운 내용이었다. 1시간 정도면 읽을 수 있는 *The Hole*을 알아듣지 못해서 멍청하게 앉아 있어야 했다니! 지금의 내가 그때의 동일인이라는 것이 믿어지지 않는 순간이었다.

10학년 때에 읽었던 *The Great Gatsby*도 다시 읽어봤더니, 역시 훨씬 잘 읽을 수 있다는 것을 느꼈다. 집중적인 공부의 효과는 나의 번역책 읽기 수준에도 변화를 가져왔다.

번역서를 읽으면서 이런 번역은 유치하다든지, 이 문장은 한국어로 억지로 끼워 맞춘 것이라는 판단이 가능할 정도로 나의 한국어에 대한 감각도 향상되어 있었다. 번역자의 한글 문장 작법에 대한 이해도에 따라 내가 재미있게 읽을 수도 있고 어딘지 모르게 피곤함을 느끼기도 했다.

이렇게 말하고 보니 나의 영어가 대단한 수준인 양 들리겠지만 그런 것은 아니다. 그저 영어를 공부하면서 이렇게 늘었다는 것을 느낀다는 것이다.

번역에 대한 견해는 나의 경험에서 오는데, 학교에서 글쓰기 훈련을 받으면서 특히 드래프트 제도로 소재를 다루는 솜씨는 늘고, 때로는 분명히 걸작이라고 생각되는 글로 완성하기도 했는데, 최고 점수를 받을 수 없어서 화가 난 적이 있다. 내 글의 어느 부분이 잘못되었는지 알 수가 없었다. 실망스럽기도 하고 어처구니도 없고 해서 마음을 단단히 먹고 선생님에게 거의 따지듯이 물었다. 선생님의 대답은 이랬다.

"너의 문장은 훌륭하다. 문법도 완전하다. 그런데 너의 단어는 어떻게 선택했는지 어색하다. 틀리지는 않지만 일반적으로 그 경우에 사용하지 않는 단어를 집어넣었다. 그리고 너의 문장은 문법적으로는 완전한데, 글의 진행으로는 어색하다."

아빠가 중·고등학교 영어 교과서를 몽땅 사서 가르쳐주신 덕분에 영어가 왕초보일 때부터 문법은 손댈 필요가 없었는데, 한두 개의 센텐스로 끝내면 되는 중학교와는 달리 두세 장의 글을 완성해야 하는 고등학교에서는 문장과 문장을 이어주는 능력이 부족했던 것이다.

그 후로 글이 완성되기 전에 엄마에게, 읽고 즐길 수 있는 글인지를 평가해달라고 부탁하여 코멘트를 받은 덕에 이 부분도 나아졌다.

내가 한국에서 한 영어공부라는 게, 아빠가 매일 집에 일찍 오셔서 2시간씩 교과서를 들고 가르쳐주신 것이 거의 전부이다. 사춘기와 영어라는 두 가지 큰 벽과 갈등을 어느 정도 극복한 지금, 그 당시의 아빠를 생각하면 감회가 새롭다. 아빠는 한동안 같이 살지 못할 아들의 미래를 생각하시면서, 낯선 세계에서 모든 것을 혼자 감당하고 해결해야 할 아들이 너무나 걱정되셔서 당신이 가진 영어에 대한 모든 지식을 내게 평생 선물로 전해주려고 결심을 하셨던 것 같다.

그래서 어느 날 저녁부터, 온 가족이 영어를 공부하는 생활을 하기 시작했는데 나보다는 한가하고 덜 허둥대는 동생은 엄마에게서 듣기와 말하기 위주로 배우고, 나는 아빠에게 배우면서 저녁시간을 보냈었다. 가끔 엄마가 아빠에게, 듣지 못하면 말도 못 하는데 읽기와 문법만 가르치면 어떡하느냐고 아빠와 격렬하게 다투셨지만 두 분 모두 양보하지 않으시고, 자신의 방식대로 아들을 가르치는 생활을 2년 정도 지속

하셨는데, 부모님이 철저한 분업으로 동생과 나를 나누어 열심히 가르치셨지만, 미국에서 우리는 둘다 영어 한마디 못 하는 학생으로 시작했다. 하지만 결과적으로는 동생은 듣기와 말하기의 훈련이 되어서 의사표현을 빨리 하게 되었고, 나는 말을 알아듣는 데도, 내 의사를 말로 표현하는 데에 시간이 걸리는 불편한 생활을 해야 했다.

영어 공부에서 문법과 말하기라는 두 가지를 분리할 수는 없다. 읽고 쓰기도 같이 발전해야 한다. 책을 많이 읽으면 영어 공부의 반 정도가 해결되지만 영어 공부를 할 때 책을 많이 읽어야 한다는 모범생 스타일의 조언을 나는 할 수가 없다. 왜냐하면 지금의 나는 책을 많이 읽어야 한다는 것에 100% 동의하지만, 평범한 수준인 어린 학생의 유학 준비에서는 책을 읽히기가 힘들다는 것을 알기 때문이다. 책을 많이 읽으면 좋겠지만 그럴 수 없다면 내 경험으로는 중학생 정도의 평범한 아이가 유학을 할 경우 아무리 준비기간이 짧다 해도 반드시 듣기훈련을 먼저 해야 한다는 생각이다. 그러고 나서 시간이 조금 더 있다면 말하기를 하는 게 순서이며, 진정으로 아이를 돕는 방법이라고 생각한다.

문법은 절대로 무시하면 안 된다. 영어 공부를 할 때, 문법은 필수로 해야 한다. 고등학생의 수업을 하는 데 문법이 해결 안 된 상태라면 무척 괴로울 것이다. 나의 경우, 문법은 아빠의 철저한 진도표에 따라 영어 한마디 못 하는 6학년일 때 할 만큼 다했다는 생각이 들 정도로 훈련을 거듭했다.

문법은 완벽해졌지만 읽기 훈련과 말하기 훈련을 하지 못했던 것이 내가 미국에서 공부할 때 초기 적응 기간 동안 더 많이 헤맨 원인이라

생각하기 때문에, 나는 어린 학생에게 이렇게 공부를 시키는 데에 찬
성하지 않는다. 아빠의 선물로서 평생 든든한 문법을 받았지만 개인적
으로는 반대다.

그러나 유학을 생각하는 고등학생이라면 가릴 것 없이 부족한 단어
를 외우고 교과서를 읽고 영어를 한 자라도 더 읽어야 하며, 문법적이
약점을 반드시 해결해야 한다.

다음은 생각나는 대로 적은 10, 11학년 도서목록이다.

The Great Gatsby(주인공 모두가 이해가 안 된다.)

Double Helix

Iliad Odyssey

Romeo and Juliet(나는 셰익스피어는 지루한데, 다른 사람들은 어떤지 모르겠다.)

Death of Salesman

Farenheight 451(무조건 재미있었던 소설)

The Street

A Rais in the Sun

The Secret Life of Bees(읽느라고 고생을 꽤 했다)

The Awakening(인상적인 내용이다)

Separate Piece

애드거 앨런 포 단편소설

Ragged Dick

To Kill a Mocking Bird(재미있었다. 영화의 주연배우도 인상적이었고.)

The Adventure of Huckleberry Finn(뭐. 그다지…)

영어와 외국어

미국에서 고등학교를 졸업하기 위해서 꼭 받아야만 하는 학점과목으로 외국어가 있다.

한국 부모들 중에는 이민을 오거나, 자식을 유학 보내놓고 영어와 수학 과목만을 걱정하다가, 졸업을 하려면 외국어를 해야 한다는 사실을 알게 될 때 깜짝 놀라는 분이 많다고 한다.

한국은 영어가 외국어지만 미국인에서 영어는 국어이므로 당연히 한국에서 배우듯 외국어를 배워야 하는 것이라고 설명을 하면, 그제야 알아듣기는 하는데, 낭패를 당한 표정이 역력하다고 한다.

한국 학생의 입장에서는 영어에 허덕이면서도, 그 영어로 다른 나라 말의 문법 배우기, 다른 나라 말을 영어로 뜻 쓰기 등을 해야 한다는 데에 기가 막힐 것이다. 하지만 우리나라 학생들은 영어도 서툰 상태에서 외국어 과목도 웬만해서는 낙제하지 않고 잘 해내는 편이다.

외국어 선택은 크게 두 가지 방법이 있는데, 한 언어를 선택해서 3년 동안 듣거나, 두 가지 외국어를 선택하여 한 언어를 2년씩 듣는 방법이 그것이다.

한 개의 언어를 4년째 들을 때는 AP수준이 되니까, 고등학교 4년 내내 한 개의 외국어를 듣는 경우는, 대학교에서의 첫 학년 외국어 공부를 해치우고 들어갈 수 있다.

학교에서 시간표를 만들 때는 외국인 학생은 일단 ESOL 학생이 되므로, 기본 시간표에서 자신이 선택할 수 있는 과목의 범위가 한 학점 줄어들게 된다. 미국 학생들은 외국어 선택을 9학년부터 할 수 있어서 능력이 있는 한 고등학교 4년 동안 두 개의 외국어를 익히거나 한 개의 외국어로 AP레벨까지 갈 수 있는 반면, ESOL학생은 어느 정도 과목 선택에 제한을 받기 때문에 우물쭈물하다가는 고학년이 되어 많은 면에서 불리하므로 외국어 과목을 다 이수하는 것마저도 빠듯해서 초조해질 수도 있다.

이래서 나는 외국어 공부를 하지 않고도 테스트를 받고 학점을 인정받는 제도를 이용하였는데, 이 테스트에 일정한 점수로 합격을 하면 고등학교 외국어 선택에서 1년 배운 만큼의 기간을 인정한다는 조항에 근거하여 1년을 단축할 수 있었다.

이 시험은 1년에 딱 한 번씩 정해진 장소(주로 고등학교 건물)에 가서 접수증을 확인하고 치른다. 수준은 중학교 과정 정도이며, 한국 학생뿐만 아니라 여러 나라의 외국인 학생들이 상당수 이 제도를 이용하고 있고, 어른이 자기의 실력을 확인하기 위해서 테스트에 응하기도 한다. 시험은 객관식 문제, 주관식 문제, 전화 인터뷰가 있고, 객관식 문제는 정말 기본적인 것들이지만 주관식은 주제를 가지고 수필 하나를 쓰는 방식이다.

내가 시험을 쳤을 때의 주제는 '나에게 가장 중요한 경축일'이었는데, 곰곰이 생각하다 경축일이라면 경사를 축하하는 일이니, 내가 태어난 것이 경사일 것 같았다. 그래서 내 생일에 대해서 신나게 썼다. 다 쓰고 글을 훑어보니 자화자찬이 따로 없었지만, 나이든 부모의 첫 아들로 무척 환영을 받았다는 주위의 증언이 얼마든지 있었기 때문에 당연히 좋은 학점을 받았으리라 생각하고 지냈다.

그런데 한 달쯤 후에 그 협회에서 전화가 왔다. 이것은 실제 회화 능력을 테스트하는 과정이었는데, 어떤 한국 분이 좀 당황한 듯한 목소리로 "저어, 준홍 학생! 대개 생일은 경축일이라고 안 하지?"라고 하셨다. 그제야 나는 설령 4대 독자라 하더라도 개인의 생일이 국가의 행사인 경축일은 아니라는 사실을 깨닫고 학점을 못 받을 수도 있다는 충격에 빠졌다. 그래서 내가 할 수 있는 한 최대한 매끄러운 한국어로 대답을 했다. 한국어를 능숙하게 말할 수 있다는 걸 알리면 생일을 경축일이라 쓴 건 단지 착각에다가 글 솜씨가 없어서라고 생각하게 만들 수 있을 거라는 계산 때문이었다. 다행히 통과는 되었지만 생각하면 한심한 한국어 실력이었다. 다행히 나는 외국어 한 코스를 2년 만 들어도 되는 Advantage를 갖게 되었다.

상급학교 진학을 위한 상식들

8학년으로 페어팩스 카운티의 중학교에 전학을 오고, 졸업식 없이 마치 봄 방학을 하는 양 중학교 생활이 끝나버렸다. 카운티마다 다르고 주마다 다르기 때문에 미국은 어떻다고 단정적으로 말할 수는 없지만, 우리 카운티는 중학교 졸업식을 안 하는 전통이 있는 것 같다. 그래도 그렇지 어느 날 수업을 끝낸 뒤 그게 끝이라고 하는 것에는 쉽게 적응할 수는 없었다.

그리고 두 달의 긴 방학이 지나고서 고등학생이 되었는데, 운동장에서 하는 입학식이 없었다. 그렇다고 해서 고등학교가 어느 날부터 학생들을 갑자기 오라고 해서 수업을 시작하는 것은 아니다. 우리 카운티의 경우 초등학교 6학년은 중학교에서 여러 차례 학교를 방문해서 중학교에 대한 사전 지식을 간단하게 설명 듣고, 중학생은 고등학교에 여러 번 초대되어 환영식 비슷한 간단한 행사를 하며, 학교에 대한 안내도 구체적이고 실용적으로 받는다.

나도 역시 학교에서 발송된 두꺼운 봉투 속의 여러 서류에 대해서 엄마로부터 잘 들어야 한다는 충고와 함께 설명을 듣고 고등학교도 미리 가 보았었다.

이 당시 영어로 하는 공식적인 이야기를 알아들을 수 없어서 엄마 옆에 붙어 있었으니 무슨 말을 했는지는 기억에 없다. 엄마의 통역에 의하면 대략 고등학생 부모들이 주의할 사항과 학생들에게 도움이 필요할 때는 언제나 학교에 문의를 하라는 것이었다고 한다. 그리고 학교에서는 인기 있는 서클들에 대해 안내하고, 과목에 대해 간단히 설명했는데, 이런 설명회는 1년 내내 필요할 때마다 열리며 AP과목은 일반과목과 차별되는 의미로 AP설명만을 위한 날을 만들기도 한다.

그리고 재학생들이 나와서 자기가 속한 그룹에 대한 광고를 하고 나서 질문을 받고 대답하는 행사도 있었다. 교장은 아무렇게나 서서 말을 하고, 아이들은 앉거나 서서 음료수를 마시면서 자유롭게 듣는 시간도 있다. 이렇게 하는 이유가, 아이들이란 꼭 몸을 꼿꼿이 해서 들으라고 해봐야 잘 듣고 지키는 것은 아니기 때문인지, 긴장은 하되 경직되지는 말라는 배려인지 모르겠지만 모두 근엄하거나 엄숙하거나 숙연하지 않은 입학 행사들이었다. 해마다 학기 전 시작을 이렇게 해오고 있다.

올해 동생이 중학교에 들어간다. 역시 학교에서 간단하면서도 유용한 안내가 꾸준히 오고 있다. 나는 겪어보지 못했던 7학년 신입생에 대한 학교의 준비가 어떤 것들인지 궁금해서 읽어보니 내 것보다는 재미가 있었다. 대상이 아직 어린 아이들이어서 그런지, 자신의 아이만 믿고 해결할 생각을 하지 말라는 대목들이 꽤 보였다.

흥미로운 예로 다음과 것들을 들 수 있다.

아이들이 가장 흔히 하는 말들 중 하나는 숙제가 없다는 것이다. 그러니 학교의 웹 사이트에 들어가서 확인을 해라.

버스를 놓쳤다고 학기 초기에는 '우리 제이크가 집에 안 온다'는 식의 전화를 사무실에서 수도 없이 받는데, 이때 성을 꼭 이야기하기 바란다.

한 달 정도는 아이들이 점심을 정해진 시간에 끝마칠 수 없을 것 같으므로 시간을 조금 더 줄 생각이다.

개인별로 제공되는 라커를 여는 방법을 보호자가 꼭 같이 와서 연습하고, 신입생들만을 위한 첫 날은 학과목 선생님과 교실을 확인하므로 빠지면 안 된다.

댁의 아이가 점심 값을 정상보다 더 쓴다면 점심을 더 먹는 것이 아니라 디저트를 더 먹는 데 쓰는 것이니 반드시 경고하고 감독하라.

올해부터는 온라인으로 런치머니를 낼 수 있다는 새 소식도 있다. 편식을 하는 아이들은 런치에 나오는 채소들을 더 안 먹어 배가 무척 고프기 때문에, 런치 한 코스를 더 시켜서는 달콤한 디저트만 빼 먹는다는 것은 내 동생 때문에 잘 아는데, 중학교에서는 이런 것까지도 세세하게 부모들에게 주의를 환기시킨다.

중학교에서는 담임이 시시각각 돌봐주는 데 익숙한 아이들을 대상으로 하는 안내여서 이런 식으로 보호하고 감독할 것을 요구하지만, 해마다 고등학생 부모들이 받는 두꺼운 봉투 속에는 학생의 숙제와 중요한 스케줄을 적는 수첩을 포함해서 개인 시간표, 버스 노선이 있으며, PTA(학부모회) 가입신청서, 학생을 위한 특별 할인가격으로 된 보험안내, Bell 시간표, 카운슬러의 이름 등 학교에서 필요한 기본적인 정보들이 잔뜩 들어 있다. 그 외에 강력한 주의사항으로, 술과 담배, 폭력에 대한 조항이 강조되고, 옷차림에 대한 룰도 많은 부분을 차지한다. 그리고 중학생은 이 기간 동안 개인 라커를 받아서 작동이 잘 되는지 테스트하는 기회가 있고, 또 고등학생은 한꺼번에 개인 정보가 배부되므로 이때 문제가 있으면 자신이 경험한 대로 해결한다.

그리고 모든 카운티의 학교는 같은 Dress Code(복장에 대한 규정) 가 있는데, 여학생들의 차림은 배꼽을 가능한 드러나지는 않아야 하며, 어깨를 드러내지 않아야 한다고 규정되어 있다.

규정을 위반하는 경우에는 처벌을 한다는 조항이 있지만, 여학생들 이 이런 규정을 잘 지키지는 않고, 심한 노출을 하지 않는 정도로 조 절하고 다닌다. 남학생은 교내에서는 모자를 쓰고 다니지 말아야 한다 는 것이 중요한 규정 중 하나이다. 모두에게 적용되는 사항으로, 반드 시 명심할 것은 총과 칼을 포함한 날카로운 물건은 절대 금지한다는 것이다. 날카로운 것에는 가위와 연필, 칼, 컴퍼스, 못, 포크, 장난감 칼 이 포함되며 플라스틱 칼도 금지 목록에 해당된다.

이 밖에 사인해야 할 서류가 한 뭉치 오는데, 아이의 알레르기 여부, 먹어야 하는 약의 복용 여부, 비상시 연락할 만한 사람의 전화번호를 최소한 네 개 기록해야 한다. 또 학교에서 금지하는 행위를 했을 경우 당연히 처벌을 받는다는 것을 다짐하는 서류에는 학생과 보호자 모두 가 사인해야 한다.

마약에 대해 세심하게 주의를 기울이는 미국이어서 사립과 공립을 막론하고 약의 복용에 대한 규제는 엄격한데, 사소한 감기약이라 하더 라도 학교에서 시간에 맞추어 먹어야 하는 경우는, 사전에 학교에 연 락을 하여 일단 간호실에 약을 맡긴 후 정해진 시간에 가서 간호사의 입회하에 먹도록 하고 있다. 하루 세 번 보약을 먹어야 한다면, 학교에 보약 봉지를 맡겨놓고 학생이 가서 먹어야지, 가방에 넣어 다니면서 알아서 먹는 것은 절대로 허용되지 않는다.

학교에서는 학생들이라도 학교에서 요구하는 문서에 사인(사인의 정

확한 표현은 signature이다)을 하면 책임을 지게 하는데, 학기 초기에
학교에서 오는 모든 서류에는 반드시 사인을 해야 하며 사인을 해서
학교에 제출하기 전에는 수업에 참석하지 못하게 한다.

　미국의 아이들도 진학을 할 때는 무척 많은 스트레스를 느낀다고 한
다. 특히 초등학교는 담임뿐 아니라 학교 사무실에서도 아이들이 뭔가
를 물으면 즉시 해결을 해주려는 친절한 마음으로 대기하기 때문에,
이런 환경에 익숙해 있던 아이들이 중학교에 갈 때는 혼자 해야 하는
수많은 것들이 한꺼번에 등장할 거라는 두려움 때문에 많이 어려워한
다고 한다. 중학교를 생각하면서 몸을 부들부들 떠는 아이들이 태반이
고, 신문에서도 8월 정도에는 곧 중학생이 되는 아이들이 두렵다고 말
하는 인터뷰가 줄줄이 실린다.

　그래서 학기가 정식으로 시작되기 전에 자신이 다니게 될 중학교를
방문할 기회를 여러 번 주어, 아이들의 두려움을 줄이도록 한다. 내 동
생의 얼굴을 보니 6학년을 갓 졸업한 시점에는 아직 어린애 같아서 반
드시 그래야 할 것 같다. 동생의 경우, 학교를 정식으로 방문해서 자기
의 서류가 든 봉투를 정식으로 받는 날, 몇 가지 서류를 작성해서 학
교 측에 제출했는데, 이때 선생님들이 필요할 때는 언제든지 도와준다
는 것을 직접 경험하고는 얼굴이 편안해 보였다.

　그러므로 학교에서 강조하듯이 입학 전에 학교에서 제공하는 많은
정보를 활용하고 행사에 적극적으로 참여한다면, 아이들은 안정을 되
찾고 부모들도 자녀들이 학교생활을 잘 하는 데 유용한 정보를 많이
갖게 될 것이다.

　학교의 친절한 서비스를 제대로 활용하지 못하고 보냈던 중학교 시

절은 유감이지만, 고등학교 때부터 학교의 적응 시스템을 받아보니 매사에 적응이 느린 나에게도 많은 도움이 되었다.

그리고 내가 경험한 바에 의하면, 혼자 해야 할 일이 계속 늘어나긴 하지만 중학교나 고등학교의 사무실로부터 내가 제기한 문제나 도움 요청을 거절당한 적이 없다.

런치 스트레스

한국에서 초·중학생 시절에 학교 급식을 먹을 땐 정말 불만이 많았다. 건강에는 좋을지 몰라도 어른들만이 좋아할 것 같은 국과 야채류가 주로 나오는 데다 우리가 좋아하는 닭튀김이나 피자는 어쩌다 한 번 나오는데 양도 부족해서, 그런 것이 급식으로 나오는 날에는 급식실로 몰래 내려가서 훔쳐 먹곤 했기 때문이다.

그래서인지 나는 미국에서 학교를 다니기 시작한 초창기에는, 학교에서 제공되는 런치를 견디지 못 하여 한국식으로 밥을 싸오는 한국인들을 이해할 수가 없었다.

내가 여기서 중학교에 들어가서 처음 점심 메뉴로 대한 것은 감자튀김과 피자 등등이었다. 한국에선 가끔 특식으로만 생각하던 것들이 이곳 아이들에겐 늘 제공되는 주식(主食)이었던 것이다. 나처럼 한국에서 살면서 급식에 은근한 불만을 가졌던 신참내기로서는 거의 환상적인 메뉴들이어서, 한동안은 학교 급식에 만족해서 영어를 못 하는 데서 오는 스트레스를 그럭저럭 견디면서 학교에 다닐 정도였다.

미국의 런치라는 것은 기본적으로 우유(초코 우유, 저지방 우유, 무지방 우유 중 선택)와 감자튀김과 피자는 매일 나오며, 일주일 간 미리 정해진 식단에 의해서 월요일엔 햄버거가 나오고 화요일엔 너겟이 나오는 식이다. 그리고 특별한 변화가 없다면 모든 학교가 같은 날에 같은 음식을 먹고 있다는 것이다.

반복되는 식단이지만 특식이라는 것도 있는데, 추수감사절에는 특식으로 터키고기를 메쉬드 포테이토와 섞어서 그레이비를 끼얹어 준다. 다만 학생식당의 원칙은 언제든지, 누구에게나 정해진 양만을 주도록 정량화된 종이박스에 담아 놓는다. 따라서 특식이 나와도 양은 정해진 만큼이고, 몸집이 큰 아이들은 이것만으로는 성이 차지 않아 더 많이 받기 위해 갖가지 아이디어를 고안하고 정보를 교환한다는데, 나도 들은 대로 해서 더 먹는 것에 성공한 적이 있다.

혹 싸움이 나서 사람에게 던져도 크게 다치지 않을 것 같은 스티로폼으로 만든 그릇과 쟁반, 1회용 플라스틱 포크와 나이프 등으로 되어 있다. 다 먹은 뒤 쟁반째 버리면 되는 이 점심은 1인당 2달러 내외(보조받는 학생들도 있으므로)의 가격에 제공되기 때문에 무제한으로 줄 수는 없다는 점을 인정은 하지만, 너무 적은 양 때문에 오후 첫 수업 도중에 벌써 배가 고파온다.

아무튼 맛있다고 생각했던 학교 급식을 2년 정도 먹다보니, 피자는 항상 딱딱하고 기름이 너무 많이 끼어 있었고, 햄버거도 속에 달랑 고기 한 점만 들어 있어 부실하기 짝이 없고, 감자튀김도 손으로 집으면 기름이 뚝뚝 떨어지는 것이 아닌가!

나름대로 건강에 관심이 많아서 암에 관한 다큐멘터리에서 지나친 기름기를 멀리하라는 내용을 보고난 후에는 학교 피자를 먹을 때면 휴지로 기름기를 닦아낸 뒤 먹었다. 더 힘든 것은 학년이 올라가도 양이 늘거나 종류가 많아지는 것이 아니기 때문에 양이 적어서 일인분을 다 먹어봐야 항상 배가 고프다는 것이었다.

가뜩이나 부실한 것 같은데 우리 학교는 예정된 메뉴가 안 나오는 적도 많아서 한번은 동생에게 물어봤더니 거기도 사정은 비슷하다는 것이다.

그리고 미국 아이들도 상당수는 학교 급식에 불만이 있어서 집에서 런치를 싸온다는 것을 알게 되면서 한국 아이들이 집에서 런치를 싸오는 것을 진심으로 이해하게 되었다.

그리고 반가운 변화로 12학년 신학기부터는 써브 샌드위치가 런치의 정식 메뉴로 올랐는데, 이 메뉴는 카운티의 지원을 받지 않고 맥클린 고등학교 자체 예산으로 제공된다고 한다.

체육 시간

신문이나 잡지에서 미국 유학에서의 성공담이나 유학 정보를 읽어보면 과학이나 수학 등 중요 과목에 대한 얘기만 있고, 체육이나 음악 등에 대한 정보는 거의 없다. 이른바 대학입학 시 이력서에 채울 액티비티를 위한 운동과 음악은 있지만 학교에서의 예·체능에 대한 것은 철저히 무시하고 있다는 생각이 들 정도이다.

미국 교육에서 미술과 음악은 중학교부터 선택과목이 된다. 선택이기는 하나 일단 자의로 선택한 경우에는, 일반 과목하고 똑같이 학점을 받기 위한 숙제를 해야 하고 각종 행사에 동원되어야 할 의무가 따르기 때문에, 미술학원이나 음악학원에서 대충 지도받거나 레슨 받는 것으로 1년을 때우기는 어렵다.

그런데 체육은 신체의 건강과 관련되기 때문에 약간의 숙제가 있기는 하지만 간단하게 할 수 있는 정도이고, 시간의 대부분은 체력단련을 위한 피트니스(Fitness) 위주의 스케줄로 진행된다. 대학에서도 GPA 계산에는 포함하지 않는다고 한다. 이렇게 되면 A학점을 위한 노력을 따로 하지 않아도 되니까 명문 사립으로 유학한 후 성적을 위해 밤을 새우겠다는 야망을 가지는 학생들은 무시해도 되는 과목일 거라는 생각이다.

나도 좋은 학점을 위해 곧잘 밤을 새웠으므로 공부를 할 때 별로 중요하지 않은 과목은 구분하여 그렇게 했다. 학원에 다니는 것이 아니라 학교에 다녔기 때문에, 학점을 위해서 눈에 불을 켜는 과목이 아니었더라도 체육시간에 보낸 시간의 양과 추억도 당연히 갖고 있다.

체육은 고학년이 되면 교통법규에 대한 공부를 마지막으로 없어지는데, 그나마 체육시간이 있어서 조금이라도 운동을 하다가 과목이 없어지는 바람에 운동량이 절대적으로 부족해진다. 그래서 요즘은 집 주위를 저녁마다 헉헉거리고 뛰는 것으로 운동을 대신하고 있다

모든 과목에서 어느 정도 레벨을 기본으로 하고 나면 자신이 스스로 과목을 선택하여 더 할지 말지를 결정하는 미국 교육의 시스템으로 봐서는, 10학년을 기점으로 이제는 운동도 스스로 알아서 하라는 의도 정도로 이해하고 있다.

미국의 체육수업은 한국 체육수업과 별로 다른 점이 없는데, 정기적으로는 피트니스를 하고 가끔 축구를 하거나 라크로스를 하거나 터치볼 같은 운동경기를 한다. 우리 학교는 남는 시간에 주로 농구를 했는데, 다른 학교는 어떤지 모르겠다. 피트니스는 한국의 체력장 같은 것으로 기본 체력을 테스트 하는데, 체육의 실기 점수는 거의 여기에서 결정된다.

윗몸 일으키기, 유연성, 팔굽혀펴기, 철봉 등 여러 가지를 테스트하고 성적을 받는 이 과정에서 몸에 장애가 있는 아이들은 그냥 구경을 하고 보통 아이들은 그날 예정된 진도에 따라 활동하는데. 가끔은 2마일을 달리는 경우도 있다. 2마일을 뛴다는 것은 실제로 해보면 상당히 힘든 일이다. 2마일 달리기를 꾸준히 시키는 사립학교에 다니는 친구의 경우, 군살이 빠지면서 단단하게 근육이 붙어서, 같은 남자가 봐도 멋진 몸으로 변하는 것이 부러웠다. 그런데 공립인 우리 학교는 사립

처럼 일상적으로 하지는 못하고 가끔 하는 정도여서 군살에는 영향을 미치지 못하지만, 내가 정기적으로 1마일을 뛰어봤더니 실제로 체력 향상에 많은 도움이 되었다.

중학교에서는 아직 어리기 때문에 학교에서 유별날 정도로 학생들을 보호하는 경향이 있었다. 중학교 때 내가 겪었던 황당한 체육시간에서의 경험담이 있다.

8학년 때 피트니스의 전교 성적 상위 10명의 이름을 체육관에 붙여 놓았던 적이 있었다. 공부로는 도무지 잘하는 과목이 없던 시절이라 나도 이럴 때 한 번 잘하는 사람 리스트에 끼어보고 싶어 팔굽혀 펴기를 마음먹고 해보기로 했다. 40번 대를 넘어가고 있을 때 바닥에 피가 몇 방울이 보였지만 신경 안 쓰고 계속 하고 있는데, 선생님이 나를 말리시며 그만하고 라커룸에 가서 팔을 씻으라 했다. 내 팔에도 피가 몇 방울 떨어져 있었다. 화장실에 가서 거울을 보니 내 몸엔 이상이 하나도 없는데 팔에는 피가 묻어 있었다.

그런데 내가 정말 경악한 부분은 라커룸에서 나와 보니 SF 영화에서나 나올 법한 위생병 같은 사람들이 내가 팔굽혀펴기를 하던 자리를 소독하고 있는 게 아닌가! 흰색 우주복에 호스 같은 것을 들고 있었는데, 내 피가 약간 의심스러웠는지, 아니면 원래 그렇게 하는지는 알 수 없다. 당시 나는 코피를 일상적으로 흘렸지만 이내 멈추곤 하던 때라 언제 나왔는지 기억조차 없었다. 아무튼 더 이상 하는 것은 허락되지 않아서, 이런 것으로 이름을 올리는 것도 안 되는가보다 하고 포기했는데, 1주일 후 학교에 와보니 팔굽혀펴기 부문 전교 8위에 내 이름이 올라 있었다.

지금 다시 생각해봐도 소독을 하는 것은 예사로운 일이 아니었던 것 같은데, 고등학교에서는 코피를 흘린다고 해서 그렇게까지는 하지 않았던 것을 보면 다 큰 아이들과 덜 자란 아이에 대한 대우의 차이였는지도 모르겠다는 생각이 든다.

10학년 이후로 체육시간에 웨이트 트레이닝으로 뭔가를 키우는 프로그램을 위주로 하는데, 주위의 친구들이 하나 둘 '1달 만에 근육을 키우는 법' 같은 책을 숨겨놓고 보면서 근육에 대해 관심을 가지는 것이었다. 고등학교 남학생으로서 해볼 만한 것 같아 웨이트 트레이닝을 12학년 시간표에 넣어보고는 싶었지만, 1교시 체육시간에 웨이트 트레이닝으로 기운을 죄다 빼고 나서 2교시가 밴드를 하게 된다면 학기 내내 3교시는 고단하고 배고픔에 지쳐서 헤맬 것이 뻔해서 애써 미련을 버리기로 했다.

대신 꽤 무거운 아령을 사서 몰래 근육을 키우고 있는 중이다.

캐터펄트와 만들기 콤플렉스

호박 수확 철에 미국인들이 즐기는 행사로, 호박을 누가 가장 멀리 던지는가를 겨루는 시합이 있다. 여기서 호박이란 것은 된장찌개에 넣는 녹색의 작고 길쭉한 애호박이 아니고 호박죽을 만드는 무겁고 둥글 넓적한 누런 호박을 말한다.

미국인들은 그 누런 호박으로 할로윈의 상징인 잭 랜턴을 만들고, 호박 파이를 만들고, 스프를 만들고, 대형 농장에 모여서 펌킨을 누가 멀리 쏘는지 시합하는 행사를 해마다 한다.

사람의 팔 힘으로만 멀리 던지기도 하지만 정말 흥미진진한 게임은 한 해 동안 열심히 연구해서 기기묘묘한 걸작으로 개조를 거듭한 뒤 극비로 하다가 '짜안' 하고 나타난다는 대회이다. 그리고 여기에 사용되는 장비는 모양의 차이는 있어도 대개는 Catapult를 흉내 낸 것들이다.

Catapult는 중세에 돌을 쏘아 던져서 상대방을 저지하는 데 쓰였던 도구로, 원리는 여러 가지이지만 순간적인 힘을 이용해서 물체를 멀리 던져 보내야 하는, 간단하면서도 구조에 비해서는 상당한 위력을 가진 도구였다고 한다.

이때 나는 유학 첫 해라고는 하지만 8학년에서 전 과목의 성적이 거의 낙제수준이었기 때문에, 심한 열등감에 빠져 내가 바보인지도 모른다는 생각부터, 현실임을 인정하지 말자, 그럴듯한 핑계가 생겨서 다시 귀국을 하면 좋겠다는 등등 매일 믿어지지 않을 정도로 엄청난 열등생

스트레스를 겪고 있던 중이었다.

그래서 과학에서 Catapult를 만드는 과제가 나왔을 때 나는 마침내 나의 능력을 보여줄 수 있는 기회가 왔구나 싶었다. 미술에서는 고전을 하고 있었지만 과학은 미술과 다른 과목인 데다가, 그리기가 아니고 만들기 아닌가! 만들기를 좋아하고 있었으니 잘 만들어서 내가 공부 바보가 아니고 다만 영어를 지독히도 못 알아듣는 것뿐이라는 것을 반드시 보여줄 기회라 생각했다. 그래서 하교 후 엄마에게 비장한 자세로, 내가 만들어야 할 과제에 대해 설명을 했다. 그리고 곧장 재료를 사러 갔다.

재료를 골라서 계산을 할 때까지, 얼마나 어떤 사이즈로 만들 것인지, 어떤 모습으로 만들 것인지에 대해 엄마의 조심스런 질문이 있었지만 나는 대답을 하는 시간도 아까워하면서 사고 싶은 만큼 다 골라서 샀다. 그리고 도서관에서 참고 자료를 복사한 뒤 집에 돌아와서 당장 만들기를 시작했는데, 베란다에서 톱을 들고 나무판을 자르고 하는 것은 분명 장인의 모습이었지만 몇 시간이 지나서 베란다에 남은 것은 유치원 아이들이 주워서 놀다가 버리고 간 나무 부스러기 같은 것들만 남게 되었다.

어렴풋이 뭔가 이상하다는 생각이 들지만 포기할 수 없다는 생각으로 계속했으나, 날이 캄캄해질 때까지 계속해 봐도 늘어난 것은 부스러기들뿐이었다. 기운이 빠져서 엄마를 쳐다봤더니 내가 어떻게 할 지 다 예상하고 계셨다는 표정으로 작은 상자 하나를 꺼내셨고, 도저히 못 하겠다고 포기하는 나를 대신하여 간단하게 만들어줘서 내키지는 않지만 학교로 가져갔다.

이 일을 계기로 나는 내 인생에서 만들기는 완전히 포기하기로 했다. 뿐만 아니라 이후로 Catapult라는 단어는 언제 어디서든지 만들기에 대해 경각심을 주는 용어로 내게 남게 되었다. Catapult는 생각할수록 분했기 때문에 개인적으로 만들어보려고 시도를 했었지만 몇 번을 반복해도 그날 내가 만들었던 모습보다 나아지지 않았다.

얼마 후 엄마가 진지하게 내게 하신 말씀에 따르면, 사람들은 재주와 재능을 다르게 가지고 있는데 나는 만들기에는 소질이 없다는 것이었다. 나는 만들기를 좋아하기는 했지만 완성하여 학교에서 집으로 가져오는 것이 거의 없었다. 더욱 충격적인 것은, 성적표에 "열심히는 하지만 완성은 못 합니다"라는 선생님의 평가가 있었다는 사실이다.

엄마는 항상 내가 만든 것이니 좋아했지만, 들고 오는 것은 설명을 들어야 이해가 되는 부스러기들이었다는 것이다. 그리고 좋아하는 것을 한다고 해서 잘할 수 있는 것은 아니라면서, 재능이 없어도 좋아하는 것을 하는 사람이 있고, 그다지 좋아하지는 않지만 잘할 수 있는 것을 하는 사람도 있다고 위로해주셨다.

나는 만들기를 잘 하지는 못 하면서도 좋아하긴 했었고, 내가 조악하게 만든 것을 가지고 가면 항상 반겨주던 엄마 덕에 부스러기를 집으로 들고 가면서도 신이 나고 즐거웠었다. 과학 시간에 과제물로 내는 것에 대단한 공력이 필요한 것은 아니었겠지만, 초등학교 때 다 끝냈어야 할 붙이기, 자르기, 맞추어 모양 만들기에서 항상 엉성했던 아이가 느닷없이 톱을 들고 나무를 자른다고 설쳐댔으니 안 될 수밖에 없었을 것이다.

테리 톰슨

우리 집은 독학을 추구하는 전통이 있다. 내가 그렇다는 것이 아니라, 아빠에 비해 엄마는 좀 덜하지만 부모님이 그렇다는 것이다. 그 이유는 공부를 잘할 놈들은 어차피 잘하고 못할 놈들은 어차피 못할 수밖에 없는 자세와 한계를 가지고 있으므로, 굳이 학원에 밀어 넣어봐야 그 실력으로는 길게 버티지도 못할 뿐 아니라 어울리지 않는 지식으로 여러 사람의 인생까지 복잡하게 만든다고 생각하시기 때문이다.

나는, 현대를 사는 대다수의 대한민국 사람답지 않은 이상한 이 전통에 대해 개인적으로는 강하게 반대했었다. 그렇다고 공부를 하고 싶은 열정이 있었던 건 아니고, 방과 후 친구들이 죄다 학원에 다니기 시작한 초등학교 고학년부터는 놀이터나 길거리에서 친구들이 완전히 사라져버려서 심심하다는 게 이유였다.

그래서 5학년이 되었을 때, 나도 친구들처럼 몇 군데 학원들을 다니는 뺑뺑이를 시켜달라고 졸랐다. 하도 열심히 조르니까 엄마가 학원에 보내주시기는 했는데, 6학년 말에 수학 학원을 4달 정도 다니고, 어느 여름방학에는 영어 학원을 한 달에 일어 학원을 넉 달 다닌 것이 전부였다. 이것도 친구들과는 수준이 달라서 다른 시간대로 돌았기 때문에 내가 생각하는 즐거운 뺑뺑이 생활과는 달랐다.

부모님의 생각이 이러니 미국에서도 뺑뺑이를 돈다든가 가정교사를 채용하는 생활과는 조금 멀게 살아왔는데, 9학년부터는 악기 레슨을 계속 받고 있는 중이고 요새는 입시학원에도 다니고 있다. 내가 8학년 2학기쯤 레슨을 받고 싶다고 했을 때 엄마는 조금 더 기다리라고 하셨다.

한국에서는 미국에 간 한국 학생들이 악기 레슨을 받는다는 것을 극성스런 한국 엄마들 때문이라고 하지만, 여기 살아보니 학교에서는 레슨 선생을 추천하기도 하거니와 레슨도 가능하면 받으라고 장려하는 것이다. 그러다보니 학생들은 고가의 악기를 가지고 있고 고액의 레슨을 받는 것을 당연시하는 분위기이며, 학교 밴드의 멤버 대부분이 레슨을 받고 있다. 특히 학기 내내 경쟁을 해야 하는 색소폰 섹션은 모든 아이들이 개인 레슨을 받는다는 것을 알고 나니, 나처럼 한국에서 몇 달 배우다가 온 실력으로 레슨 없이 좋은 점수를 바란다는 것은 불가능하다는 생각이 들었다.

레슨의 의미에 대해 잘 알고 있는 엄마는 레슨을 해야 한다는 것은 알고 계셨지만 음악도 어느 정도는 말이 통해야 가능한 공부이므로, 지금의 밴드에서 조금 더 있다가 개인 레슨을 받도록 하고, 그때까지는 매일 연습을 하라고 하셨다. 연습을 하는 습관을 가지기 힘들 것 같은 아들이라서 그랬던 것인데, 나는 악기를 잘 연주하고 싶은 욕심이 넘쳤기 때문에 연습을 오래하는 조건이라면 얼마든지 할 수 있었다. 그래서 연습을 무척 열심히 하면서 기다린 결과, 8학년 말의 겨울방학이 되기 조금 전부터 개인 레슨을 받게 되었다.

중학교도 대단했지만 지금 내가 다니는 고등학교에서 오케스트라(미국 학교의 경우는 현악기 학생들의 활동)나 밴드의 경우 레슨에 투자하는 비용은 꽤 거액이라고 한다. 전공을 하려는 학생이라서 그런 경우도 있지만, 그렇지 않더라도 Band Parents Asso.(밴드를 하는 학생 부모들의 모임)에는 카운티 전체를 대상으로 대규모의 음악 캠프를 주최할 정도로 강한 열정을 지닌 부모들이 많아서 웬만한 전공자보다 나은 아이들이 가득했고 기본기도 탄탄했다.

음악을 하기 시작할 때, 어떤 악기를 할 것인가를 결정하고 나면 레슨 선생님에 대해 매우 신중해야 한다고 한다. 악기 공부는 1:1로 전수하듯 가르치고 배우기 때문에, 일반 과목보다도 선생님의 영향이 훨씬 많다는 것인데, 그런 만큼 레슨 선생님을 처음에 잘 만나기는 어렵다고 한다.

내 경우는 원하는 것이 레슨이기는 했지만, 무엇이 달라지고 싶은지는 구체적이고 확실치 않은 상태라서 먼 곳의 명성 있는 선생님을 좇아서 힘들게 레슨을 받는 것 대신 우선 가까운 곳에 있는 선생님부터 경험하기로 했다. 그래서 악기 수선을 해주고 악보를 파는 등 음악 전반을 취급하는 집 근처의 악기가게에서 레슨을 받기로 했다.

이렇게 만나서 지금까지 3년 동안 레슨을 받고 있는 테리 톰슨(Terry Tompson) 선생님은 내 인생에서 꽤 중요한 사람 중 한 명이 되었다.

테리는 잘 웃는다. 계속 웃으면서 말하는 게 농담인지 진담인지 구분을 하기 힘들 정도다. 그러면서도 내가 무엇을 배우고 싶어 하는지를 알고, 서두르지 않고 차근차근 실력을 키울 수 있게 하는 방법을 택해 가르치는 선생님이다. 그는 나에게 첫 레슨을 한 후, "너는 아마이 책을 공부하면 실력이 늘 거야"라며 추천한 책부터 시작해서, "이것은 내가 버클리 음대 학생일 때도 겨우 했는데, 너 한 번 해보지" 하고 권하던 악보, 그리고 "너 다음 시간에 레슨 받는 색소폰 학생이 있는데, 나는 선생이지만 너만큼 클래식한 소리는 못 내니까 네가 그 아이를 돕는 차원에서 좀 들려줘라" "이 악보는 구하기가 불가능한 악보이니, 너에게는 좀 어렵겠지만 일단 복사해둬라" 하며 나를 잘 배려해 주셨다. 그리고 내가 재즈에 약간 관심을 갖게 되자 John Coltrane의 절판된 앨범을 주기도 하셨다.

1주일에 단 30분 받는 레슨이지만 내가 받은 영향은 엄청난 것이어서 클래식한 소리만을 추구하고 있다가 재즈의 소리도 추구하게 되었고, 인생을 음악이 아닌 분야에서 전문적인 직업을 가지고 살면서 1주일에 한두 번은 음악을 열심히 하면서 살겠다는 것으로 내 인생의 방향을 잡게 되었다.

왜냐하면 테리 선생님이 버클리 음대 출신의 재즈 뮤지션이면서도 본업으로 음악을 하지는 않지만 가끔 바에서 재즈를 연주하는 일을 병행한다고 들었기 때문이다.

테리 선생님은 흑인인데, 50살이 넘었다는 것이 믿기지 않을 정도로 동안이고, 영화 <Remember of Titan>의 무대였던 T. C. 윌리엄스 고등학교를 졸업했는데, 바로 그 영화에 나오는 미식축구팀인 타이탄의 멤버이었기도 하다. 그로부터 축구팀의 포스터를 선물 받았는데 얼굴이 없어서 물어보니 그날은 학교를 빼먹고 대신 사인만 남겼는데, 어차피 후보라서 주전으로 뛰지는 못했다고 한다.

그러면서 음악은 참 좋은 친구니까 대학에 가서도 절대로 악기를 팽개치지 말라고(악기를 하는 것이 대학을 입학할 때 유리하다고 생각해서 억지로 하는 학생이 의외로 많으므로 대학에 가면 이놈의 악기를 절대 안 하겠다는 아이들이 의외로 많다) 자주 말씀해주신다.

테리 선생님의 형은 브라운대학을 나오셨다고 한다. 대단한 학벌의 가족인데, 회사에 다니면서 지금 재즈 바에서 연주를 하고 레슨을 10년간 지속해오고 있는 테리는 얼마 전에 50이 넘은 나이로 사랑에 빠져서 결혼을 했다.

AP 화학과 자만심

나는 우쭐되는 성격은 아니지만 방심해서 일을 망친 경우가 있다. 나의 방심에 산만함과 자만심까지 겹쳐 수학과 밴드 시험을 망친 것으로도 부족해서 화학까지 기어코 망치고 말았다.

9학년 때에 생물 과목에서였다. 읽을 것이 너무 많다보니 8학년 때의 귀머거리·벙어리 신세에서 조금 나아지긴 했지만 B학점을 넘어설 수가 없었다. 아무리 공부를 해도 이 지경이니, 내가 사실은 바보였는데 이게 지금부터 나타나는 것이 아닌가 하는 자괴감도 들어, 정말 유학을 계획하는 부모들은 아이에게 영어만큼은 학원을 보내든, 연수를 부지런히 보내든, 매를 들든 어떤 방법을 쓰더라도 죽도록 준비시키라고 권하고 싶은 심정이다. 매미를 먹으면서까지 노력했지만 성적이 엉망이라 다시는 지난 일을 안 돌아보고 살게 되기만 바랄 뿐이었다.

그렇지만 항상 영어가 안 되는 것은 아니어서, 10학년 때는 '이만하면 나도 공부를 잘할 수 있는 머리가 있나보다'라고 생각될 정도로 성적이 괜찮았다. 생물 때문에 미리 겁먹고 시작했던 화학은 고생을 거의 안 하고 시험마다 거의 만점을 받을 만큼 학점이 좋았으므로, 11학년 때는 AP화학을 선택했다. 여기서 내가 잘못한 것은 AP를 만만하게 생각했다는 점이다.

맥클린 아이들이 평균 5개 정도는 한다는 통계가 있기는 하지만, 그 아이들은 정상적으로 교과의 레벨을 높일 수 있었던 아이들이고 나는 영어 초보 수준에서 막 벗어나고 있는 학생이었으니까 AP를 선택하기 위해서는 방학 때 별도로 수업 준비를 조금이라도 했어야 했다.

이런 면에서 나를 잘 알고 계셨던 엄마는 나에게, 학원에 다니면서 예습을 하든지 아니면 먼저 교과서를 읽어서 익숙하게 되든지 선택하라고 조언해주셨다. 하지만 나는 두 가지 다 거절하면서 내가 다 알아서 하겠다고 큰소리를 쳤다. 반항기이기도 했고, 화학이 너무나 쉬워서 정말 조금도 걱정이 안 되었기 때문이기도 했다.

결과적으로 나는 AP 화학에서 내가 바라던 점수를 얻지 못했다. 그 이유를 평생 동안 말하고 싶지도 생각하기도 싫을 정도로 충격을 받았다. 비록 대학에서 학점으로 인정받는 시험에는 3점으로 통과를 했지만, 평생 동안 해도 부족할 만큼 절망과 갈등을 겪은 것처럼 생각될 정도로 힘이 들었던 과목이었다. 그리고 이때를 생각하면 잘못은 전적으로 내게 있는 것이라 내 발등이라도 찍고 싶은 심정이었다.

그래서 이번 여름방학은 아무리 힘들어도 섬머스쿨과 예습, 그리고 시험 준비를 빼먹지 않고 골고루 했다. 그 덕분에 공부에 성공한 학생들은 시간 관리를 잘 했었고, 공부를 하는 방법에서는 자기의 약점과 단점을 잘 알고 있었으며, 공부를 하면서 절대 자만하지 않고 다음을 준비했을 거라는 생각을 하게 되었다.

성적은 안 좋았어도 AP를 듣는 자격으로 일반 화학을 방과 후 학교에서 가르치는 봉사를 해보니 고전을 하고 있는 AP과목이나 예전에 쉬워했던 레귤러나 둘 다 재미있었기 때문에 대학에서 전공과목으로 다시 할 경우가 생긴다면 잘 해낼 것 같다. 하지만 지나간 AP 화학시간을 생각하면 기가 막히고 속이 상하고 어처구니가 없다.

미국사에서 터득한 공부법

10학년이 끝나고 여름방학 때 나는 중대 결심을 했다. 섬머스쿨에서 미국사를 듣기로 한 것이다.

나는 역사 과목과 인연이 좋지 않다. 인연이 좋지 않다기보다는 역사과목에 취약하다. 역사 과목은 교과서뿐만 아니라 상식도 풍부해야 하는데, 평소에 책 읽는 걸 멀리하는 내가 역사 부문에 강할 리가 없다.

영어를 못 알아듣고 무식하기까지 했던 8학년에서 역사는 항상 꼴찌에서 두세 번째 정도였다. 그렇다고 다른 과목에서 상위를 달리던 것도 아니었다.

역사는 의외로 많은 양의 답을 써야 하는 과목이다. 미국사, 세계사, 지리 과목이 마찬가지다. 긴 답을 쓴다는 것은, 내가 이해한 것을 상대에게 제대로 표현해야 하는데, 한국어로도 긴 이야기는 피곤해서 안 하고 살았던 내가 영어로 장문의 답을 줄줄 써낼 능력은 없었다. 중학교에서는 무엇을 배웠는지 기억이 없는 상태에서 고등학교의 미국사를 생각하니 좋은 학점 받기를 포기하는 것이 가장 간단할 것 같았다.

하지만 나는 좋은 대학에 가고 싶었고, 그러기 위해서는 성적이 좋아야 하므로 역사 과목을 이겨내야 했다. 그래서 생각해낸 아이디어가 섬머스쿨에서 미국사를 공부하는 것이었다. 수학이나 물리나 화학이라면 심적으로 부담이 덜 되지만 미국사를 1달 내내 아침 7시 15분부터 오후 2시까지 해야 한다는 것 때문에 섬머스쿨 등록 마감일 마지막 시간까지 고민을 거듭했지만 결국 등록을 했다.

방학이 되고 섬머스쿨까지 남은 10여 일 동안 나는 여름방학 시작 날부터 아침마다 미국사 책과 필기도구들을 싸들고 도서관으로 갔다. 나의 전략은 외우는 것이었는데, 막상 실행해보니 여간 어려운 게 아니었다. 가장 싫어하는 과목 하나를 하루 종일, 7시간 정도, 제자리에서 똑같은 방식으로 공부하는 것은 쉽지 않았다.

이틀째부터는 그냥 시간 때우기용으로 책의 한 글자 한 글자를 공책에 베껴나갔다. 이렇게 열 장 가량 끝내고 나니 제법 노트를 적은 것 같은 폼이 나서 계속 무의식적으로 베끼게 됐다.

엄마의 말씀에 따르면, 엄마의 학창시절엔 암기 과목 공부는 '깜지'로 했다고 한다. 무조건 종이에 까맣게 몇 번이고 베껴서 외워지도록 한다는 것이었다. 신기하게도 나도 깜지의 효과를 보았는지 무의식적으로 베끼기만 했을 뿐인데 일단 베낀 내용은 모두 이해할 수 있었다.

이전의 역사 과목이나 생물을 못 했던 이유는, 이해를 못 하는데 외우면 뭐하냐고 내 멋대로 버티면서 공부를 하려는 노력을 안 했기 때문인데, 이렇게 해보니까 이해를 하든 못하든 읽어야 할 분량이 많은 과목은 용어에 익숙해져야 술술 읽을 수가 있고, 그 다음에 이해가 가능하다는 것을 알게 되었다.

평소에 엄마가 나의 공부 방법에 대해 조언과 충고를 할 때마다, 엄마가 미국 학교의 공부 방식에 대해 모르거나 오해를 하고 있다고 생각하여 지시를 거부하고 따르지 않았는데, 미국사 예습을 하면서 나의 이런 태도가 잘못이라는 것을 깨달았다

Jun Song

Creative Writing Assignment

Hi, I'm a 53 years old Athenian man who is thought to be a man with mental problem. Oh, and I also can say that I'm Spartan. Maybe I should tell my name, but I don't feel like to. Government put me in a death penalty, which is not that often these days. I wouldn't even be able to exist in futures' history because Greek men might not listen to me, and won't care about what I'm trying to say. I'm telling Greek people. You must not continue the government like this with hundreds of lies and crime; Or, the Golden Age of Greece would never come again.

I was 19 when I met my wife. I was put in the Peloponnesian war during military serving time. She was a normal Spartan woman, but just little bit high class. At that time, Athenian army was losing. I didn't care about that because it was government's choice to have war with another city-state in the same country. I married her when she was 17. It is breaking rule of Spartan government, but there is nothing much for marrying earlier. She was really intelligence, may be she is more than a famous philosopher, but she didn't like Spartan government that much. I had to stay in Sparta for a while even after the war, because my first son was born in Sparta, and I had to suppose myself as a Spartan man. My son was taken to the military at 7 following the governmental rule. When I visited the military to meet my son, I couldn't say anything. I thought I was looking Athenian military, but soldiers were 7-10 years old. They treated kids as if they treat animals. My first son died in 6th months of military. My wife and I

9학년 세계사 시간에, 그리스 당시의 아무것이나 골라서 가상현실 에세이를 쓰도록 했는데, 이때 나는 스파르타의 성인 남자로 가상해서 썼으며, 그 에세이의 일부이다.

나중에, 모든 면에서 단호한 엄마가, 동생에 비해서 나에게는 왜 강제로 하게 하는 것이 적었는지를 물어봤던 적이 있다. 이 물음에 대해 이렇게 대답하셨다.

"너는 다른 사람들이 모르는 면에서 고집이 세며, 다른 사람의 아이디어로 인해 잘되어도 결국 너의 방법으로 해봐야 직성이 풀리는 아이다. 그리고 그 방법으로 잘되면 다행이지만, 안 되는 경우에도 되풀이하면서 실패를 맛 본 후에는 결과적으로는 쉽고 빠르게 이룬 사람보다 더 많은 경험과 완벽한 지식을 갖게 되기 때문에 그 부분에서는 놀랄 만한 성장을 하는 아이란다. 그래서 애가 타면서도 차라리 초기에 실패를 해서 스스로 깨우치게 하는 방식으로 키우는 거야."

이 말을 듣고 지난날을 돌이켜보니 엄마의 말씀에 일리가 있다는 것을 알 수 있었다.

베끼는 생활에 익숙해지게 되면서 어느 정도의 페이스를 유지하게 되자, 책을 베낄 필요도 없이 몇 번만 읽으면 쉽게 이해가 되었다. 아침식사를 간단히 하고 1시 정도에 근처의 편의점에서 점심을 해결하고 예습을 한 후 섬머스쿨을 시작했다.

당시 섬머스쿨은 공립학교 교사들이 돌아가면서 담당했는데, 이때의 담당 선생님이 우리 학교 세계사 선생님이셨다. 그런데 하필이면 내가 9학년 때 이 선생님이 맡고 계시는 세계사를 망쳤던 악연이 있었다. 고백을 하자면 9학년이 시작되기 전 나의 무식과 한심함에 걱정이 된 엄마가 세계사를 설명해주셨다. 어느 정도를 설명하시고는 동생의 영어 공부도 도와야 하니, 나 혼자 영어로 세계사를 읽는 예습 정도는 하라고 하셨는데, 나는 이 말씀을 무시해버렸다. 그리고 세계사 시간에 처음 본 시험에서 50점도 받지를 못 했다. 다른 사람들은 쉽다고 하는 세계사 시험이 나에겐 최대의 고비였다. 하지만 숙제만 잘해도 B를 받을 수 있었을 텐데, 시험 점수가 이렇게 낮게 나오다보니 여러 가지로 낙심하여, 어차피 망했으니 숙제도 제출하지 말아야겠다는 생각이 들어서 그해 세계사는 거의 낙제를 하고 말았다.

선생님과 학부모와의 면담 날 선생님은 엄마에게 이렇게 말씀하셨다고 한다.

"Jun은 숙제를 잘 내지 않는 게으르고 불성실한 학생입니다."

나는 선생님의 말씀 그대로의 학생이었다. 그렇지 않아도 섬머스쿨의 과목으로 미국사를 선택한 것이 마음에 부담이 되는데, 나를 게으르며 불성실하다는 평가를 한 선생님이 방학 한 달 동안 미국사를 담당하게 되니, 첫 시간부터 과목의 중압감과 선생님에 대한 주눅으로 인해 마음이 무거웠다. 그런데 놀랍게도 첫 시간부터 강의가 술술 들리는 데다가 모르는 게 없는 상태였다. 선생님의 설명보다 내가 더 잘할 수 있을 것 같아서 입까지 근질근질해지는, 믿을 수 없는 일이 일어난 것이었다. 이미 지나간 일이지만 미국에서 공부를 하던 초기의 나는 공부를 할 때 예습을 하는 이유가, 다른 사람과는 달리 영어로 하는 수업에 언어적으로 익숙해지기 위한 준비라는 것을 깨달았어야 했다. 그러나 나는 미리 읽어둔다는 것에 대한 효과를 무시했었고, 내가 알아서 해보겠다는 말로 엄마의 조언을 무시했으며, 성적이 좋지 않은 경우(당연한 결과였지만) 쉽사리 포기하면서 나의 영어 실력 탓으로 돌려버렸던 것이다. 그리고 마음이 내켜서 교과서를 읽는 경우에도 글자 하나하나를 뜯어보는 것이 아니라 전체를 이해했어야 하는데 한심하게도 그 점도 무시해 왔었다.

이번 여름방학에 『다빈치 코드』를 읽으면서도 내가 글 한 줄 한 줄을 이해해야만 다음 줄로 넘어가는 습성을 느꼈는데, 이러다 보니 학교에 다니면서도 내 고집대로 하면서 고생은 고생대로 하고, 남보다 더 오래 헤매게 되었고, 특히 말을 많이 들어야 하는 과목일수록 성적이 저조했던 것이다.

고생을 하기는 했지만 덕분에 11학년에서 심리학을 할 때는 잘 읽어보는 예습만으로 좋은 효과를 거둘 수가 있었고, 충분히 잘 읽는다는 방법으로 공부했던 미국사는 '깜지'의 덕도 입어 섬머스쿨 첫날부터 종강까지 의외로 쉽게 보냈다. 결국 역사 과목에서 평생 불가능할 것 같았던 A를 받았다.

꼴찌만 아니기를

8학년 때 거의 담임선생님이나 마찬가지였던 위타키에 대한 안 좋은 추억이 있다. 영어와 역사처럼 영어를 많이 필요로 하는 과목은 전부 위타키 선생님이 가르쳤다. 나는 위타키 선생님과 함께하는 역사 시간을 미술 시간 다음으로 싫어했는데, 그 이유는 시험만 봤다 하면 50점을 겨우 넘겼기 때문이다.

하루는 선생님이 꽤 화가 났는지 학생들을 침묵하도록 해놓고 환등기를 켰다. 그러면서 숫자를 적어내려 갔는데, 94, 88, 84 등등 뭐 이런 내림순으로 이어지는 숫자들이었다. 숫자를 다섯 개 정도 적었을 때 난 그것들이 이번 시험 성적들이란 것을 알 수 있었다. 무서운 얼굴로 아무 말 없이 50점대까지 써내려갔다. 그러고선 우릴 한번 쓰윽 쳐다보더니, "더 낮은 점수가 있다"라고 말한 뒤 계속해서 40점대를 써내려 갔다. 제 딴에는 시험을 좀 잘 봤다는 축에 드는 아이들은 이해를 못하겠다는 듯한 표정을 지었다. 30점대에 가까워지자 다시 멈추더니, "더 낮은 점수가 있다"라고 말하고는 또 30점대를 두 번 썼다. 그리고 우릴 쓱 쳐다보더니 20점대 점수를 하나 썼다.

그리고는 아무 말 없이 일어나더니 캐비닛에서 시험지를 꺼내더니 나눠주기 시작했다. 정말 신이 존재한다면 이때가 나에게 자비를 베풀어주실 시간이라고 생각했다. 난 진짜 두 손을 모아서 내가 20점대의 꼴찌만 아니기를 빌었다. 선생님이 시험지를 나눠줄 때 점수를 부르며 나눠주진 않지만 어찌됐건 옆에서 보려고 하면 볼 수도 있었다. 열심히 기도하고 있는데 내 앞에 시험지가 툭 떨어져서 쳐다보니 내 점수는 36점으로 꼴찌에서 세 번째였다. 정말이지 태어나서 30점대 점수를 받고 기뻐하긴 그때가 처음이었다. 지금 생각해보면 그다지 남이 함께 기뻐해줄 정도는 아니었던 것 같다. 공부를 정말 못하던 시절의 추억이다.

AP 뮤직과 음악 이론

12학년에는 AP 뮤직을 선택했는데, 그 이유는 고등학교 시절 전반에 걸쳐서 내가 음악으로 활동을 한 데다가 연주도 좀 하는 편이어서, 이제는 음악이론도 좀 알아야 할 것 같은 생각 때문이었다.

그런데 아무리 AP라지만 하루에 나가는 진도의 양이 어마어마하다. 2년 전 개설 때 우리 학교에서 가장 낙제가 많았던 과목이었다는 AP 뮤직은, 내가 전교에서 1등을 해보려는 과목 중의 하나이다. 지난해 말 과목 신청을 할 때 주위에서 무척 어렵다고 하는 소문을 듣고도 과감히 선택했기 때문에 여름방학에 예습까지 하면서 대비했다. 첫 시간부터 그 동안 막연히 읽었던 악보의 역사부터 배우고, 매일 공부와 시험과 숙제를 빡빡하게 병행했는데, 내가 이 과목에서 좋은 점수를 받고 AP 시험에도 패스한다면 나는 선생님과는 다르지만 학생을 공식으로 가르칠 수 있는 자격도 갖게 된다.

우리 클래스의 특징은 모두 아는 사이라는 점이다. 9학년부터 12학년의 전교생이 모든 과목을 자기의 능력에 따라 선택하는 학교에서, 클래스 학생을 모두가 아는 사이라는 것은, 이 과목 자체가 그 동안 어느 정도의 악기를 했던 경력이 있는 학생을 대상으로 하기 때문이다. 특히 이 과목을 듣기 위해서는 밴드나 오케스트라 선생님의 허락 사인이 반드시 있어야 하므로, 결국 내가 속해 있는 심포니 밴드 단원이거나 스트링에서 최고의 레벨인 챔버 학생들, 그리고 코러스 학생 일부만이 수강신청을 했기 때문이다.

그러니 첫 시간부터 3년 정도 같은 반에서 공부한 친구 같은 느낌으로 화기애애했고, 숙제를 해보니까 1년 공부가 만만치 않으리라는 것을 확실히 알 수 있었지만, 뮤직 AP가 있는 날이 은근히 기다려질 것 같은 생각이 들었다. 악기를 고등학교에서 몇 년 동안 같이하면서 친해지고 같은 시간의 같은 장소에서 만나는 일도 잦아진다.

AP에서 숙제를 내주면서 5선지 노트를 사오라고 한 날이었다. 내가 뮤직 숍에 어슬렁거리며 갔더니 AP 우리 반 아이들이 우글거리고 있는 것이 아닌가. 노트를 사러 왔는데 한 녀석이 들어오고 또 들어오고 하다 보니, 일찍 들어온 친구나 나중에 들어온 친구나 거기서 만난 김에 놀고 있었던 것이다. 나도 들어간 김에 같이 이야기를 하다가 나왔다.

이 과목을 조금밖에 안 들었지만 정말 이해가 안 되는 점이 있다. 미국에서는 중학교부터는 음악 과목이 없어지므로 심포니 밴드에 있다 해도 음악에 대한 이론적인 지식이 한국 학생보다 낮다. 초등학교에서도 한국만큼 가르치지는 않기 때문에 한국 학생보다는 이론적인 면이 많이 약하다. 미국 학생들은 악보를 읽고 연주하는 것은 잘들 하지만, 한국의 음악이론 시험을 기준으로 보면 약하다는 뜻이다.

그렇다면 AP 뮤직의 한 달 정도는 기초단계를 프리리뷰 개념으로 정리를 해주어야 하는데, 우리의 수업이 마치 어느 2학기 과목처럼 시작했다는 점이 학생들을 경악하게 했다. 학기가 시작되고 한 달 만에 모차르트의 아이네 클라이네 나흐트 무지크 전곡을 분석하는 것은 난이도가 심하다고 엄마도 놀라는데, 다행히 나는 한국에서 초등학교와 중학교 때 배운 이론 지식이 있었기 때문에 그럭저럭 기억을 더듬으면 되었다. 게다가 초·중·고등학교에서 완벽하게 음악 공부를 하신 든든한 한국산 엄마가 있으므로 아직은 크게 어렵지 않다. 지금 현재 반에서 1등을 하고 있는데, 선생님의 말씀으로는 새 학기가 시작한 지 2달밖에 안 되었는데 절반이 낙제를 하고 있다고 걱정하신다.

실제로 이 시간을 택한 상당수 학생들이 숙제를 다 해오지 못 해서 당황하는 기색이 역력하다. 이 과목은 우리 학교의 경우 2년에 한 번씩 개설되는데, 미국의 학교들 모두 AP 과목이 있는 것은 아니고, 있다고 해도 가능한 과목 모두가 있는 것이 아니다. 우리 학교는 음악을 하려는 학생들이 주로 하는 AP 뮤직을 매년 개설할 정도의 수요는 없으므로, 학생들은 2년에 한 번씩 신청을 할 수 있다.

미스터 K

우리 학교인 맥클린 고등학교는 밴드가 강하기로 유명하다. 한 공립 학교의 과목일 뿐인 밴드인 데다가, 명문이라고는 하지만 근처의 학교 랭글리에게는 뭐든지 지기만 하는 우리 학교가 왜 밴드에서는 유난히 강할까?

다 이유가 있는 법이다. 실력이 전통적으로 강하다, 학생들이 기를 쓰고 한다, 부모들이 유난히 열성이다 등등 여러 가지 이유가 있다고 들 한다. 그러나 가장 큰 이유는 K이다. K는 밴드 선생님 이름인데, 'Kirchenbauer'를 부르기 힘들어하는 아이들이 줄여서 K라고 부르는 것이다.

선생님에 대한 호칭은, 초등학생의 경우 학교에서 MR. MRS. MS.의 훈련을 거쳐서 중학교에서도 대개는 그렇게 불러야 하지만, 고등학교 에 와보니 선생님들이 자기의 이름을 부르도록 허락하는 경우도 있고, 아이들이 긴 이름 대신 뚝 잘라서 부르는 것을 허용하는 경우도 있는 데, K가 후자의 경우이다. 아이들이 "K!"라고 부르면 대답을 하며 반 응하는데, 간단한 알파벳으로 이름이 불리는 것과는 달리 카리스마가 대단하다.

재즈밴드를 제외한 모든 밴드 관련 행사는 K의 지휘 하에 이루어지 는데, 50대 중반의 독일계인 K는 맥클린 학교에서 무려 20여 년을 보 낸 대왕이다. 교장보다 강력한 파워를 가지고 있다는 소문이 있다. 그도 그럴 것이, 이번에 학교 운동장의 잔디를 모두 다시 까는 데 든 거액의 3분의 2를 밴드 기금에서 냈다고 한다. 밴드 재정이 얼마나 튼튼하면 그렇게 쓰고도 밴드 트립을 지원받아서 갈 수 있었으며, 신입생들을 위한 마칭밴드를 선보이던 날 학부모와 밴드 전원의 피자를 밴드 기금에서 낼 수 있었겠는가.

우리가 그 돈을 벌 때 고생했던 것을 생각하면 그렇게 재정을 지출하는 것이 약간 불만스럽기도 하지만, 그런 일을 끄떡없이 해치우는 그 밴드의 디렉터인 K는 밴드에서는 절대자이며 제왕으로 군림하고 있다.

돈만 잘 버는 것이 아니라 카운티 대회든 Sraet든 혹은 원정 연주든 우리 학교 밴드의 목표는 일단 1등이다. 이러다 보니 우리 밴드는 버지니아에서 펜실베이니아로 가자마자 곧장 연습을 할 정도의 스케줄은 당연하게 소화시키고 있고, 플로리다에 갔을 때도 장장 이틀에 걸쳐서 도착하자마자 연습을 할 정도였다. 치열한 경쟁을 거쳐서 들어가는 심포니 밴드는, 일단 들어가기만 하고 연습은 대충 해서 버티겠다는 생각은 꿈도 꿀 수 없다. 실기시험을 공개로 치르는 데다 지난번 시험보다 못할 경우는 당장 K의 호통이 떨어지고, 아이들마저도 모든 악기 주자에 대한 실력에 대해 드러내놓고 토론을 하기 때문이다.

밴드 인원만 100명이 넘는데, 훈련시키랴, 여행 데려가랴, 콘서트 시키랴, 머리가 다 큰 고등학생 모두를 한 번에 통제하는 K의 카리스마는 대단하다. 전체 맥클린 고등학교에서 이 사람만큼 무서운 사람은 없다. 그래서 밴드의 강훈련에 대한 소문을 들은 신입생들은 무서워하고 피해 다니며, K라고 부르는 것을 상상도 못하겠다는 표정들을 짓는다.

그렇다고 해서 아이들이 무서워서 절절매는 것만은 아니다. 11, 12학
년 같은 고학년들은 오히려 K를 많이 좋아한다. 고등학생이 되면서 콘
서트밴드에 마칭밴드까지 했다면 시간표의 구성상 거의매일 수업이 들
어 있고, 방학 동안에도 의무적으로 매일 7시간씩 연습하면서 만난다
(마칭밴드의 경우). 그리고 그 일을 3~4년 동안 되풀이하면 K에게 적
응도 되고 정이 들기 때문이다.

또 한 가지 이처럼 무서운 선생님이 있어도 밴드를 떠나지 않는데,
그 이유는 정말 공평하기 때문이다. 밴드의 자리배치는 100% 실력 순
으로 이뤄지고, 호통을 받은 경험들이 무수하지만, 평계조차 댈 수 없
이 공정하고 정당한 일들로 혼나기 때문이다. 또 한 가지 이유는 실력
이 안 되면 계속 기회를 주면서 실력을 올려주려고 하고, 실력이 어느
정도 되면 확실한 인정의 의미로 보상을 해주기 때문이다.

일단 밴드에 들어가면 4년간 철저하게 K의 영향 아래 놓이기 때문
에 상급생들은 좋아하기도 하지만, 밴드의 멤버가 되는 순간부터 실력
향상을 위해서 워낙 시달리면서 4년간 살게 되므로 기회가 된다면 졸
업 전에 K가 당황하는 것을 한 번은 보고 싶다는 욕심을 가진다는데,
우리 학교는 그런 학생들의 소망을 마칭밴드가 여름방학 중 해치우는
전통을 가지고 있다.

모든 멤버가 심포닉이면서 약간의 콘서트 멤버가 포함되는 마칭밴드
의 멤버는 여름 방학부터 9, 10, 11월간 K의 직속 마칭밴드로 기존 밴
드의 수업 이외에 추가활동을 해야 한다. 30도로 오르내리는 여름에
아이스 팩과 얼음물을 지원받으면서 연습을 하고, 미식축구시합에 따

라가고, 대회에 참가하고, 밤 10시가 될 때 까지 연습을 하는 생활을 되풀이하다가 11월 중순부터는 심포닉 밴드의 단원으로서 연주여행을 가고 대회에 가는 빡빡한 생활을 100명이 상의 학생들이 함께 겪는다. 이런 생활을 1년 하면서 서로 친해지기도 하지만, K에 대해서는 한 번쯤은 우리 마음대로 조종하고 싶다는 생각을 하게 되는데, 우리 학교는 여름방학의 밴드 트립 캠프를 할 때 새로 12학년이 될 학생들이 의무와 권리로서 K를 골려주는, 거룩한 임무를 도맡아서 하는 전통이 있다. 밴드 멤버이면 반드시 여름방학에 의무적으로 참가해야 하는 밴드 트립은 하루 종일 연습을 하면서 강훈련을 하는 대신 마지막 날 행사인 쇼에서는 장기자랑을 하고 마음껏 즐길 수 있는 행사를 늦은 밤까지 진행하는데, 학생들은 이때를 이용해서 마음껏 K를 풍자한다.

올해는 지난해보다 더 재미있었는데, 학생이 나와서 마칭을 할 때 박자를 맞추기 위해서 딱닥닥 하는 메트로놈(박자기) 소리를 입으로 똑같이 흉내 내면서, "케이(K)! 나는 이 소리가 싫어, 이 소리가 짜증나, 이 소리가 나를 화나게 해" 등등 K를 그대로 흉내내가면서 마칭밴드 연습 때의 속내를 마음껏 표현했는데, 우리는 속이 시원해서 거의 구르다시피 웃으며 즐겼다. 정작 K도 으하하하핫 하고 꼬부라지면서 남의 이야기 즐기듯이 재미있어 했다.

그런데 더 웃기는 일이 그 다음에 일어났는데, 밴드의 한 학생이 클라리넷을 들고 나와서 연주를 한 것까지는 평범했는데, 연주를 다 하고 나서 점잖게 한마디 했다.

"다음 연주는 특별히 MR. K에게 바치는 곡입니다."

모두 궁금해서 목을 있는 대로 빼고 기다리는데, 학생이 말을 이었다.

"그 Scale를 그렇게 연주하면 어떡해?"

실기 테스트 때마다 듣던 얼마나 익숙한 K의 꾸중이던가!

우리는 이 상황 연출만으로 이미 배꼽이 거의 빠진 상태였는데, 그 학생이 Scale 연주를 엉망으로 망쳐버리자 K가 관객석에서 킥킥거리면서 평소처럼 고함치며 나무라는 바람에, 우리는 완전히 고꾸라지고 그 학생은 얼굴이 벌개져서 무대를 내려와야 했다.

이런 쇼는 웃기고 풍자하고 연주를 하는 정도의, 글자 그대로 Show 다. 하지만 새로 12학년이 되는 학생들은 마지막 학년의 권리와 임무로 서로 K를 확실하게 골려주는 미션을 실행한다. 나도 12학년의 권리를 행사했는데 올해는 마칭 캠프 기간 동안 K가 머문 별장에 가서 현관을 테이프로 완벽히 봉쇄하자는 아이디어였다.

그리고 우리들은 집에서 나오는 것에 성공하더라도 난간에서부터는 기어서만 나올 수 있을 정도로 공사장의 출입 제한 테이프로 양쪽 두 난간마저도 사이로 둘러치고 왔다. 그 덕에, 어떤 난관이 있어도 밴드 행사에는 항상 먼저 나타나는 K가 처음으로 지각을 하고서 하는 말.

"흠-, 그대들의 데커레이션을 고맙게 생각한다."

이 짧막한 소감을 듣고 우리들은 완벽한 성공을 오랫동안 자축했다.

맥클린 고등학교에서는 어느 밴드든 고된 연습을 각오해야 하는데, 이번 여름의 마칭밴드 연습 때는 유난히 힘이 들어서 학생들이 기우제를 지내기까지 했는데도 비가 연습시간만 피해서 내리는 바람에 날씨까지도 K의 카리스마 유지를 적극 돕는 것 같았다.

점수를 위해 매미 튀김을 먹다

9학년 여름, 색다른 경험을 하게 되었다.

셀 수 없을 정도로 엄청나게 많은 Cicada들이 버지니아에 나타난 것이다. Cicada란 북미에만 서식하는 매미의 일종인데, 특이한 점으로 유충기간이 17년이나 되어 엄청나게 많은 수가 17년을 주기로 나타난다는 것이다. 많다는 것이 그냥 많은 정도가 아니라 길바닥을 까맣게 덮고 나무의 색이 변해 보일 정도로 많이 출현한다. 미국에 살아도 17년 만에 한 번씩밖에 볼 수 없는 그런 종류의 매미를 내가 운 좋게 보고 겪은 것이다.

Cicada의 출현은 미국인들에게는 무척 흥미로운 사건이어서 이들이 나타나기 몇 달 전부터 미디어에서는 화제였고, 학교 선생님들이나 학생들도 이야기하고 다녔지만 나는 신문을 거의 안 읽으니 알 턱이 없었다. 귀동냥을 즐겨하는 타입도 아니어서 남들이 하는 말에 귀를 기울이지도 않았다. 그 무렵 과학을 아주 좋아하던 형이 길에서 희귀한 매미 종류를 주워서 박제를 하고 있다고 즐겁게 말을 해줬는데도 철새가 지나가나보다 하는 정도로 무심하게 받아넘겼었다. 그런데 날이 갈수록 매미가 점차 많아진다 싶더니 어느 날부터는 내 주위를 까맣게 뒤덮는 게 아닌가!.

태어나서 그렇게 많은 곤충들이 한꺼번에 몰려 있는 것을 본 적은 그때가 처음이었다. 발을 붙일 수 있는 곳이면 어디든지 붙어 있는 상태라 나무나 기둥의 색이 매미 색으로 까맣게 변해버릴 정도였다. 당시 나는 장발을 하고 있었는데, 나무의 섬유질처럼 보이는 내 머리에 붙은 적도 한두 번이 아니었다. 하도 많다 보니, 한 마리가 우는 소리는 들어볼 수도 없었고, 낮에는 "키앙~" 하는 울음소리를 논스톱으로 들어야 할 지경이었다.

이러니 미디어에서는 매미로 액세서리를 만든다, 케이크 장식용으로 활용한다 등등 갖가지 기발한 활용 방법까지 보도되고 있었다. 매미를 장식하는 것뿐 아니라 우리의 9학년 생물 선생님은 색다른 방법으로 매미들을 처리했다. 우리 학생들이 초기의 임상실험 대상이 되었다. 우리 학교에서는 학년말마다 McFest(Mc은 학교 이름인 McLean에서, Fest는 Festival에서 따온 합성어)라는 교육적인 축제를 열었는데, 그 내용은 역사 교실에는 흥미로운 역사적 사실을 포스트 해놓고 화학반에는 화학 실험을 보여주는 등 말이 축제지 나에겐 여러 교실에서 하는 공부나 다름없었다.

지루하게 걸어 다니다가 생물반에 들어가 보니 온갖 신기한 벌레들을 전시해놓고 있었고, 교실 뒤쪽에는 사람들이 웅성거리고 있어서 가보았다. 접시에 딸기와 검은색, 노란색 물체가 충분히! 많이! 놓여 있고 포크도 친절하게 여러 개 있었는데 아무도 손을 대지 않는 것이었다. 가까이 가보니 곤충의 다리 같아 보여서 더 자세히 보니 17년산 매미들을 튀겨서 초콜릿 코팅을 해 딸기에 얹은 것과, 버터로 튀긴 것들이었다. 이상한 음식에 대해서 거의 새가슴이었던 나와 친구들은 그 자리에서 누가 먹어주기만을 기다리고 있는데, 생물 선생님이 우리 쪽으로 다가와서 하시는 말씀이 매미를 먹으면 가산점을 준다는 것이 아닌가.

그 당시 나의 생물 성적은 무슨 수를 써서라도 올려야 할 정도로 엉망이었기 때문에, 엄마로부터 내 목숨을 부지할 수만 있다면 매미 꼬치라도 즐겁게 먹을 수 있는 마음의 준비가 되어 있었다.

결국 나처럼 점수가 궁한 우리 한국 아이들 몇 명이 아예 단체로 먹었고, 우리는 그 자리에서 인스턴트 영웅이 되었다. 희귀한 매미를 발견해서 박제를 한다고 좋아했던 그 형은 그 당시 생물 과목을 안 듣고 있었지만 우리가 이것은 17년에 한 번씩밖에 맛볼 수 없는 진미라고 부추겨서 먹게 만들었다.

점수 때문에 먹기는 했지만 입에 넣고 절대로 씹지 않고 삼키겠는 작전으로 임했는데, 막상 입에 넣고 나니 매미의 형상이 떠오르면서 역겨워서 한 번에 삼키기는 것을 실패하고 말았다. 어쩔 수 없이 두 눈 꼭 감고 꼭꼭 씹어 먹었는데(버터 맛이었다) 생긴 것에 비해 그다지 역겨운 맛은 아니었다.

미술 시간의 땡땡이

　중학교 때 가장 싫어했던 과목은 미술이었다. 중학교 8학년으로 결정되고 배정받은 학교에 가서, 학기를 위학 시간표를 짜는데, ESOL을 포함해서 수학, 사회, 과학 등 필수과목들을 제외하고 남는 시간을 선택과목으로 채울 수 있었다. 저널이나 연극 등 영어를 많이 필요로 하는 과목들은 내가 할 수가 없었고, 컴퓨터 과학, 미술, 음악(밴드, 오케스트라, 코러스), 요리 중에서 밴드와 미술이 그나마 언어가 별로 필요 없을 듯이 보여서 카운슬러와 합의하여 선택했다.

　합의를 했다고는 하지만 나는 영어를 한 마디도 알아들을 수 없었고, 엄마가 카운슬러하고만 의논하여 결정한 것이다. 나는 그 논의에 끼워줘도 이렇다 저렇다 의견을 제시할 만한 처지도 아니었다.

　나는 기본 과목과, 영어가 덜 필요한 미술을 택했다는 말씀에, 한국에서 특별활동을 할 때 공작부에서 1년 동안 활약한 경험이 있기에 흔쾌히 미술 수업을 듣기로 동의를 했다. 하지만 사실은 공작부에서 잘한 것은 아니었다. 특별한 활약은커녕 매번 이해하기 힘든 구조물을 만들다가 완성을 못 시켜서, 성적표에는 "노력은 하지만 완성을 하지 못 합니다"라는 선생님의 코멘트가 항상 따라다녔다. 이 당시의 영어의 수준으로 봐서는 별다른 것을 고르겠다고 할 처지가 아니기도 했다.

　미술 과목은 선생님도 친절하고 같은 반 아이들도 좋았는데, 이상하게 미술반에만 들어가면 기분이 나빠졌다. 게다가 의외로 영어가 많이 필요해서 내 영어 실력으로는 알아들을 수 있는 게 거의 없는 상태라서 무슨 준비물을 챙겨야 하는지도 모르겠고, 숙제를 언제까지 해오라는 것인지 알아듣지도 못하고 물어볼 배짱도 없었다. 이렇게 한국에서는 전혀 스트레스를 받지 않던 미술에서까지 고전을 면치 못하게 되고 보니 미술이라는 말만 들어도 끔찍할 정도가 되었다.

그래도 한 가지 희망은 1년 코스가 아닌 반 년 코스라 한 학기가 지나기만을 손꼽아 기다렸건만, 새 학기가 되었을 때 카운슬러는 컴퓨터과학 시간의 정원이 꽉 찼다는 이유로 자기 마음대로 남은 반 년 동안 미술을 또 수강하게 만들었다.

카운슬러는 나름대로 언어도 필요 없는 데다가 많은 동양인들이 좋은 성적을 거두고 있기 때문에 나를 배려하여 그런 결정을 했겠지만, 나는 이미 지난 학기에 성적이 안 좋아서 죽을 맛이었다. 게다가 과목명을 보니 그냥 미술도 아니고 'Advanced Art', 즉 '상급미술'이라는 게 아닌가? 가뜩이나 미술이 싫은데 상급미술반에 집어넣다니! 한참 고민하다 내가 충동적으로 내린 결정은, 되도록이면 미술반에 안 가기로한 것이었다. 사실은 그전에 다른 친구와 함께 바느질반에 들어볼까도 생각했었는데 도저히 앉아서 반 년 동안 바느질을 할 엄두가 나지 않아 차라리 상급미술을 들으면서 최소한의 노력만 하기로 한 것이었다.

이 방법은 나와 같은 입장에서 고민하는 학생들이 선택할 만큼 안전하거나 좋은 방법은 아닌데, 그 당시에는 나중 걱정은 별로 하지도 않았다. 내가 처음 택한 방법은 수업이 끝나기 10분 정도 전쯤에 들어가서는 양호실에 있다가 왔다고 둘러대는 방법이었다.

그 당시 나는 비교적 성실하고 도덕적인 학생이라는 이미지를 가지고 있었기 때문에 전혀 의심을 받지 않았지만, 같은 수법을 서너 번 쓰고 나니 선생님이 조금씩 의심을 하시는 듯했다. 그래서 두 번째는 금요일 수업에 아예 가지 않기도 했다. 그 방법이면 월요일에 다시 나타나도 주말 동안에 내가 수업을 빼먹었다는 사실을 선생님이 잊어버릴 거라고 생각했기 때문이다.

내 계획은 한동안 성공적이어서 그럭저럭 지내다가 일부러 반에 늦게 들어갈 구실도 만들어봤다. 우연한 기회에 라커를 열다 알게 되었는데, 라커 문에 가방끈을 끼워놓으면 걸려서 열리지 않는다는 것을 발견한 것이다. 흔히 있는 사고인데 나는 당장 내 가방끈을 라커 문에 끼워 넣어 억지로 사고를 만든 후, 라커를 천천히 고치고는 어슬렁거리다 반에 들어가기도 했다.

지금 생각해봐도 미술이 그나마 내게 가장 나은 과목 중 하나이기는 했지만, 이 당시는 모든 과목에서 받는 스트레스가 최고 수준이었기 때문에 다른 생각을 할 수 있는 처지가 아니었다.

미국에서의 첫 해에 좌충우돌했던 당시의 기억들은 결국 내게 개운치 않은 추억으로 남아 있다.

고마운 위타키 선생님

중학교 선생님 중 미스 위타키라는 잊지 못할 젊은 ESOL 영어 선생님이 계셨다. 중학교부터는 담임선생님이 없고 정해진 교실에 교과목 선생님이 사무실 겸 교실로 상주한다. 그러면 학생들은 돌아다니면서 공부를 하는 식인데, 담임이 없어서 특히 헤매기 쉬운 ESOL 학생들은 ESOL 선생님이 담임이나 마찬가지였고, 미스 위타키는 자기 반의 모든 아이들을 정말 담임처럼 대하고 챙겨주셨다.

지금 와서 생각해보면 중학생에 ESOL 클래스면 의사소통도 힘들고 버릇도 없을 텐데, 그 아이들을 완벽하게 통솔한 위타키 선생님은 정말 유능하고 강한 정신력을 지녔던 것 같다. 역시 나에게도 필요 이상으로 많이 챙겨주셨는데, 정작 나 자신은 그 선생님의 제자라는 점이 그다지 내키지 않았었다. 왜냐하면 나는 보통 '챙겨준다'고 하면 부드럽고 헌신적인 이미지를 떠올리는데, 미스 위타키는 뒤떨어진 영어 공부를 도와주는 것 이외에도 다른 과목까지 체크하고, 복도에서 만나면 달려와서 숙제를 더 내주고, 수업이 끝난 후 집으로 돌아가려는 아이들을 잡아서 방과 후 보충수업까지 듣게 했기 때문이다.

안 그래도 힘든 미국 첫 학기에 부드럽게 챙겨주기는커녕 우리를 사자새끼마냥 훈련시켰던 것이다. 가장 심한 예로는 8학년 첫 학기 ESOL 클래스를 낙제했을 때, 우리 집에 전화를 해서 엄마에게 이렇게 말했다는 것이다.

"준홍 어머님! 좋지 않은 소식입니다. 댁의 아드님이 제 과목을 낙제 중입니다. 당신의 아들은 게으릅니다."

그러자 엄마는 이렇게 대답하셨다고 한다.

"내 아들이 게으른 것을 잘 아니까 더 낮은 반으로 내려 보내주세요."

엄청난 정신력의 미스 위타키와 그에 결코 뒤지지 않는 엄마 간에 이루어진 통화 내용을 듣고 난 후에 간담이 서늘해져서 나는 거의 전 과목마다 따라다니는 미스 위타키와 가능한 눈을 덜 맞추기로 결심할 정도였다.

여기에다가 미스 위타키는 디텐션(Detention)이라는 벌을 자주 주는 것으로도 유명했다. 무언가를 잘못하면 Detention Book이라는 바인더에 사인을 하게 되는데, 이게 세 개가 누적되면 디텐션을 받는다. 벌은 수업이 끝난 뒤 남아서 청소를 시키는 식이었다.

나는 학교에서 문제를 일으키기보다는 숙제를 안 해서 일주일에 한 번씩은 꼭 디텐션을 받았기 때문에, 엄마에게도 일주일에 한 번은 늦게 올 거라고 말해두고 다녔을 정도였다.

미스 위타키는 학교에서 재미있는 행사가 있을 때 디텐션을 많이 받은 학생들은 참여하지 못하게 하고 공부를 시키기도 했다. 이러다보니 안 그래도 평소에 별로 웃지 않는 편인데, 위타키 선생님의 반에서는 웃어본 적이 없었다. 내 표정이 항상 굳어 있자 위타키 선생님도 걱정이 됐는지 "웃어, 준홍!" 하며 달래는 척하다가도 또다시 디텐션을 주기 일쑤였고, 항상 공부 좀 더하라고 잡으러 올 것 같은 생각으로 학교를 다니다보니 미스 위타키를 피하는 게 그날의 중요 과제가 될 정도였다.

한때 엄하셨던 선생님들도 나중에 가면 다 은인으로 보인다고 한다. 나는 고등학교에 들어가서 행사 때문에 중학교를 한 번 방문하게 되었는데, 내 시야에 위타키 선생님이 들어오는 순간 본능적으로 어딘가로 피해버렸었다. 그러나 그때 미스 위타키가 그렇게 나를 달달 볶지 않았더라면 나의 영어 실력은 형편없었을 것이라고 생각하니 나중에 영어가 더 나아지면 꼭 찾아가서 고맙다고 인사드릴 생각이다.

제2부 미국에서 본 미국

집에서 섹소폰 연습 도중 잠깐 짬을 내어….

9.11 일기-현장에서 본 9.11

9.11로부터 며칠간의 일기 중에서(학교에서는 여행 허가를 하는 대신 기록을 잘해오라고 해서 열심히 기록을 하고 다녔다) 일부를 발췌하여 다시 손질하며 그때 당시를 더듬어보았다. 그 과정에서 이 당시 나는 모든 것들이 무서운 어린 아이였지만, 이런 아들을 보호하려는 남자로서의 아빠가 가진 의지와 힘으로부터 매우 깊은 인상을 받았었다는 것을 군데군데에서 느낄 수 있었다.

이 사건을 겪은 후, 아빠는 내가 인생을 살아가면서 갑자기 위기가 닥쳐왔을 경우, 잠시 허둥댈지라도 빨리 냉정을 되찾아 침착하고 이성적으로 상황을 파악하면서 할일의 순서를 정하고 대처해 나가야 한다는 교훈을 내가 깨우치기를 간절히 바라셨다는 것을 알게 되었다.

아빠는 9.11 사건이 일어난 후 내가 이해할 수 있는 범위에서 사건의 배경을 설명해주셨고, 호텔에서 식사를 배급하는 의미를 이야기해주셨다. 가능한 범위에서 관광을 하려고 시도하였으며, 식사를 거르지 않게 했고, 한국으로 돌아가기 위해 하실 수 있는 모든 행동을 하셨다.

사람들은 9.11을 비극으로 기억하지만, 나는 갑작스런 위기가 닥쳤을 때 아빠가 했던 대처 방법과 아빠의 사랑을 함께 기억한다.

9월 11일, 화요일.

이 날은 맨해튼을 주로 관광하기 위한 계획을 짰는데, 8시경에 우선

south sea port를 가기로 했다. 하지만 택시 운전사가, 10시나 되어야 문을 연다는 사실을 알려주었기 때문에 행선지를 Ferry Port로 바꾸었다. Ferry를 타기 위해서 줄을 선 시각이 8시 30분쯤이었던 것으로 기억하는데, 갑자기 하늘에서 시커먼 연기가 피어오르고 하얀 종잇조각들이 저쪽 하늘을 덮었다.

무슨 폭발음이 있었다는데 나는 듣지 못했다. 그리고 배를 탔는데, 3층으로 올라가서 보니 쌍둥이 빌딩에서 불길이 피어오르는 것이 보였다. 그리고 내 머리 위로 비행기가 한 대 지나가더니 쌍둥이 빌딩의 다른 건물로 돌진해서 그대로 꽂히면서 폭발과 함께 엄청난 불길이 솟았다.

내가 탄 배의 승객들은 비명을 지르며 울고, 휴대전화를 꺼내서 전화를 하는 등 아수라장이 되었다. 나도 너무나 놀라서 말이 안 나올 지경이었다.

"아빠, 저기 빌딩의 사람들은…?"이라고 겨우 한마디 꺼낸 질문을 끝맺지도 못 했다. 뭔가 빌딩에서 마구 떨어지는 것들이 있었는데, 그것들이 꼭 시체 같다는 생각이 들었기 때문이다.

나는 곧 눈물이 쏟아질 것 같았고 가슴이 뛰어서 토할 것 같았는데, 아빠가 나를 진정시켜주셔서 간신히 견딜 수가 있었다. 그렇지만 너무나 무서워서 빨리 도망가자고 졸라댔다. 아빠는 이럴 때일수록 침착해야 한다면서 일단 배에 있자고 하셨다. 하지만 우리는 모두 배에서 내려야 한다는 지시를 받았고, 나는 아빠하고 월드 트레이드 센터까지 걸어가서 사람들에게 어떻게 된 일인지를 물었다.

사람들은 미국 비행기가 납치되어 건물에 부딪쳤다는 정도만 말해주

었고 자세한 것을 아는 사람들은 없었다. 나는 공포에 질려 죽을 지경
이었지만 아무 것도 할 수 없었고, 아빠가 나를 잘 데리고 다니면서
살려주기만 바랄 뿐이었다. 수천 명의 사람들이 우왕좌왕하면서 어디
론가 탈출하려고 아우성이었고, 우리는 막힌 시내를 피해서 South Sea
로 가기로 하고 서둘러 걸었는데, 그쪽에서 사람들이 비명을 지르면서
달려오고 있었다. 아빠가 그들에게 영문을 물어보니 건물이 붕괴되어
서 그쪽으로 가면 다 죽는다는 것이었다.

　나는 이때부터는 완전히 넋이 나가서 아빠 옆에 딱 붙어서 아무 생
각 없이 아빠만 따라갔다. 방향을 바꾸어서 강변 쪽으로 가던 아빠가
브루클린 다리 쪽으로 가면서 사람들에게 물었다.

　아빠는 긴장된 표정으로 나에게 말씀하셨다. 이 다리만 건너면 안전
할 것 같은데, 최악의 경우는 헤엄을 쳐서 건너야 한다. 그 경우 헤엄
쳐서 건널 수 있겠냐는 물음이었다. 나는 자신이 있다고 말씀드렸다.
아빠가 조금만 도와주시면 건널 수가 있을 것 같았다. 아빠는 수영을
너무나 잘 하셨지만 나는 한 번도 해본 일은 없었다. 하지만 아빠와
함께라면 그 정도는 건널 수 있을 것 같았다.

　여기서 사람들이 하이웨이로 가야 한다고 해서 다시 브루클린 다리
로 향하는데, 시커먼 연기가 하늘로 올라가더니 파랗던 하늘이 깜깜해
지고 하늘에서 눈처럼 하얀 재가 쏟아져 내려서 모두 하얗게 뒤집어쓰
고 있었고 눈에도 들어왔다. 그러니 눈이 아프고, 재를 마셔대니 목도
아프고 기침이 나고 구역질이 났지만 배낭에 있는 점퍼를 꺼내서 아빠
와 함께 뒤집어쓰고 다리를 걸었다.

　나는 또 속이 매스껍기도 하고 폭탄이 터질지도 모른다는 생각에 무

서워서 다리가 후들거렸다. 다리를 거의 다 지났을 때 월드 트레이드 센터 쪽에서 엄청난 폭발음이 들려 돌아봤더니, 연기로 시야가 불분명하여 정확히 알 수는 없었지만 그 큰 건물이 그냥 폭삭 주저앉는 것이었다.

나는 아빠의 손을 꽉 붙잡고 무작정 뛰었다. 얼마나 무서웠는지 사람들이 비명을 지르고 여기저기 마구 뛰어다니는 속에서 나는 정말 이제는 마지막이구나 싶었다. 죽도록 뛰다가 조금 숨을 돌리면서 아빠가 쉬자고 했지만 나는 다 싫었다. 빨리 호텔로 돌아가면 안전할 것 같았고 아빠가 이럴 때일수록 침착하라고 했지만 그런 것들을 생각할 겨를이 없었다. 아빠는, 위급할 때는 인내심도 발휘해야 하며, 남을 돕는 아량도 있어야 한다고 말씀하셨던 것 같은데, 이때는 사실 아무 말도 들리지 않았다.

호텔로 가면서 먹은 것도 다 토하고, 오후 2시 반쯤에야 방에 들어가서 샤워한 뒤 그냥 쓰러져서 잠이 들었다. 밤에 잠시 깨어서 한국에 있는 엄마가 걱정할 것 같아서 전화를 하려 했지만 통화가 되지 않았다. 여러 번 시도하다가 호텔 내의 공중전화를 통해 간신히 엄마와 통화할 수 있었는데, 한숨도 못 자고 기다리다가 전화를 받는 거라면서 무사하다니 안심이라고 놀란 가슴을 쓸어내리셨다.

목소리를 들으니 정말 엄마가 그립고, 미국이고 뭐고 얼른 집으로 돌아가고 싶다는 생각만 솟구쳤는데, 아빠가 뉴스를 보시더니, 시민들은 집에서 웬만하면 나오지 말고 모든 공공건물은 문을 닫았고 공항도 폐쇄되었다고 알려주셨다. 즉 우리들은 당분간 집에 돌아갈 수 없을 거라는 설명이었다.

나는 밤새 악몽을 꾸면서 자다 깨다를 반복했는데, 결국은 아빠 침대에 가서 아빠에게 꼭 붙어서 겨우 잠을 잘 수 있었다.

9월 12일, 수요일.

호텔에서 아침식사를 하는데, 한 사람당 빵 한 개와 주스 한 잔이 전부였다. 어제의 갑작스러운 사고로 호텔로 오는 배달이 전면 중지되어서 당분간 배급제로 한다는 것이었다. 이 말을 들으니 전쟁이 난 것 같은 느낌이 들었다. 어른이건 아이이건 똑같이 빵 하나를 배급했는데 나는 식욕이 없어서 그것도 겨우 먹었지만 아빠는 양이 모자랐던 것 같다.

아침 식사 후 내키지는 않았지만 아빠를 따라서 나가보니 사고가 난 쪽에는 바리키트를 쳐서 사람의 통행을 막았고, 소방차와 경찰차만 조금 다닐 수 있었다. 어제만 해도 꽉 차 있던 사람과 차가 안 보이니까 시내가 텅 빈 느낌이 들어 무척 이상한 기분이었다.

우리는 사진을 좀 찍고 여기저기 걸으면서 기웃거리다가 혹시 브로드웨이에서 공연을 하지 않을까 하는 기대로 가봤지만 당연히 모든 공연은 취소되어 있었다. 다시 걸어서 타임스퀘어까지 갔는데, 그 곳의 TEXAS 어쩌고 하는 음식점에서 점심으로 스테이크를 주문했다. 그런데 크기가 내가 평소 먹어봤던 것의 두 배 정도는 되는 데다 두께마저 두꺼워 질려버렸다. 그리고 어제 너무 놀라서인지 반쯤 먹기는 했지만 결국 다 토해버렸다.

아빠는 더 다녀보고 싶어 하셨지만 나는 너무나 피곤해서 아빠를 졸라 호텔로 돌아와서 샤워를 하자마자 그대로 잠이 들었다. 저녁을 먹으라고 아빠가 깨워서 일어나보니 밤 10시경이었는데, 아빠가 혼자 나가서 사온 음식들 중 소시지 두 개만 먹고 또 잤다.

9월 13일, 목요일.

이날 아침식사 때도 호텔에서는 배급을 했는데, 이번에는 빵을 두 개씩 나누어주었다. 나는 한 개만 먹었지만 아빠는 다 드셨다. 전날 아침 빵 한 개는 아빠에게 너무나 적은 양이었겠다 싶었다.

시내 관광은 포기했지만 어딘가는 관광을 할 수 있을 것 같아서 호텔의 프런트에 물었더니, 박물관은 문을 연다고 하기에 택시를 타고 박물관으로 갔다. 구경을 하러 가기는 했지만 큰 사고를 보고 겪은 일 때문에 기운이 없고 피곤해서 잘 보지는 못했다. 대단히 큰 박물관이어서 잘못하다가는 길을 헤맬 것 같이 복잡한 구조였다는 것만 기억이 난다.

구경은 대충했지만 점심때가 되자 식욕이 좀 돌아오고 있었는지 근처의 이탈리아 식당에 가서 그 동안 먹고 싶다고 노래를 부르던 로스트 비프 메뉴를 발견하고는 주문해서 며칠 만에 잘 먹었다.

식사 후 지하철을 타고 동물원에 가기로 했는데, 걷기는 아직도 피곤해서 아빠를 졸라서 택시를 타기로 했다. 그런데 택시 운전사들이 가기 싫다고 거절을 해서 할 수 없이 지하철을 타고 Bronx 동물원에 다녀왔다.

9월14일, 금요일.

호텔에서 아침식사를 하는데 이제는 음식 제한이 없었다. 차들이 돌아다니는 것이 어느 정도 허용된다고 했다.

아빠가 빵을 세 개씩이나 드시는 것을 보니 그 동안 아침에 무척 배가 고프셨던 모양이다. 그 동안 관광도 덜하고 시간만 있으면 자고 먹고 했었기 때문에 피로가 회복되어서 오늘은 나가서 잘 돌아다닐 수 있을 것 같았다.

비가 오는 바람에 호텔에서 뒹굴고 있다가, 점심으로 곰탕을 먹고 나서 한빛은행으로 갔다. 그런데, 지점장님이 안 계셔서 만나지 못하고 아빠는 어제 떠나지 못했으니 얼른 가장 빠른 날짜의 비행기 표를 구해야 한다면서 United Airline 사무실을 물어물어 찾아갔는데, 사람들이 가득 차 있었다. 다들 비행기 티켓 때문에 왔다고 했다. 2시간이나 기다려서 상담을 했더니 9월 24일에야 돌아갈 수 있다는 것이다. 나는 학교에 오랫동안 안 가도 될 것 같은데 아빠는 얼른 돌아가야 한다면서 여기저기 표를 부탁하셨고, 캐나다로 둘러서 가는 방법으로 21일경에 출발할 수도 있다지만 그것도 아빠에게는 너무나 늦는 일정이라고 했다. 특히 내가 학교에서 허락받은 날을 너무나 많이 지난 것에 대해 걱정을 하셨다.

9월15일, 토요일

뉴욕에서 외부로 거는 전화는 거의 안 되었지만, 외부에서 뉴욕으로 거는 전화는 잘 되기 때문에, 아빠는 엄마에게 이곳저곳에 전화를 걸어달라고 연락하게 해서 밤새도록 전화를 받았다고 한다. 그리고 내가 어중간한 새벽에 화장실에 가려고 잠을 깨어보니 아빠는 안 주무시고 어딘가로 전화를 하고 계셨다. 아빠는 언제 비행기가 갑자기 뜰지 모르니까 서둘러 준비를 해서 일단 공항으로 가보자고 하셨다. 새벽 6시 반쯤 짐을 챙겨서 J. F. 케네디 공항으로 출발했는데, 이때 한국에서 엄마가 절대로 잃어버리면 안 된다고 신신당부하시던, 새로 산 매실 씨앗 베개를 챙기는 것을 잊고 말았다. 공항으로 가다가 생각이 난 아빠가 한국에 돌아가면 엄마에게서 야단맞을 것이라고 걱정을 했지만, 공항에서 무조건 기다리면서 표를 얻어야 했기 때문에 호텔로 다시 돌아갈 수는 없었다.

공항에 갔더니 수많은 사람들이 여기저기서 비행기를 기다리거나, 잠을 자거나, 배회하고 있었다. 우리는 오전 11시 20분에 일본 나리타 공항으로 가는 비행기가 뜬다고 하여 표를 구하기로 했다. 그 비행기를 탈 수만 있다면 나리타에서 다시 한국으로 가는 비행기를 갈아타면 되기 때문이었다. 반가워서 표를 사기 위한 줄에 섰는데 이미 우리 앞에 수백 미터의 인파가 늘어서 있었다. 내 판단으로는 줄을 서봐야 다리만 아프지 표를 살 수 있는 가능성은 없어 보였다. 그런데 오래 기다리다가 카운터에 도착했을 때 아빠가 항공사 직원에게 뭐라고 말을 했지만 나는 알아듣지도 못했고, 신경도 쓰지 않았다.

그리고 우리는 웨이팅 룸에서 수많은 사람들 속에 끼어 비행기 탑승을 기다렸다. 한 시간쯤 후에 한 여자가 쪽지를 들고 와서 나리타행 비행기 탑승이 결정된 사람의 이름을 불렀다. 아빠는, 우리는 희망이 없으니 오늘은 공항에서 자면서 다음 비행기를 기대하자고 하셨다. 나는 '그럼 공항의 의자에서 잠을 자야 되나?' 하고 생각하고 있는데, 마지막에 우리의 이름을 불렀다.

우리보다 더 앞에서 줄을 서서 표를 사려고 했던 사람들이 놀라서 어떻게 된 거냐고 물었는데, 아빠는 내가 어린아이라서 카운터에서 특별히 배려한 것 같다고 대답하셨다. 아까 카운터에서 아빠는 아이가 얼른 학교로 가야 한다는 말을 하시면서 테러리스트도 아닌데 잡혀 있었던 것을 아이가 나중에 알면 어떻게 생각하겠냐는 말씀을 하셨다고 나중에 엄마로부터 들었다.

　모두들 우리를 축하해주었다. 미국이 비상시에는 노약자를 먼저 배려한다는데 내가 그런 경우였던 것 같다고 했다.

　나리타행 비행기는 11시 30분이 이륙 예정시각이었지만 검사를 엄격히 하느라 오후 1시가 넘어서야 이륙했고, 일본에 도착해서 다행히 한국으로 가는 비행기를 잘 타고 집으로 돌아왔다.

　태어나 처음 겪는 엄청난 대참사를 내가 현장에서 겪은 것이다. 악몽 같은 시간들이었다.

미국의 세금제도, 그리고 잔돈

한국에서 좋아했던 텔레비전의 광고가 있었다.

"천 원밖에 없을 땐?" "피자 한 쪽을 천 원 내고 사먹으면 된다"는 내용의 광고였다. 실제로 천 원을 들고 가서 세모로 자른 피자 한 쪽을 먹었던 기억도 있다.

미국에서도 비슷한 선전을 하는데, "햄버거 하나에 99센트!"라는 것들이다. 미국 생활 초기에 그 선전을 믿고 1달러만 가지고 맥도널드의 카운터에서 99센트짜리를 주문했는데, 계산을 하고 나니 이게 웬일인가! 계산서엔 1달러가 약간 초과해 있는 게 아닌가. 나는 허둥지둥 다시 엄마에게 와서 돈을 더 받아 가서 초과된 돈을 내야 했다. 99센트 더하기 택스(세금)가 햄버거의 실제 가격인데, 선전은 99센트라고 했으니 거의 과대광고나 다름없었다. 한국에서 자장면이 3천 원이라고 해서 먹었는데, 계산을 할 때는 3520원을 내라고 한다면 어떻겠는가.

메뉴판에 쓰인 가격에다 따로 세금을 붙여서 파는 이 세금제도를 나는 미국에서 가장 싫어한다. 속은 것 같은 느낌인 데다가 세금이 붙게 되니 잔돈으로 받는 동전이 넘쳐나기 때문이다. 물건을 사고 나서 수표를 꼼꼼히 적어서 지불하거나, 동전을 일일이 세어 내는 데에 익숙해진 미국인들이라서 내가 동전으로 내더라도 아무도 불평을 하지는 않지만, 내가 눈으로 읽은 가격과 내야 할 가격이 다르다는 것이 은근히 불쾌한 것이다.

또 헛웃음이 나오는 경우가 있는데, 나름대로 가격을 낮춘 거라고 199달러 99센트 식의 가격을 붙이는 것이다. 도대체 어차피 세금이 붙으면 200불이 약간 넘게 되는데, 소비자들이 아직도 그런 가격이 싸다는 착각을 하는지 모르겠다.

세금은 주 정부의 중요한 수입원이라서 어떤 물건에 얼마의 세금을 부과하는 것이 기능적인지 끊임없이 연구·개발한다는데, 이 제도를 잘 활용하면 소비자도 이익을 볼 수 있다.

예를 들어서 북버지니아 주와 맞닿아 있는 메릴랜드 주는 서로 오가면서 활동할 수 있는 1일 생활권에 속할 정도의 가까운 거리다. 이 두 주 사이의 세법을 잘 이용해서 버지니아 주의 소비자가 골프채를 사지만 메릴랜드 주의 어느 곳으로 배달을 시켜서 받으면 세금 할인을 받을 수 있다. 큰 액수는 아니지만 얼마라도 싼 가격에 살 수 있는 것이다.

그리고 담배는 버지니아가 싼 편이다. 싼 만큼 소비가 잘 될 것이고, 그래서 다른 웬만한 주에서는 공공장소에서의 금연이 확대되고 있지만 버지니아 주는 공공장소에 대한 금연법 적용범위가 아직 적은 편이다.

주마다 세금이 다르기 때문에 미국인들이 민감한 것인지, 재미있으라고 만든 것인지 모르겠다. 수학 문제집에 '세금이 몇 퍼센트이면 가격이 얼마인가?'라는 계산 문제가 나오는 것을 보았는데, 고가의 물건은 그렇다 치고 일상용품을 사면서 세전과 세후가 다른 것이 불편하지도 않는지 이해가 안 된다.

그러나 저러나 나는 달러 지폐로 내고 반드시 받게 되는 동전을 쓰지 않고 모아두다가 은행에서 해결하려고 했었다. 그런데 아이쿠, 미국의 은행에서는 동전을 지폐로 바꾸어주지 않는단다.

직접 동전을 세어서 정해진 포장기에 넣어서 가져가야만 달러로 바꾸어 준다. 그것이 귀찮다면 큰 상가의 동전 교환기를 이용하면서 약간의 수수료를 지불하든가. 참으로 합리적이면서도 불편한 나라가 미국이다.

미국의 교육열은 뜨겁다

한국에서는 여전히 사교육에 대해서 의견이 분분하여, 얼마 전에는 외국어고와 과학고에 대해 제한을 강화하네 안 하네 하며 시끄럽다는 기사를 본 적이 있다. 공부에서는 특별할 것도 없는 나로서도 이해가 안 되는 것은 교육에서의 평등에 대한 기대이다.

우리 한국에서 평등하다는 개념이 어디서 나왔으며, 언제부터 모든 인간이 평등할 수 있다고 생각해왔는지 모르겠지만, 공부를 잘하는 아이들과 공부에 재능이 없는 아이가 같을 수 없다는 것은 나 같은 보통 학생들도 잘 안다. 겉으로 나타나는 성적은 같아 보이지만 과외로 뺑뺑이 돌려서 잘하는 학생과 원래 잘하는 학생의 수준은 말 몇 마디만 해보면 알 수 있다.

나의 경우는 수학과 화학은 좀 잘하는 정도인데, 음악은 꽤 잘하는 편이다. 수학이나 화학은 잘하는 아이들이 나 말고도 너무나 많으니까 재껴두고, 음악만 볼 때 나는 스케일 연주가 특기인데, 웬만한 전문 연주가가 하는 속도보다도 더 빠르고 정확한 편이다.

색소폰에서는 거의 불가능하다는 더블 텅잉도 할 수 있다. 웬만한 음대는 들어갈 수 있다는 레슨 선생님의 평가이며, 우리 학교에서 알토 색소폰이라면 누구든지 내가 최고라고 생각한다.

그런데 갑자기 우리 학교에 단 한 개의 밴드만이 남게 되어, 삐빅거리는 초보부터 연습을 하다 말다 하는 아이까지 같이 연습을 한다고 가정하자. 밴드 선생님인 K는 기가 막히지만, 직업이 선생님이니까 중간 수준의 학생 위주로 적당히 곡을 선정하고 적당히 가르친다고 하자. 그러면서 나에게, 교육은 경쟁을 시키는 것이 아니라 인성을 키우는 것이므로 타인에 대해 배려하는 의미에서, 이 밴드에 남아야 하며 재미까지 느껴야 한다고 주문한다면 나는 색소폰을 관두는 쪽을 선택할 것이다.

내가 못하는 학생을 도울 수도 있고 무료로 레슨을 해줄 수는 있지만, 내 능력 정도라면 어느 정도의 정기적이며 규칙적인 경쟁을 하지 않을 경우 심심하고 지루해서 견딜 수가 없기 때문이다.

미국의 교육은 인재를 무한히 지원하는 시스템이다. 한국인들이 교육을 위해서 온다고 믿는 이상향인 미국에는 교육의 평등이 없다. 기본적인 기회는 평등하게 제공된다고 할 수 있다. 예를 들면 내가 다니는 맥클린 고등학교는 좋은 학군이라서 학교 근처의 주택들은 무척 비싸다. 같은 페어팩스의 웬만한 동네보다 정말 비싸다. 그러나 학교에서 꽤 먼 곳에 있는 우리 집도 맥클린 학교 지역이다. 맥클린 중심 지역에 사는 웬만한 한국인들에게 여기가 같은 학군이라고 하면 많이 놀란다. 주민의 다수가 흑인과 라티노인 저소득층이 사는 동네인데 맥클린에 다니느냐는 것이다.

이런 식으로 카운티에서는 좋은 학군 속에 저소득과 고소득을 골고루 섞어놓는데 그것뿐이다. 가난해도, 부모가 바빠도 꿈을 잃지 말라고 교사가 닦달하지도 않고, SAT를 꼭 준비하라는 것도 아니며, 악기를 싸게 대여를 해주기는 하지만 레슨을 무료로 해주거나 수시로 있는 연습 장소에 태워다주지는 않는다. 이렇게 보면 겉으로는 평등해 보이는 미국에서도 가난한 아이들은 가장 기본적인 공립의 교육과 점심값의 보조, 스쿨버스를 제공받는 것 이외에는 아무 혜택이 없다.

그래서 우리 동네의 아이들이 학교에서 우르르 와서 그냥 집에서 놀고 있는 동안, 맥클린 중심부의 아이들은 인생에서 필수인 경쟁에서 살아남기 위해 경쟁력을 키워가고 있는 것이다. 부모가 부지런히 태워다 주든지, 과외선생님이 집에 와서 가르치든지 하여 점점 강하게 훈련하면서 생존경쟁에서 살아남을 수 있는 경쟁력 있는 인간으로 훈련되어진다.

뿐만 아니라 우등생 자녀가 있는 부모들이 차의 뒷 범퍼에 '우리 아들(혹은 딸) 누구누구는 어느 중학교(혹은 고등학교)의 우등생이다'라는 스티커를 길게 만들어서 붙이고 으스대며 다니기까지 한다.

초등학교 자동차 주차장에서는, G.T.제도(영재학생을 위한 특별 학습 프로그램으로 동생도 이 프로그램을 받을 수 있는 자격인가를 심사하는 테스트를 받았다)의 정보를 교환하는 엄마들이나, 자기 자식을 좋은 대학에 보내기 위해서 과외로 운동을 시키는 부모들을 흔히 볼 수 있으며, 어떤 활동이 대학에 들어갈 때 유리한지에 대한 탐색전도 치열하다. 초등학교부터 좋은 대학에 들어가기 위한 준비를 한다고 해도 틀리지 않을 정도로, 알고 보면 미국 부모들의 열성은 대단하다.

우리 고등학교의 경우, 공식적으로 학교에서 학과목 선생님과 부모들의 미팅이 있는 날이면 근처 주택가의 주차 가능한 곳이 모두 차버릴 정도로 부모들이 학교에 가서 면담을 한다. 평소에 불법주차에 엄격한 경찰도 이날만은 차를 세울 수 있는 공간이면 어느 곳에 주차를 해도 눈감아줄 정도로 많은 부모들이 학교에 모인다.

　10분 내외의 면담을 위해서 30분씩 줄을 서서 끈기 있게 기다리는 부모들이 바라는 것이 무엇인지는 불을 보듯 뻔하다. 공부 못하는 아이들과 같은 수준을 유지하게 하고 싶어 상담하는 것은 분명히 아닐 것이다. 좀 더 나은 성적을 위해 상담하지 않겠는가.

　내가 축구팀에서 활동할 때도 그랬고, 동생이 농구를 할 때도 미국 부모들은 극성스럽게 연습을 지켜보고 경기장에 나타나서 응원을 했다. 뿐만 아니라, 좋은 대학교에 보내기 위한 아이들의 방과 후 활동으로 밤 10시까지 태우고 다니는 부모들도 흔하다.

　이러다 보니, 미국에서 교육을 시키면 신경 쓸 일이 없을 거라는 생각으로 이민이나 유학을 오는 한국 부모들은 막상 와서 미국 학교와 부모들의 실상을 알고는 많이 놀랄 수밖에 없다. 여기도 아이들을 너무 공부시키면 좋지 않다는 이론과 주장이 끊임없이 나오지만, 미국에서는 절대로 한국에서 한때 시행했던 과외금지 같은 극단적인 조치가 나올 것 같지는 않아 보인다.

　미국 학생들은 겉으로는 똑같아 보인다. 흑인과 백인과 여타 유색인종이 같은 스쿨버스를 타고 학교에 들어간다. 그러나 일단 학교에 들어간 후에는, 한국에 있는 사람들이 절대로 생각할 수 없을 만큼 세분화되어 흩어진다. 초등학교에서는 조금씩 벌어지던 차이가 고등학교를 졸업을 할 때에는 엄청나게 다른 인간이 된다는 점을 나는 여기에서 공부하는 동안 절실히 느끼고 보아왔다.

　동생의 경우, 여기에서 초등학교 3학년으로 들어가자마자 영어는 못해도 수학 과목에서는 영재로 분류가 되어 매번 보는 학교의 테스트와 카운티의 학기말 테스트를 종합해서 중학교에 갈 때에는 역시 과목의 레귤러가 아닌 특별반에 배정되었다. 그리고 중학교에서는 일반학생과는 다른 수준의 교과서를 한 권 더 받았으며, 숙제의 수준도 당연히 달랐다. 이렇게 특별한 재능을 가졌다고 공식적으로 인정받은 동생의 수학 진도를 내가 공부했을 때와 비교해보면(동생이 이 수준을 견디고 테스트를 잘 본다는 전제에서), 동생은 고등학교 9학년일 때 내가 지금 배우는 12학년 과목을 선택할 수가 있을 것이다.

카운티에서 동생의 과목을 보통의 7학년이 듣는 수준보다 높은 레벨로 배정한 것은 동생이 일반 아이들이 배우는 수준을 지루해 할 것이라는 판단을 했기 때문이다. 학교의 밴드도 레벨별로 배정하므로 나는 8학년에 겨우 앙상블이었지만, 동생은 시시해서 못 견딘다는 이유 때문에 오디션을 거쳐서 처음부터 콘서트밴드에 들어갔을 정도이다.

미국이 왜 강대국이 되었는가? 그리고 왜 예술과 학문마저도 유럽을 제치고 미국이 중심이 되었는가? 미국에 살면서 이런 것들에 대해 끊임없이 생각했는데, 학생으로 4년간의 경험만으로 판단해본다면, 미국의 교육 시스템 때문이라고 생각한다.

그렇다고 미국의 공립학교가 좋다는 것은 절대 아니다. 다만 교육의 장이라는 곳이 시작은 누구에게든지 공평하게 열려 있지만, 경쟁력이 있는 사람에게는 무한 경쟁에 뛰어들 수 있는 조건을 갖춘 스테이지라는 것이 중요하다는 점을 말하고 싶다.

간단한 예로, 학교에서 듣는 과목들이 레귤러 이상일 경우는 학과의 난이도는 당연히 높아지고 낙제생의 비율도 높아진다. 그리고 1년 후 여기서 살아남은 학생들이 더 높은 과목인 AP를 선택하는데, 거기서도 살아남는 학생과 도태되는 학생이 확실히 가려진다.

　이렇게 능력의 차이를 두면서 추리고 걸러낸다면 불과 4년간이지만 결과의 차이는 엄청나다. 겉으로 보기에는 평등해 보이는 미국이지만 G.P.A. 4.0이 넘는 학생들이 같은 학교에서 같은 버스를 타고 다니지만, 다른 교실에서 다른 공부를 하는 것이 버젓이 공립학교에서 이루어지는 것이다. 물론 사립학교는 대학을 목표로 우수한 학생들을 선택하고 가르치는 권리를 갖고, 대안학교는 대안학교대로 교육한다. 홈스쿨링도 많이 퍼져 있다.

　무한경쟁의 현대 사회에서는 여러 가지 형의 인간을 다양하게 길러내는 것이 교육에서의 목표이어야 한다고 생각하는데, 한국에서 평준화 교육을 주장하는 사람들은 무개성을 평등이라고 믿는 것이 아닌가 하는 생각이 든다. 어차피 경쟁은 인생에서 필수인데, 어른들이 보기에 안쓰럽다는 이유로, 사교육을 없애겠다고 평준화를 주장하는 것은 난센스라는 생각이다. 당장은 사회문제처럼 보이는 교육문제를 안 보이게 막을 쳐놓을 수야 있겠지만, 오히려 드러낼 것을 드러내면서 경쟁을 할 수 있는 힘을 길러주어야 하지 않을까?

　미국은 평등을 부르짖으면서 인종이나 성적 차별이 철저히 법으로 금지되어 있는 나라이다. 그러나 교육에서는 보통학생과 AP를 들을 수 있는 학생을 같은 반에 섞어두는 일은 절대로 하지 않는다.

　그리고 더 심한 예로는, 우리 카운티의 영재학생들이 세 번의 시험과정을 거쳐서 입학하는 T.J. 공립학교가 있는데, 그 학교로 가는 스쿨버스가 맥클린 지역에서는 우리 학교에서 출발하고 내리도록 노선이 정해져 있다는 것이다.

　좋은 공립 고등학교 중 하나이기는 하지만 성적으로 T. J.와 비교하는 것은 어림도 없는 우리 학교에서 그 학교 학생들은 학교에 가는 버스가 올 때까지 학교 건물 속에 들어와서 기다린다. 우리가 시간만 있으면 떠들면서 이야기하는 것과는 달리 그 아이들은 1초도 아깝다는 듯이 책을 읽으면서 기다린다. 웬만한 학생들이라면 열등감이 느껴질 정도의 이런 우수한 학생들이 같은 장소에서 스쿨버스를 타고 내리는 것을 매일 보는 우리들은 나처럼 '아, 저 아이들은 눈빛마저 다르구나'라고 감탄하기도 하지만, 어떤 아이들은 그곳에 가기 위해 두 번의 시험을 치르고도 떨어졌으니, 이들을 볼 때마다 마음이 아플 것이다.

그런데도 이런 '차별적인' 제도에 눈 하나 깜짝 안 하고 해치우는 미국의 교육이다. 겉으로 보면 잘하는 아이와 못하는 아이를 섞어놓은 것 같지만 절대로 같이 섞이는 일이 없게 하는 제도적 장치가 되어 있다. 맥클린 고등학교의 학생들 중에는 T.J.에 응시해서 떨어진 학생도 상당수인데, 매일 T.J. 학교의 버스가 아침저녁으로 맥클린 고등학교를 통해서 다니게 해버린다. 그리고 그 학교는 점심에 샐러드 바도 제공한다고 한다.

우리에게도 좀 주지….

미식축구

수퍼보울, 믹싱보울, 슈거보울, 오랜지보울, 로즈보울. 이 중에서 미식축구 게임의 명칭이 아닌 것은 무엇일까? 정답은 믹싱보울이다.

미식축구 게임은 이름을 다양하게 붙여서 시선을 끄는데 지방의 특산물을 대회의 이름으로 사용하기도 한다. 믹싱보울은 길의 구조상으로 유난히 자동차들의 정체와 지체되는 특정한 부분을 가리키는 용어이다.

한국인이 축구에 열광하듯이 미국인들은 미식축구에 열광한다. 내가 보기엔 개미떼처럼 몰려갔다 엎어지고 다시 몰려갔다 엎어지고, 아니면 뛰고 겹쳐 쌓고 누르고 하다가 또 모여서 뭔가를 한참 의논하고…. 기껏해야 땅 빼앗기인데.

경기 장면만 볼 때는 경기가 쭉 계속된다는 느낌이 없기 때문에 초보자의 경우는 어디서 즐거운 척해야 할지 아쉬워해야 할지 환호를 해야 할지 기본적인 표정관리도 힘든 상황일 텐데, 처음에 내가 꼭 그랬었다. '아는 만큼 보인다'든가 뭔가 하는 책이 있다는데, 내 경우 미식축구 입문은 정말 딱 아는 만큼만 보이는 운동이었다.

축구를 폄하하는 것은 아니고, 축구는 내편과 상대편의 대문만 알면 어느 정도는 즐길 수 있다. 농구도 그렇고, 야구나 테니스는 조금 어렵지만 미식축구만큼 어렵지는 않다.

그런데 한국에서 미국 대학으로 유학하는 학생들은 나름대로의 준비목록에 미식축구에 대한 공부를 끼워 넣는 경우가 많다고 한다. 혹은 유학 도중 미식축구에 대한 공부를 급하게 하는 경우도 있다고 들었다.

대학생은 이미 어른이라서 대화의 화제로 미식축구가 많이 등장하기 때문이 아닌가 하는데, 나는 어른이 아니고 신문이나 텔레비전을 술술 해독할 정도도 아니어서 미식축구의 열기를 직접 느끼기에는 역부족이다. 우리 학교 학생들이나 동네의 피자가게, 슈퍼마켓의 진열품을 보면 미식축구는 미국인들에게 상당히 영향력 있는 운동인 것 같기는 하다.

미국에 막 왔을 때 수퍼보울의 경기 전 공연인 하프보울(이름이 근사하다)에서 쟈넷 잭슨이 저스틴 팀버레인과의 공연에서 가슴을 노출했다는 문제로 무척 떠들썩했던 적이 있다.

내가 뉴스를 알아들을 실력은 아니었고, 엄마가 텔레비전 뉴스에서 매일 야단법석이며, 이렇다 저렇다 의견도 많은 데다가 신문의 만화코너도 연일 그 일을 소재로 떠들고 있다는 설명을 해주셔서 알게 된 사건이다.

그러고 보니 학교의 애들이 부쩍 수퍼보울이 어쩌고 그랬던 것이 생각났고, 어느 날 한 미국 여학생이 나에게 "너 수퍼보울 볼 거니?" 하고 물었을 때, "그게 뭔데?"라고 반문하자 그 여학생이 의아해하는 표정을 지었던 것까지 줄줄이 생각이 났다.

그렇지만 그 후에도 미식축구에 대해 관심을 가져봐야지 하는 생각은 했지만 일부러 알려는 시도는 하지 않고 있었다. 그런데 11학년 때 마칭밴드에서 활동하면서 관심을 가지고 감상하지 않으면 안 되는 기회가 생기게 되었다.

고등학교의 미식축구에서 마칭은 학교의 밴드공연 수준을 과시할 겸 경기의 보조로서의 역할도 겸한다. 결국 마칭밴드의 멤버로서 미식축구장에 가서 공연하고 경기 내내 악기를 불면서 흥을 돋우어야 하는 입장이 되자 발등에 불이 떨어진 듯 급하게 공부를 하게 되었다.

일단 인터넷으로 공부를 하고 동생이 보려고 구입한 아이쉴드라는 만화로 약간의 보충상식을 얻었는데, 10편 정도가 지나면서부터는 스토리가 단순히 재미로 흘러가지만 책 초반에 나오는 여러 에피소드는 완전 무지한 상태에서 급하게 입문하는 방법으로는 최고였다. 동생과 엄마와 나는 서로에게 급조된 지식을 질문해서 문답형 공부로 서로의 기본지식 수준을 확인까지 할 정도였다.

미국에서는 미식축구 시즌이 시작되는 날의 피자 매상이 엄청나게 오른다고 한다. 미국인 중에는 대문 한쪽에 자기가 좋아하는 팀의 깃발을 걸어놓는 취미를 가진 사람이 있는데, 강아지 그림이나 꽃 그림 혹은 미국 국기를 거는 사람처럼 레드 삭스의 그림을 걸어두는 집도 있다. 한국으로 치면 어느 프로야구 팀이나 축구팀의 깃발을 걸어놓는 식인데, 아예 차에 스티커를 붙이고 다니는 사람을 본 적도 있다.

나는 마칭밴드의 일원이 되면서 미식축구를 11학년 한 해 동안 지겹도록 봤는데, 벼락치기로 습득한 지식으로도 충분히 경기의 흐름을 즐길 수는 있었지만 우리 학교 팀을 따라가서 공연을 하는 입장에서 제대로 즐기지는 못하였다.

왜냐하면 우리 학교는 공부로는 명문에 속하지만 미식축구는 그다지 잘하지 못했고, 그나마 같은 동네에서 학교의 명성으로는 강력한 라이벌인 랭글리와의 게임에서 형편없이 지는 경기는 내내 약이 오르기만 했기 때문이다. 미식축구에서 마칭이 할 일은, 기본적으로는 미식축구

팬을 위한 공연이지만, 나아가서는 상대편의 응원에 기죽지 않도록 경기 내내 불어대는 실력과 끈기를 가지고 자기편을 위한 자축공연까지 해야 하는 것이다.

그런데 우리 팀이 이겨야 신이 나서 기대를 가지고 즐길 수 있었겠지만, 우리 학교의 미식축구 경기 전략은 이기는 게 아니라 마치 지기 위해 경기를 하는 것 같았다. 지는 것도 그냥 지는 게 아니라 만신창이가 되도록 지는 것인 양 참패를 했기 때문에 승리를 기념할 공연이 거의 없는 형편이었다.

밴드 단원들도 학교에 오지 않았더라면 나름대로 할일이 있는 녀석들인데, 하프타임에 10분 동안의 쇼를 하기 위해서 2시간짜리 게임에 불려나온 형국이었다. 그러다보니 드러내놓고 말은 안 해도 나름대로 짜증이 나 있어서, 경기 도중엔 잠을 자거나 친구들과 잡담을 하면서 신나게 응원 한 번 못하고 시즌을 보낼 수밖에 없는 처지다.

미국의 고등학교에는 웬만하면 미식축구장이 있다. 학교에서는 1년 내내 테니스 경기나 농구경기가 열리지만, 학교에서 정기적으로 열리는 운동 경기 중에서는 미식축구가 가장 큰 편이라고 한다.

운동장이 워낙 크니까 손님을 충분히 수용할 수 있고, 한 게임에 마칭밴드, 치어리더, 코러스 등 온갖 클럽들이 동원되며, 가판대를 설치해서 피자와 나쵸 등 스넥을 팔기 때문에 얼마든지 관객이 와도 문제될 게 없었다. 그런데 역시 구경은 유명한 팀끼리 할 때가 더 재미있게 마련이어서, 시시한 게임이 예상될 때는 당연히 관객 수가 적었고, 인기 있는 팀끼리 경기가 열릴 때에는 당연히 관중석이 미어터질 정도로 몰려들어 열기를 뿜게 된다.

우리 학교에서 열린 랭글리 고등학교와의 경기는 어떤가? 매년 지고
는 있지만 맥클린 주민과 변함없는 지지자들인 맥클린 동문들로 넘쳐
난다.

애난데일 한국인 거리

우리 카운티에 처음 도착한 한국 사람들에게 애난데일 거리를 안내하면 소감들이 이렇다고 한다.

"다 있네!"

다 있지는 않지만 이것저것 있는 것은 맞다. 내가 아는 것만 해도 노래방, 사우나, 김밥집, 떡집, 병원, 변호사 사무실, 미용실, 비디오 가게, 책방, 옷집, 빵집, 뷔페, 한식집, 샌드위치 가게, 세탁소, 한의원, 점보는 집, 중국집, 치킨 가게, 병원, 만화방과 PC방, 교회 등이다.

우리 가족이 애난데일을 매일 가거나 자주 이용하는 것은 아니지만, 애난데일은 한인들에게 아주 중요한 곳이다.

미국에 처음 도착해서 우리 가족은 한동안 슈퍼마켓과 학교, 도서관 등만 이용하고 한국인 상가를 다니지 않았다. 동생과 나는 학생이고 엄마는 혼자였기 때문에, 동생은 내 옷을 대충 입고 나는 셔츠와 바지만 사면 그럭저럭 생활을 할 수 있었기 때문이다.

병원에 갈 일이 있으면 미국인 병원에 가고, 머리는 처음에 한국인이 운영하는 미용실을 이용했지만 얼마 후부터는 머리를 길렀기 때문에 안 가게 되었고, 밥은 엄마가 해주는 것을 먹었다. 이러다 보니까 한동안 애난데일에 뭐든지 다 있다지만 이용하지 않고도 살 수 있었다.

그러다가 단골 미용실을 정하고 새로 생긴 책방을 드나들고, 친구들과 노래방을 가다보니 여기는 우리 삼촌이 하는 가게, 여기는 우리하고 아주 친한 아줌마가 하는 집 등등 이래저래 알게 되었다. 순두부가 맛있다고 하여 그 집을 친구들과 드나들다가, 요새는 한국의 방송 DVD를 구입해서 차를 타고 다니는 긴 시간 동안 차속에서 감상하게 되었다.

한국에서는, 한국인들이 모이는 것에 대해 주류로 진입하지 못하고 한국인 커뮤니티만 맴돈다고 비판하는데 내 생각은 다르다. 밥 생각이 나고 국 생각이 나는 한 한국인이 한국 커뮤니티를 무시하거나 외면하고 살기는 불가능하므로 당연히 한국인의 커뮤니티를 이용한다고 생각한다.

그러나 밥과 국에 익숙하며 영어를 구사하기 힘들었던 세대들과는 달리, 우리 세대는 영어로 교육을 받았으며 새 정보를 터득하는 속도가 빠르며, 미국 밥 몇 끼 먹는 정도는 끄떡없기 때문에 예전보다는 주류에 진입할 수 있는 사람이 많아질 것이다.

성공이라는 것은 경쟁력이 있는 사람 혼자서 고군분투해 이루는 것이 아니라고 생각한다. 예를 들면. 우리 학교의 경우 흑인 선생님은 극소수이고 아시아인은 더 소수이며, 백인 선생님들이 대부분이다. 10년 이상 같은 학교에 근무한 교사가 수두룩하다.

지금의 50대들은 분명히 흑인이 차별을 받고 살았다고 한다. 라이스 장관이 이런 세대인데, 능력이 뛰어나서 출세는 했지만 만약 백인이었다면 훨씬 적은 노력으로도 가능했을 것이다. 바꿔 말하면, 흑인들은 같은 능력의 백인보다 훨씬 못한 지위를 얻게 된다는 것이다. 한국인들은 흑인보다는 더 열등한 지위에 있다고 생각된다.

공부로 우수한 학생은 많이 보도되지만 기본적인 의사소통이 안 되는 한국인도 많다. 나의 한국 친구들은 의사나 변호사 대신 자동차 디자인을 하겠다거나, 호텔 경영을 배우겠다, 글을 쓰겠다, 만화를 하겠다 등등 자기들의 부모와는 다른 꿈들을 가지고 있다.

미국에서 성공했다는 사람들의 이야기를 읽어보면 본인의 노력도 보통은 넘었지만, 부모가 알선한 자리에서 발전했다느니, 그럴듯한 자리에서 만난 사람이 유력한 후원자가 되어 주었다는 등, 혼자 힘들게 발버둥 쳐서 되는 것보다는 배경과 운도 작용했다는 것을 알 수 있다.

지금 애난데일이 커지고 한국인의 각종 단체가 미국의 정치인을 공식적으로 지원하기도 한다지만 단단한 기반을 가지고 한인들을 밀어줄 정도로 성장한 단계는 아니라고 한다. 이곳 신문에는 자주 한국인 단체를 공격하는 기사가 나오는데, 나는 아직은 비판보다는 키워주어야 한다고 생각한다.

어른들은 성공에 대해서 무슨 생각을 하는지는 모르겠는데, 우리 친구들은 자기가 성공하기 위해서는 각자 개인적으로 알아서 뛰어야 한다고 믿기 때문에 무척 외로워한다. 잘 나가는 학생들은 미국 아이들과 겨루어서 성공할 수도 있지만, 다수를 차지하는 보통학생들은 이미 기반을 조금이라도 가진 누군가의 지원을 받을 수 있다면 잘나가는 학생 정도는 아니라도 주류사회에 나가겠다고 생각한다.

내 생각은 이렇다. 일단 이민을 가든 유학을 가든 미국 전체에 한국인이 많으면 결국은 한국인의 입지가 강화된다. 그리고 당장 필요 없어 보이는 한인단체도 올해보다 내년이 더 커진다면 우리가 필요로 할 때 도움을 받기 쉬울 것이다. 한국인이 많이 살고 새로 오는 한국인들이 빨리 정착하는 것은 모두에게 이익이 된다.

아침에 애난데일의 거리에서 모여 있는 라티노들을 생각하면, 우리
가 한국인의 가게를 이용하고, 또 발전하고 있는 우리 한국인들은 얼
마나 다행인지 모른다.

라티로 사람들이 떼 지어 몰려 있는 것을 처음 봤을 때, 호기심으로
엄마에게 물어보고는 충격을 받은 적이 있었다. 매일 나와서 자기에게
일자리를 줄 사람을 기다린다는 것이었다.

한국에도 그런 풍경이 있다고는 하지만, 그것은 자기 나라에서이고,
그 라티노들은 남의 나라에 와서 길거리에서 일을 기다리고 있는 것이
다. 외국에서 항상 외롭고 허전하다고 생각하는 나는, 내가 저렇게 살
지 않아서 다행이라는 생각부터 들었다. 그리고 다급하게 엄마에게 물
었다. 아주 필사적으로 물었던 것 같다.

"저렇게 기다리고 있으면 일은 할 수 있는 거예요?".

내 친구들의 대부분은 공부를 열심히 한다. 부모들은 영어를 포기하
고 살아도 친구들은 영어를 더 잘하고 싶다는 생각을 하면서 산다. 한
국 커뮤니티만 맴돌라고 누군가가 부탁을 한다 해도, 조금이라도 더
주류에 진입하겠다는 욕심으로 공부를 하고, 힘든 외국 생활을 견딘다.

아이비리그의 대학을 나온 학벌을 가지고 한국인을 상대로 학원이나
운영한다고 비아냥을 듣는 사람들도 자기는 일단 주춤하거나 포기했을
지 모르지만, 학원에 오는 학생들은 주류에 진입하라는 마음으로 운영
할 것이다.

주류 사회를 소개하고, 주류로 가기 위한 TIP를 열심히 실어주는 신
문기사도 한인 커뮤니티 중 하나이다.

내가 미국 시민권을 가지고 산다 해도 나는 한국인의 피부와 기억을

지워버릴 수 없다. 길거리에서 한없이 일자리를 기다리는 라티노들이 그들의 커뮤니티에서 어느 정도 도움을 받고 사는지 모르겠지만 한국인들은 장학회를 가지고 있고, 큰 슈퍼마켓을 운영하고 한국어로 된 간판이 있는 거리에서 골라가면서 정보를 얻고 쇼핑을 할 수 있다.

아시아인 중 중국인과 일본인보다는 못하지만 그래도 발전하고 있는 한국인 가게들을 보고 오면 사실 나는 자부심을 갖게 된다.

타인종의 이민 역사까지 더듬어서 그들의 강인함에 대해 감탄을 하게 될 날이 있을지는 모르겠는데, 지금은 한국 사람들이 미국에서 용감하게 살았다는 생각으로 든든할 뿐이다. 그리고 주류로 들어가지 않는다고 닦달하고 안달할 것이 아니라 한국인의 커뮤니티에 있고 싶은 사람이 늘어나면 더 큰 커뮤니티를 키울 것이고, 주류로 들어가려는 사람에게 힘을 모아줄 수 있을 것이라고 생각하는 사람이 늘어났으면 한다.

하인스 워드와 한국인

이해할 수 없는 것은 워드가 미국인들에게는 미식축구의 스타플레이어여서 당연히 유명하겠지만, 한국 매스컴들은 왜 그렇게 법석을 떨어 일반대중들조차 그의 이름을 알 정도로 흥분하는가 하는 점이다

나는 그가 한국인들이 동경하는 나라의 스타였기 때문에 순간적으로 자신들과 동일시하면서 행복해 할 수 있었을 거라고 이해하려 해보았지만, 그것만으로는 나를 이해시키기에 아무래도 충분치가 못한 것 같다.

우리가 아파트에 살 때 아래층에 한국인 청년이 살고 있었다. 그가 한국인이라는 것은 동양인이 살고 있다는 것을 안 지 1년쯤 후에 우리의 생활이 조금씩 안정되면서부터였다. 주변 사람들과 사귀게 되면서 알았는데, 엄마하고 이야기하던 첫 날 라이언(그의 이름이다)이 이렇게 말했다고 한다.

"나는 입양아인데, 한국 사람들은 내가 이 사실을 말하면 나를 피하더군요. 그래서 먼저 이야기하는 거예요."

엄마는 "당신이 입양아라고 해서 내게는 달라질 것이 없어요"라고 대답했다고 한다.

그리고 한국어를 할 수 있느냐고 물었더니, 한국어를 배우고 싶고 한국에 가서 자기의 친부모를 찾는 노력도 해봤다는 라이언은, 그 아파트에서 이사 갈 때까지 열심히 한국어를 배웠다는 것이다. 나는 미

국인하고 의사소통을 잘할 정도의 영어 실력이 아니어서 집에 오면 그
냥 '하이!' 하며 인사만 하고 피했는데, 그 동안 라이언과 엄마는 서로
열심히 가르치고 배웠다고 했다. 엄마는, 라이언이 불쌍하다고 생각되
어서가 아니라, 그냥 한국에서 입양된 젊은 남자가 한국어를 배우고
싶어 해서 가르쳐주려는 마음이 생겼다는 것이다.

엄마는 한 가지는 정말 궁금해서 라이언에게, "양부모가 당신을 사
랑한다고 느꼈는가?" 하고 물었다고 한다.

그러자 라이언은 자신있게 그렇다고 대답했다는 것이다. 라이언의
양부모는 친딸 하나만 낳은 뒤, 계속 네 명의 한국인을 입양했는데, 사
랑하니까 자기를 데려와 가족으로 삼았다고 생각한다고 것이다.

가족의 의미는 내가 심각하게 생각해본 일이 없어서 라이언의 대답
을 정확히 이해하기는 어려웠다. 인간의 사랑은, 자신이 낳지 않은 자
식에게도 사랑을 주려고 키우는 것이 가능할 것 같기는 하다. 하물며
제삼자가 입양아라고 해서 멀리한다는 것은 이해할 수가 없었다.

입양과는 다르지만 혼혈인들에 대해서도 한국인들이 편한 마음으로
대하기는 힘들다는데, 외국인과 왕래가 많아질수록 혼혈은 늘어날 테
니까, 한국인들이 빨리 적응하는 편을 택하는 것이 나을 것 같기는 하
다. 하지만 장남을 중요시하고, 제사나 명절 때 모든 것을 아빠 집안의
위주로 했던 일을 감안한다면, 입양이나 혼혈아 문제에 대한 한국인의
태도에 대해 나무라기만 해야 할 일은 아닌 것 같다.

하인즈 워드가 한국에서 유명해지고 나서, 한미장학재단에 혼혈아를
위한 장학금을 기부했는데, 올해 처음으로 한국계 혼혈 학생들에 대해
장학금을 지급한다니 반갑고 고마운 일이다.

어른들도 영어 공부 좀 하시죠

내가 미국에 올 때의 영어 실력이 어느 정도였는가 하면, 한국의 고등학교 영어 교과서는 모두 해석을 할 수 있었고 문제도 잘 풀었지만, 듣기와 말하기는 불가능했었다. 동생도 마찬가지여서 아무것도 모르고 학교에 다녔다.

좀 나아진 몇 달 후에도 마누엘의 축구부에 들겠다고 생각은 하고 있었지만, 등록을 어떻게 하는지 질문을 못해서 질질 끌고 있다가, 축구를 하겠다는 녀석이 어디서 하는 것인지 어떻게 하는 것인지도 모르고 있다는 사실을 뒤늦게 안 엄마가 허둥지둥 마누엘 아버지에게 전화로 물어서 알려주신 바람에 겨우 등록을 마치고 축구를 할 수 있었다.

미국에 온 지 4년이나 되었지만 영어에 관한 한 아직도 엄마가 내옆에 계시는 편이 든든하다고 생각하는 지극히 한심한 아들이다. 그러나 대부분의 한국 가정은, 부모가 아주 영어를 잘하지 않는 한은, 미국에 도착한 지 얼마 후부터는 자식들이 더듬거리는 영어라도 하게 되어 은행이나 아파트 사무실을 따라다니면서 부모의 통역 노릇을 한다고 한다. 가족끼리 서로 돕는 것은 바람직하지만, 이러다보면 이런 부모들은 몇 년 후에도 정말 영어를 한마디 못하는 처음 상태에 머물러 있게 된다.

내가 하고 싶은 말은 어른들도 제발 영어 공부 좀 하시라는 거다. 미국에서 잠시 여행을 하다가 한국으로 돌아가는 것도 아니고, 아이들이 여기서 학교를 다니고 직업을 갖게 된다면 부모들도 아이들이 사는 미국에 계속 살 수밖에 없을 텐데, 미국이 어떤 나라인지 궁금하지도 않은지 모르겠다.

여기에는 마음만 먹으면 영어를 배울 수 있는 성인용 ESOL 클래스가 곳곳에 있다. 어떤 분은 대학을 졸업하고도 말 한마디 못 알아듣고 못 하는 것을 마치 훈장처럼 달고 다니면서도, 그것을 한국의 영어 교육에 문제가 있기 때문이라는 탓만 한다. 나의 엄마 아빠 나이가 내 또래 다른 아이들의 부모들보다 열 살 정도 더 많은 편이니, 이 분들보다 머리도 더 굳었을 것이다. 하지만 엄마와 아빠는 영어학원에 다니면서 영어를 따로 익히지 않았는데도 영어에 능통할 뿐만 아니라 몇 가지 다른 언어들까지 조금씩은 하시는데, 이것도 학원에서 배운 것이 아니고 꾸준히 노력하신 결과이다.

아빠는 무역상사 직원이셨으니 영어를 항상 발전시킬 수 있었던 환경이었다고 할 수 있지만, 엄마는 그렇지도 않으시다. 인도네시아에서 몇 년 살다가 귀국해보니 한국에서는 영어에 대한 열풍이 대단했고, 그렇게 영어가 중요하다면, 나를 임신 중이었기 때문에 태교 삼아 공부를 하다 보니 늘었다고 한다. 그 결과 미국에 처음 오신 날부터 영어를 알아들으셨고, 우리의 생활에서 통역노릇을 도맡아 하셨는데, 한 10년 공부했더니 꽤 써먹을 만했다고 한다.

한국의 어른들이 영어를 못하는 이유는 이렇다. 영어 공부를 조금은 시도했었는데 평소에 써먹을 데가 거의 없거나, 상대가 못 알아듣기에 겁이 나서 중도에 포기하게 된다는 것이다. 나도 그 심정은 충분히 이해한다.

나도 웬만하면 영어를 안 하고 살았으면 좋겠다. 4년째 살면서도 영어가 즐겁다든가 말을 하면 행복하다고 느끼는 게 아니라, 영어 한마디 안 하는 일요일은 쉬어서 좋고 말 안 해서 좋다는 생각이 들 정도다. 상대가 내 말을 못 알아듣고 'What?'이라고 할까봐 항상 두렵다.

그러나 미국에 살려면 영어를 해야 한다. 남의 나라에서 사는데 그 나라 말을 해야 대우를 받지 않겠는가. 지금 당장은 조금 답답한 정도이겠지만, 나이가 더 들면 아이들이 멀리 떠날 것이고, 그리고 친구들이 하나씩 죽을 것이고, 남편이나 아내도 한 사람은 먼저 갈 것이다. 그렇게 되어 한국말을 하는 사람이 가까운 주위에 없을 때, 궁금한 외부의 변화가 있을 때는 정말 영어가 필요할 것이다. 이때도 누군가를 마냥 기다리면서 집안에만 갇혀 있을 것인가?

우리 집의 경우, 동생은 학교에 들어가서 전자사전에 줄을 달아서 목에 걸고 다녔다. 말을 못하는 것이 약이 올라 체육시간에도 목에 걸고 뛰면서 모르는 말이 나오면 사전을 찾아서 익혔다고 한다. 자기가 찾을 수 없으면 한글 발음으로 적은 것을 집에 가져와서 엄마에게 물었다. 1년 반 정도 지나면서 선생님이 동생에게, 이제 영어를 충분히 잘 하니까 이제는 사전을 달고 다니지 않아도 될 것 같다고 할 때까지 달고 다녔다. 나도 엄마도 아직 사전을 필수로 들고 다닌다.

영어를 못하는 부모들을 둔 학생들은, 부모들이 영어를 못 하는 것을 경멸한다. 부모들은 세월이 가도 나아지지 않으면서 자식들에게는 영어를 잘해야 한다고 잔소리를 한다는 것이다. 그리고 자기들이 경멸하는 것을 부모들도 알고 있다고 한다.

영어를 못한다는 분들, 제발 영어공부 좀 하시죠.

운전면허와 미국에서의 삶

면허를 가져야 할 나이가 되니까 다른 사람의 운전하는 모습을 유심히 보게 되고, 특히 항상 나를 태우고 다니는 엄마의 운전 습관과 태도를 관찰하는 버릇이 생겼다. 그리고 어차피 이론 시험 합격 후에는 일정 기간 동안은 나의 보호자가 동승해서 다녀야 하는 규칙도 있고 해서, 미국에서의 운전에 대해 이것저것 엄마에게 물어 많이 알게 되었다.

엄마는 안전운전을 하는 타입이다. 그리고 장거리에 능하다. 한국에서 살 때는, 새벽에 서울을 출발해서 대구에서 일보고 경주에 들렀다가 서울로 돌아오는 여정을 끄떡없이 해치울 정도였다. 아빠는 그 당시 운전면허가 없었기 때문에 한국의 어디를 가도 엄마가 운전을 하고 다녔다. 그리고 이곳 버지니아에 살면서는 어디를 가든 엄마가 운전해서 다녀야 했으므로, 내가 운전을 하게 되면 당연히 엄마의 조언을 듣는 것이 많은 도움이 많이 될 거라고 생각한다.

우선 내가 미국의 운전에 대해서 잘못 이해하던 점이 있었다. 나는 미국인들은 경적을 안 울리는 줄 알았다. 그러나 엄마에게 들은 바로는 미국인들도 사용한다고 했다. 미국인이 모두 참을성 많은 대단한 인격자들은 아니므로 바쁘거나 막히거나 하면 당연히 사용하더라는 것이다. 내가 그 동안 운전에 무심해서 몰랐을 뿐이다.

한국에서 오는 사람들이 이곳 버지니아에 오면, 유독 운전자들의 매

너에 대해 감탄을 하는데, 바쁘면 누구나 본성이 나오더라고 하셨다. 경적을 여기서는 Horn이라고 해야 한다고도 하셨다.

특히 뉴욕에 가면 사람들이 미친 듯이 운전을 하며 차들이 울려대는 소리도 꽤 시끄러웠었는데, 내가 왜 못 느꼈는지 모르겠다고 하셨다. 차를 타고 가다 보면 경찰차에 잡힌 차를 간간히 보게 되는데, 엄마도 신호위반으로 걸린 적이 있었다. 그럴 때 사용할 영어를 여쭤봤더니, 특별히 할 말은 없을 거고 잡힌 것을 알게 된 순간, 빨리 갓길에 차를 세우고, 운전석의 창을 내린 후 차에서 나오지 말고 두 손을 운전대에 얹고 기다려야 한다는 것이다.

엄마가 경찰에게 단속되었을 때는 신호위반을 한 기억이 없는데도 경찰차가 따라오고 있어서 길가에 차를 세운 것까지는 잘했는데, 궁금한 것은 항상 직접 해결하던 습관 때문에 차에서 내려 나갔다는 것이다. 그리고 당연히 경찰차에 가서 내가 무엇을 잘못했냐고 물었다고 한다. 경찰이 신호위반이라면서 엄마 차로 돌아가서 앉아 있으라고 했지, 그래도 이상해서 어디에서 위반했는지 물어봤다고 한다. 경찰이 다시 차로 돌아가서 기다리라고 하기에 이해할 수 없었다고 한다. 엄마의 차로 돌아와서야, 그런 경우에 차 문을 열고 나오면 미국의 경찰은 도주를 하기 위한 것으로 간주하여 총으로 쏠 수도 있다는 것이 생각났다고 한다.

간담이 서늘해져서 그때부터 가능한 한 착해 보이는 얼굴로 운전석에 앉은 채 벌금 고지서 및 소환장을 받았다는데, 그 이후로는 작은 신호도 안 어기려고 하는 편이지만 미국인도 경찰이 안 보이면 신호를 어기는 일을 예사로 하더라는 것이다.

그래도 우리가 사는 곳은 한적한 편이라서 운전을 하다가 보행자가 지나가면 웬만한 차는 서행을 하거나 정차하여 보행자가 지나가기를 기다리는데, 법 자체가 보행자 우선이기는 하지만 한국처럼 걸어서 길을 지나다니는 사람이 거의 없으므로, 당연히 양보하는 것 같다.

여기에 좀 살다가 한국을 방문을 하는 어른들은, 복잡한 교통사정을 다시 겪으니 지옥 같다고 하면서 더불어 한국인의 운전습관에 대해서도 험담을 하신다. 나도 한국에서 끼어들기와 욕하기, 아무데나 주차해 놓은 차 때문에 다니기 불편했던 것들을 기억한다. 그렇지만 우리나라도 땅이 넓고 자기 집 앞에 주차할 곳이 충분하다면 운전을 그렇게 하지 않을 것이다. 언제 넓게 살아봤어야 시간적으로나 물리적으로 너그러울 수 있는 것 같다.

넓은 미국에서 운전을 하면서 산다고 해서, 땅이 좁은 한국의 운전하는 사람까지 흉보는 것은 너무나 심한 일이다. 그분이 이곳 운전 매너가 마음에 드신다지만, 다시 한국에서 살게 될 경우에도 그럴 수 있을지 의문이다. 조깅하는 사람이 지나가기를 기다리고 길이 막혀도 조용히 기다려주실 지는 살면서 시달려봐야 알 수 있지 않을까? 여기도 일정시간에는 많이 막히는데 그런 곳은 거의 양보하지 않는다고 하셨다.

내가 운전을 하게 되면 하드웨어에 속하는 것도 알아야 하기 때문에 운전대의 앞에 위치한 각종 계기판에 대해서도 배우며, 가스를 주입하는 훈련도 하고 있다. 한국에서는 주유소에 차를 세우면 주유소의 직원이 와서 차에 가스를 채워주고, 돈을 지불한 후에는 다시 출발하지만, 여기서 운전자가 내려서 연료주입구를 열고 직접 가스를 넣는다.

불편하지는 않지만 왜 그런지 이해할 수 없었는데, 생각해보니 한국은 땅이 좁아서 밀려들 다음 차를 생각한다면 당연히 운전자가 내리지 않고 주유소의 직원이 가스를 넣는 것이 효율적이라서 그런 것 같고, 미국은 인건비가 비싸기도 하거니와 대부분의 주유소가 크기 때문에 주유를 해주기 위해 주유소 직원들이 오가기도 힘들기 때문이 아닐까 싶다.

그리고 자동타 타이어에 바람 넣기는 좀 어렵다. 1년 전부터는 타이어 바람 넣는 것이 나의 일이 되어 있는데, 한국에서는 동네 서비스센터에 가면 알아서 바람을 넣어주지만, 여기는 보통 25센트 주화 네 개를 기계에 넣어야 타이어에 바람을 넣을 수 있다. 공짜가 없는 나라니까 공기도 돈을 받고 파는 셈인데, 콘도 같은 대단지에는 무료로 타이어에 바람을 넣는 시설이 있는 곳도 있다고 한다. 예전에 우리가 살던 아파트의 주유소도 타이어에 공기 넣는 것은 공짜였다.

아무튼 타이어마다 넣어야 하는 공기압도 다르다면서 차의 적정 공기압을 측정하는 법을 배웠고, 게이지 사용법과 타이어에 공기를 넣는 것도 배워서 하고 있다.

그리고 마음 아픈 일은 우리 학교의 불법체류자 학생들이다. 그 학생들은 불법체류자라는 이유로 운전면허 시험에 응시조차 못하고, 자동차를 살 수도 운전하지도 못하는 신분으로 평생 살 것이다. 미국의 모든 불법체류자들을 걱정할 수는 없지만, 내 학교에 불법체류자가 있으며 운전면허 시험에 응시조차 못한다는 사실을 얼마 전에야 알게 되었다. 나는 불법체류자가 무엇인지 알기는 했어도 구체적으로 어떻게 불편한지를 처음 알게 된 것이다.

불법체류자의 신분은 미국 내에서 신분증이 없으며, 따라서 법으로 정하는 모든 곳에 제한을 받는다는 것이다. 다행히 고등학교까지는 들어가지만 대학부터는 입학에 제한을 받는 경우가 늘고, 결혼을 해서 시민권자의 가족이 되기 전까지는 마땅히 해결할 방법이 없다고 한다. 요새는 불법체류자들에게 집을 렌트하는 것을 금지하는 카운티도 생기고 있고, 중·고등학교도 제한하려는 움직임이 있는데, 여기서 오래 살아서 돌아갈 곳도 없는 어린 학생들에게는 너무나 가혹한 일이라는 생각이다.

특히 미국에서 운전을 못 하면 제대로 된 일을 하기가 무척 어렵다. 요새는 일자리를 얻는 것도 점점 어려워지고 있다. 일자리를 주는 업주를 처벌하기 때문에 고용을 해주는 사람을 찾기도 어려울 뿐더러 신분상의 제약으로 과다노동과 저임금에 시달려도 참는 경우가 많다고 한다. 여기서 살겠다고 온 학생들은 자의로 불법체류자가 된 것도 아닌 경우가 많고, 공부하면서 기다리면 언젠가는 잘되겠지 하는 희망을 품고 살지만, 현재의 이민법에 대한 미국 정부의 태도로 봐서는 잘 해결될 전망이 보이지 않는다.

그리고 나는 운전면허 시험을 준비하는 과정에서 불법체류자 학생들이 겪는 어려움을 알고 나서는 너무나 미안한 마음이 들어서 최소한 우리 학교에서는 절대로 운전에 대한 말을 안 꺼내기로 결심했다.

운전면허 시험

17세 정도의 미국 아이들이 가장 관심을 가지고 대화하는 내용은 연예인이나 대학에 대한 게 아니고 운전과 관련된 것이다. 면허를 가지고 운전을 한다는 의미는, 주민등록증과 같은 신분증명서를 지니게 되는 것이며, 성인의 권리를 갖고 성인으로 대접받는 다는 것이다. 또 부모가 태워 주지 않으면 친구 집이나 극장에 가거나 햄버거를 사 먹는 정도의 이동도 불가능한 큰 나라에서 태어나 살아온 아이들이, 직접 운전을 해서 다닐 수 있는 엄청난 자유가 기다린다는 뜻이다.

반대로 부모 입장에서 볼 때는, 아이를 졸졸 데리고 다니지 않아도 되어 자유를 더 갖게 되지만, 차를 사주어야 하고, 보험에 들고, 안전에 대한 걱정을 하면서 잔소리가 늘어나는 등 현실적인 걱정이 늘어나기 시작한다고 한다.

16세 정도면 이미 차를 몰고 다닐 수 있는 미국에서는, 한 해 평균 6천여 명의 청소년이 교통사고로 사망한다는데, 2006년의 경우 내가 사는 카운티에서는 여름방학 동안 한국 아이가 두 명 이상 죽었고, 우리 학교 학생 한 명도 교통사고로 사망했다.

내가 11학년이 되고 나니 주위 친구들은 거의 운전면허를 딴 상태여서 덕분에 나도 많은 자유를 누릴 수 있게 되었다. 차를 얻어 탈 기회가 늘었기 때문이다.

이것은 나의 인간관계가 좋았다는 뜻이기도 한데, 청소년에 관한 면허의 제한적인 운행 조건을 굳이 들지 않아도, 부모들도 가능하면 친구들을 차에 태우고 다니지 말라고 충고한다.

면허를 가지고 운전을 하게 되었다고 해서, 여전히 불편하게 사는 친구들의 처지를 외면할 수는 없다. 친구끼리 부모의 차를 얻어 타고 태워주고 하던 과정에서 생긴 강력한 우정 때문에 거의 무조건 태워주게 되는 것이다.

나도 11학년 말이 되니까 운전면허 시험을 치러야 한다는 현실적인 문제가 생겼다. 미루고 꾸물거리다가는 대학생인데 집 근처 햄버거 집으로 엄마가 데려다주고 데려오는 신세가 될 것이기 때문이다.

그래서 11학년 섬머스쿨 학기 중에 날을 잡아서 시험을 보기로 하고, 혹시나 떨어질까 봐 여러 친구들과 선배들에게 조언을 구했다. 알고 보니 대부분이 탈락 경험자들이라 나름대로의 노하우가 있어서 하나씩 알려줬는데, 갖가지 아이디어가 속출했다.

"시간은 무한이니 찍으려면 기도라도 하고 찍어라."

"나도 떨어져봤는데 두 번째는 무조건 붙으니까 편한 마음으로 봐라."

"시험은 무척 쉬우니 붙어라" 등등 가지각색이었다.

GPA 성적이나 지능지수와는 절대로 관련이 없다는 운전면허시험에서 나는 떨어졌다. 나의 탈락 소식을 알렸을 때의 반응도 가지각색이었는데, 재수생이라고 놀리는 친구가 있는가 하면 눈물이 날 정도로 위로해 주는 형도 있었다. 그리고 운전면허의 문제 요점정리를 깨알같이 작은 글씨로 써서 건네준 형도 있었다. 물론 쓰라린 재수의 경험이 있는 엄마의 다정한 위로도 받았다.

미성년자의 운전면허 시험은 두 단계로 나눠지는데, 16살이 되는 날부터 Permit(임시 운전 허가증에 해당)을 딸 수 있다. Permit 시험은 10개의 표지판 시험과 20개의 상식문제로 나뉘는데, 처음 10문제 중 하나라도 틀리게 되면 탈락하게 되고 20개의 상식문제 중 80% 이상 정답을 맞히지 못 해도 탈락하게 된다. 이것들은 모두 DMV(Department of Motor Vehicles)에서 주관하는데, DMV는 미주 전체의 자동차 관련 일을 맡고 있는 기관이다.

Permit을 따고, 그날부터 9개월간 규정된 시간 동안 운전연습을 했다는 증거를 보여주면 정식 운전면허시험을 볼 수 있는 자격을 갖게 된다.

이렇게 16세부터 미리 미리 준비를 하면 17세 정도에는 거의 완전한 운전면허를 갖게 되는데, 미국 아이들에게는 부모들에게서 차를 받게 되는 순간부터 파트타임으로 일을 하고, 데이트를 하고, 학교에 다니는 등 생활의 모든 영역에서 운전이 필수가 된다. 운전을 하고 다니면서부터 조금이라도 경비를 자기가 벌어서 부담함으로써 경제적으로 독립하는 훈련을 조금씩 하게 된다.

인종 차별

미국에서 인종차별을 받았는지 묻는다면, 학교에서 공개적으로 당하지는 않았지만 존재하는 것을 느끼기는 한다고 대답할 것이다. 이렇게 대답을 할 때 구체적인 증거도 없으면서 괜히 편견 때문에 그렇게 단정한다고 생각하는 사람도 있겠지만, 그런 사람은 미국이 모든 것에서 법적으로는 최고의 나라라고 생각할 테니 나는 논쟁을 벌이고 싶은 생각은 없다.

왜냐하면 미국에서 공식적으로 인종과 성별을 따져서 결정하지는 않는다는 조항은 분명히 적용하는 나라이기 때문이다. 그러나 나는 경험을 바탕으로, 미국 사회에 인종차별이 있다고 느낀다.

지난해 우리 학교의 학생회장은 흑인이었다. 그것도 꽤 가난한 집의 아들이었다. 학교의 아침 방송을 맡아서 진행했던 학생 중 한 사람이기도 해서 방송에서 목소리를 듣는 일도 자주 있었는데, 인상에 남는 멘트가 있었다.

"I'm a black in black."

농담으로 했다고 할 수도 있겠지만 백인은 그런 종류의 말을 하지 않는다. 방송에서 'black'이라는 단어로 더 길게 말하지는 않았지만, 내가 생각할 때는 피부색이 다르다는 것을 흑인의 입장에서 구체적으로 인식하지 않고서는 불가능하지 않을까 싶은 멘트였다.

그리고 교내에서 백인 학생들이 웃으면서 하는 말이지만, 자주 "너

희 나라로 가라"는 말을 하는데, 이 경우도 노골적이지는 않지만 인종
에 대한 차별을 포함하고 있다고 느껴진다. 물론 한국인들도 미국에
살면서 미국인의 피부색에 따라 다른 태도를 취하는데, 흑인이나 라티
노를 칭할 때는 '쟤들'이라고 하며, 백인에게는 미국인이라고 부르는 경
우가 많다.

주택을 구입할 때 그 지역 주민들의 인종 비율을 마음만 먹으면 알
수 있는 곳이 미국이다. 학교를 고를 때도 인종별로 백인 얼마, 흑인
얼마라는 비율은 인터넷에서로 떳떳이 살펴볼 수 있다. 인종의 다양함
을 학교 당국은 'Diversity하다'라는 용어로 표현하지만, 흑인이 100%
인 학교에 백인이 아무 생각 없이 입학하지는 않을 것이다.

인종을 구분하는 것에서 차별이 시작된다는 것이 나의 생각인데, 요
새 나는 미국 학생들이 아시아인 특히 한국인을 보는 시선이 좋지 않
다는 것을 자주 느낀다. 한국 학생들이 한국어를 쓰면서 몰려다닐 때
불만스러운 표정을 보이는 백인 학생들이 그들이다. 타인종 학생도 자
기들끼리는 자기 나라 말을 쓰고 다니는데, 유독 한국인들을 보는 시
선이 좋지 않은 것이다.

최근 한 유명 미국인이 이런 말을 했다.

"장사를 해서 그 동네의 돈을 싹 쓸어 단물을 빼먹고 가버리는 인종
들이, 있는데 **인, ##인 다음으로 한국인이다."

그러자 한국인 단체들이 항의성 집회와 서한을 보낸다고 한다. 한국
인이 대부분 부지런히 일을 하고 교육열이 높아서 잘 나가기 때문에
질투와 위기감을 느끼는 것이라 여겨진다.

그리고 갈수록 강화되는 불법체류자에 대한 제재는 이민법을 어겼다

는 차원을 넘어서서 생존 자체를 불가능하게 하는 것으로, 이민자 중
에서도 특히 유색인종에 대한 거부감이 그 발상의 근원이라는 의견도
있다.

담배와 술, 그리고 마약

우리 고등학교의 친구들만을 예로 든다면, 미국 아이들이든 한국 아이들이든 교내에서 술과 담배를 하지는 않지만, 학교 밖에서 술과 담배를 하는 아이들이 제법 있다. 한국 아이들은 부모에게 들키면 야단을 맞거나 심지어 매를 맞기도 하므로, 증거가 될 만한 것들을 자기 주위에 두지 않는 경향이 있다. 미국 아이들도 술과 담배를 하지 말라는 충고는 강하게 받지만, 한국인들에 비해 개인적인 문제로 여기는 경향이 있어서 자기 차에 재떨이를 넣고 다니는 아이들이 종종 있다. 담배를 피우는 아이의 차를 타면 "너도 피울래?" 하고 묻는데, 이때 사양을 하면 언짢아하는 표정 없이 "나는 피워도 되니?" 하고 묻는다.

아직까지 어떤 친구도 술이나 담배를 강제로 권하는 경우는 없었다. 하지만 어린 나이에 시작하는 것은 건강에 무척 나쁘다고 하니, 고등학생들은 좀 참다가 나이가 들어서 시작했으면 좋겠다는 생각이다. 그리고 이미 시작한 아이들은 단 1년만 피웠더라도 끊기가 힘들다고 한다.

술을 판매할 때는 엄격하게 나이를 확인하므로 대부분의 학생들이 사기 힘들 텐데도, 자기들만의 비법으로 구입해서 마신다고 한다. 정말인지 물어보았거나 직접 들은 것이 아니어서 모르겠지만 술을 마신 뒤에 운전은 하지 않았으면 한다.

이번 여름에 술을 마시고 운전하던 20대가 탄 차에 동승하고 있다가 사고가 나서 죽은 한국인 고등학생이 있는데, 고등학생이 술을 마시고 운전한 것은 아니지만 음주 운전으로 인한 사고여서 가족들의 슬픔도 컸을 것이고 우리들도 충격을 많이 받았다.

마약은, 맥클린 학생은 조금 덜 부자라서 사지 못하고, 랭글리 학생은 부자라서 척척 산다는 우스개가 있는데, 그런 말은 삼가야 한다고 생각한다. 마약은 경제력과 상관없이 가능한 유혹이라고 한다. 사실 그다지 비싸지도 않다고도 한다. 그래서 초등학교부터 누구든 마약에는 노출되지 않도록 주의를 해야 한다고 교육을 받는다. 한 번 경험하기만 하면 인간의 의지로는 헤어날 수 없는 것이 마약이라면, 부자이건 덜 부자이건 상관없이 유혹에 빠질 수 있기 때문이다.

카운티에서는 초등학교 때부터 술과 담배, 이성교제 및 마약에 대해 계속 교육을 하는데, 청소년 때 이런 것들에 빠지면 평생 인생이 많이 어려워진다고 한다.

기금모금과 봉사정신

미국의 학교는 초등학교부터 Fundraisers(기금모금) 시스템이 상당히 발달되어 있다. '펀드 레이저'란 '기금을 모으기 위한 모임인'인데, 학교에 필요한 자금을 모으는 방법에서 강요가 아니라 기부하는 마음으로 협조를 하게 하는 온갖 아이디어의 집합이라고 보면 된다.

내가 사는 페어팩스의 경우 세금의 대부분은 교육에 쓴다. 화려한 학교를 만들 정도는 아니지만 비교적 예산이 풍부한 편인데도 1년 내내 펀드레이저의 활동이 있다는 것은, 카운티에서 주는 것 이외에 필요한 것들을 당당하게 해결하겠다는 의도이다. 예컨대 학생들에게 가끔이라도 제공하는 쿠키 하나 사탕 한 알이라도 돈 많은 학부모에게 손을 벌리지 않고 정정당당하게 학교를 위해서 모아둔 자금으로 해결하겠다는 것이다. 중학교나 고등학교에서, 가정 형편이 어려운 학생이 돈이 없어서 특별활동을 포기하지 않도록 악기를 무료로 대여해주기도 하고, 미술시간의 재료도 무료로 제공하는 등 가난하다는 이유로 기본적인 관심을 가질 기회조차 포기하는 학생이 없도록 하기 위해서도 적극적으로 쓰인다.

우리 학교의 밴드를 예로 든다면 부모들의 열성이 워낙 대단해 펀드에 열광적으로 참여해서 언제나 탄탄한 자금력으로 움직이는 부자 밴드이다. 그런데도 1년 내내 학생이 펀드레이징으로 보내는 시간이 엄청난데, 그 이유는 밴드에서 행해지는 펀드 기금으로는 개인이 고스란히 감당하기에는 매우 비싼 마칭 제복의 대여비와 튜바 같은 비싼 악기 구입을 위해 언제나 자금을 모아두어야 밴드 운영이 원활하기 때문이다.

그래서 마칭밴드의 옷은 임차료의 일부분을 P.T.A(학부모회)에서 보조해주고 있고, 튜바 같은 큰 악기도 웬만하면 학교에서 마련해두고, 원래 연주하던 악기가 아닌 것을 1년 동안 연주하라는 명령을 받았을 경우, 그 악기도 학교에서 무료로 대여해준다. 내 경우도 바리톤을 1년 간 연주하면서 비록 고물에 가까운 것이지만 무료로 학교의 악기를 사용했고, 재즈 밴드에서 연주했던 테너 악기도 학교의 것이었다.

이 정도 열성적인 밴드 분위기상 밴드 펀드레이징에 빠진다는 것은 불가능한 일이라는 전통이 있고, 학생 모두와 부모들 상당수가 자원봉사자(Volunteer)로 참석해서 활동한다.

1년 동안 자질구레한 펀드레이징은 수도 없이 많지만, 가장 큰 펀드 활동을 세 가지만 꼽자면, Tagday, Raffleday, Fruits Sale이다.

Tagday는 아무 장비 없이 집들을 방문하여 "오늘은 태그데이니 맥클린 밴드에 후원금을 조금만 내주시면 감사하겠다"라고 말한 뒤, 학교 1년 행사가 적힌 이른바 '태그' 딱지를 준 뒤 돈을 받는 것이다. 이때 4인 1조가 되어서 한 마을을 도는데, 1년에 한 번씩 6시간 동안 의무적으로 한다. 마칭밴드 일원들은 마칭 제복을 입기 때문에 털모자와 제복을 착용한 날 기온이 조금이라도 높으면 거의 고문 수준이다.

이렇게 내는 후원금은 주민의 입장에서는 순전히 믿고서 주는 것인데, 어떤 분들은 자기가 맥클린 고등학교 졸업생이란 이유로 100달러 이상을 거뜬히 내기도 한다. 평균적으로 한 그룹당 천 달러 정도의 자금을 모금하며, 누가 많이 모금했는지 학교신문에 당당히 실리는 큰 행사 중의 하나이다.

Raffleday도 비슷한 방법인데, 이때는 래플티켓이라는 일종의 로또를 파는 것이다. 돈을 낸 사람들의 이름이 서명된 래플티켓을 걷게 되고 몇 달 후 있을 '래플콘서트'에서 추첨을 하게 된다.

1등상으로는 자동차가 경품으로 걸리기도 했었는데. 래플콘서트는 추첨시간을 최대한 지겹지 않도록 만들어야 하기 때문에, 재즈밴드가 나서서 추첨 당일에는 연주를 되풀이해야 한다.

태그데이와 래플데이가 학생들이 직접 가정들을 방문하여 돈을 걷는 식이라면, 플룻세일은 주민들이 학교로 직접 오는 것이다. 아직도 이해하기 힘든 것은, 이 이벤트를 그 많은 학교의 단체들이 아니라 왜 우리 밴드가 하느냐인데, 밴드의 선전도 되지 않을 뿐더러 인력만 소모된다고 생각되기 때문이다.

플룻세일은 총 3일에 걸쳐 이루어지는데, 간단히 말해서 3일에 걸쳐 과일을 파는 것이다. 처음에 플룻세일이란 단어를 듣고 '죽도록 걸어다니는 태그데이나 래플데이보다는 낫겠지'라고 생각했지만 만만치 않은 작업이었다. 말이 과일을 파는 행사지, 밴드 일원들은 첫째 날엔 주로 플로리다에서 직송된 과일 박스들(오렌지, 그레이프 플룻 등 맛은 기가 막히게 좋다고 평이 나 있다)을 대형 트럭에서 학교 안으로 옮기고, 둘째 날부터는 짐꾼이 되어서 주민과 학부모들이 사러온 과일 박스를 그 손님의 자동차 트렁크에 실어줘야 하는 것이다.

주문해서 파는 양이 어마어마하기 때문에 셀 수 없을 정도로 많은 수의 박스를 나르게 되는데, 내 손님의 양은 내가 감당한다는 원칙하에, 사가는 양이 많으면 내가 고스란히 다 옮겨야 한다. 그래서 한 번에 반 박스씩만 사가는 행운의 손님이기를 바라면서 관상을 봐가면서 배달의 순서를 정해야 했다.

이런 펀드들은 밴드의 풍부한 인원과 넘쳐나는 힘을 이용해서 노동하는 것이기 때문에 고통이 큰 만큼 자금도 많이 쌓이게 된다. 이 자금들 덕분에 학교에 모자라는 악기는 거의 없고, 설사 학생의 집이 무척 가난한데 밴드에 들고 싶으면 1년 렌트비 약간만 지불한다면 자유로이 밴드의 일원이 될 수 있다.

학교에서 봉사를 하면서 돈을 모으러 다니다보니, 어른들이 모금행사를 하거나 자원하는 모습도 눈에 잘 들어온다. 차를 타고가면서 길가의 카센터에서 세차를 한다는 커다란 하드보드를 들고 있는 여학생들을 보면 어느 학교 학생인가 관심이 가고, 어른들이 기금을 모으고 있는 장면도 인상 깊게 보게 되었다.

이 중에 정말 기억에 남는 모금은 주로 봄철에 번화한 도로변에서 벌어지는 소방대원들의 펀드레이징이다. 해마다 봄철에 도로변에서 긴 부츠를 들고 기금을 모금하는 소방대원들이 있다. 처음에는 운전자들이 돈을 넣어주거나, 엄마가 동전을 넣어주는 것을 보고도 뭔가 모으겠지 하고는 무심코 지나쳤었는데, 어느 날 신문에서 그들은 정식 소방대원이며 사고로 다리를 자르게 된 한 동료를 위해서 일이 끝난 후 거리에서 모금을 시작해서 이제는 사고로 어려워진 동료들을 차례로 도와줄 수 있게 되었으며, 모금을 지속할 수 있었던 힘은 동료와 기부자들의 덕이었다는 기사를 보았다. 몸을 다치면 절대로 할 수 없는 소방대원이라는 직업을 가지고 있는 현 대원들의 모습이 안타깝게 생각되어, 다음에 만나게 되면 엄마에게 돈을 마구 뜯어서라도 내기로 했다.

그리고 동생의 학교에서 자원봉사로 기금을 모았을 때의 일도 특별히 기억에 남는다. 동생이 다니는 초등학교에서는 1년 내내 포장지를 학부모들에게 팔고, 다 쓴 컴퓨터 잉크 카트리지를 모으고, 캠벨스프의 포장에 인쇄되어 나오는 작은 딱지를 모으는 등의 방법으로 필수경비 이외의 자금을 모은다고 한다. 그리고 학교에서 특별하게 모금할 기회가 생기면 적극적으로 자원봉사를 모집해서 기금을 모은다는데, 나는 학부형 자격인 엄마의 자원으로 미국에 도착한 지 몇 달이 안 된 상태에서 주 상원의원 선거 날과 주지사 선거 날에 투표자들을 대상으로 하는 쿠키 세일로 기금을 모은 경험이 있다.

이때 나는 한국의 학교 교정에서 흥청망청 놀면서 돌아다니던 알뜰 시장 개념으로 생각하고 따라갔었는데, 막상 가서 보고는 환상이 완전히 깨졌다. 이날의 경험으로 펀드 활동에 대한 미국인의 생각을 조금은 이해하게 되었다. 미국인들의 봉사는 남는 시간에 심심풀이로 하는 봉사가 아니라 정말 자기의 소중한 시간을 쪼개서 하는 진정한 봉사였던 것이다.

딱 하나의 테이블을 설치하고 한 가족이 정해진 시간에 와서 투표자를 상대로 쿠키와 커피를 파는 무척 외로운 일에 학교 엄마들은 기꺼이 자원했고, 추위에 떨면서 하루 종일 봉사해서 겨우 200달러 모은 것을 기쁘게 계산했다는 것이다.

부유한 학부모가 대부분인 학교에서, 학부모 한 사람이 내도 될 정도의 금액인 200달러를 모으기 위해 한 달 전부터 기획하고, 자원봉사자를 모으고, 전화하고, 시간표를 짰다는 엄마의 보충 설명을 듣고 충격을 받았다.

엄마는 그런 사정을 이미 알고 계셨기 때문에, 태연하게 일부러 나에게 자세히 말씀을 안 해주시고 갔던 것 같은데, 미국인들은 봉사를 할 때 자기가 먹을 것은 자기가 가져갈 정도로 철저하게 한다고 한다. 그리고 과잉의욕으로 설치지도 않는 만큼 할일이 끝나면 조용히 나가 버린다고 한다.

여러 명이 어울려서 하는 봉사는 하기 쉽다. 그러나 안 보이는 곳에서 하는 봉사는 힘들 것이다. 미국에서는 작은 돈이라도 필요할 때 그냥 달라고 하면서 기대기보다는 우선 당사자인 자신들이 가능한 방법으로 일을 해서 해결하려는 마음가짐이 펀드의 정신이며, 그래서 당당한 가치를 가진 권리로도 인정된다. 이런 문화를 가진 미국에서 내가 펀드레이저로 참가해서 일했던 여러 번의 경험은, 봉사의 개념과 펀드를 하는 목적과 마음가짐을 배우게 한 소중한 자산이 되었다.

다민족 사회와 인터내셔널 나이트

영어를 좀 하게 되고 학교에 대해서도 역시 알고 나니까, 이번에는 다른 아이들이 어떻게 학교에서 적응하는지를 살펴볼 정도의 여유도 생겼다. 지금까지는 아직 나 같은 아이를 본 적은 없으며, 동생도 자기 또래들 중에서는 헤매는 편이어서, 이런 것이 다 유전적인 문제라고 생각하기로 했다.

둔하다고는 하지만 시간이 약이라서, 헤매면서도 조금씩은 학교에 적응을 하게 되었다. 학교의 시간표에는 수업만 있는 것이 아니라 운동이나 클럽활동을 포함해서 다양한 것들이 있다. 이를 통해 여러 가지를 체험해보고 즐길 수 있다는 것을 알고는 학교 행사에 대해서도 조금씩 기웃거리게 되었다. 이렇게 무심코 기웃거렸다가 참여하게 된 것으로 인터내셔널 나이트(International Night)가 있다.

미국은 다인종 국가다. 대부분의 한국인들은 미국식 영어를 하고 백인의 사회에 초대받고 백인의 회사에서 일하고 백인 친구와 만나고… 한다. 이렇게 하는 것이 이상이며 주류로 들어간다고 생각하는 경향이 있다.

그러나 미국은 백인, 흑인, 혼혈인, 중동인, 아시아인 등 생각할 수 있는 모든 인종이 고루고루 섞여서 사는 나라이다. 백인의 동네와 학교가 있기는 하지만, 그것도 대부분의 주민 구성이 그렇다는 것이지 소수라도 타인종이 섞여 살고 있다. 실제로 미국의 어디를 가든 구성

비율만 다를 뿐 여러 인종이 섞여 있는 상태이다.

미국에서의 나는 아시아인이고, 학교에서는 특별한 반에 배정되어 영어 능력을 향상시킬 필요가 있는 외국인이었고, 내가 미국 학교에 처음 들어간 반은 백인이 한 명도 없는 비미국인 전용인 ESOL반이었다. 미국의 학교에는 외국인 전용 과목까지 있어서 학교 차원에서 1년에 두세 번 정도 다민족의 행사를 통해서 서로를 알리고 알아가는 기회를 갖는다. 내가 다니던 중학에서 이렇게 하는 행사 중 가장 큰 것이 인터내셔널 나이트였다.

이 행사를 위해서 해마다 준비위원 보드가 생기고 각국 학부모들은 참여 여부와 함께, 필요한 음식 테이블과 공연 준비물, 시간 등을 정해서 어느 정도의 시간을 두고 준비를 시작한다. 민속의상 패션쇼와 공연을 하고, 민속 음식을 맛볼 수 있는 이 행사에, 한국 학생들은 그간 태권도와 춤을 레퍼토리로 참가해왔는데, 그 해에는 어렵지만 사물놀이를 하자는 의견이 제기되어 연습이 가능한 학생 세 명과 지도를 하고 같이 공연을 할 대학생 1명이 두 달 동안 연습을 했다. 나는 북을 맡았다.

서로의 스케줄에 맞추어서 준비한 결과, 네 명이 서로의 악기를 신명나게 두드리면서 정해진 리듬을 타야 하는 이 공연을 완전한 초보들이 모여서 그럴듯하게 해냈다. 우리가 이렇게 성공적으로 공연을 마칠 수 있었던 것은, 한국인이니까 잘하자는 각자의 다짐과 연습장소를 제공하고 열심히 데려다주고 데려갔던 엄마들의 협조도 있었지만, 우리를 잘 해내게 하기 위해 지도해준 대학생 누나의 엄청난 열정이 가장 큰 역할을 했다고 생각한다.

You Are Invited !

Longfellow Middle School Families and Students Present the 3rd Annual

International Night

Friday, February 7, 2003, 6:30 to 9:00pm
LMS Gymnasiums and Cafeteria

 Countries and Regions Around the World

 Displays and Interactive Features

 Entertainment—Dancing and Music

 Foods of the World

International attire is encouraged. Students must be accompanied by an adult.

Admission Is Free

8학년 때의 인터내셔널 데이의 광고지. 평소에는 영어로 된 안내가 배부되지만, 다인종의 날에는 스페인어가 추가된다. 웬만하면 초등학교에서는 두 가지 언어로 학교의 안내문이 나온다.

행사 당일에 다양하게 차려입은 다민족 학생들의 의상과 부모들의 참여를 보니, 이렇게 큰 행사를 치르기 위해 학교 측에서도 무척 신경을 썼을 것 같았다.

한국의 경우, 학생의 엄마들이 열심히 준비한 음식 이외에 한국 슈퍼마켓 한 군데에서 고맙게도 협찬을 해주었다고 한다. 또 무대에서의 공연은, 내가 속한 사물놀이 팀 공연 직후에 원하는 한국 학생이 모두 무대에 올라와 "대~한민~국~"이라는 구호를 외쳤는데, 처음에는 엉성해서 다시 한 번 하기도 했다. 나는 내가 참여했던 사물놀이 공연은 지금 생각이 잘나지 않아도 한국 학생들이 "대~한민~국~"이라고 외치던 장면은 기억이 생생하다.

미국에서 이민자에 대한 차별이 없어지려면 타 인종을 위한 행사가 빨리 없어져야 한다는 주장이 있기도 한데, 일리는 있지만 어떤 조건과 계층의 이민이든 자기의 고유한 풍습을 하루아침에 버리는 것이 불가능하다는 점을 생각할 때 오산이라고 생각된다. 이민이 계속되는 한 인터내셔널 나이트 같은 행사는 계속될 것 같다.

제3부 유학생활의 애환

유학 스트레스를 풀기 위해 해변을 찾았다.

교육이민 그리고 기러기가족

미국에서의 내가 거의 이민자처럼 살고는 있지만 유학과 이민은 엄연히 다르다. 미국이나 캐나다에는 자식이 유학을 왔는데도 부부가 떨어져 살면서 준이민자처럼 살고 있는 가족들이 상당수 있는데, 이 경우가 흔히 말하는 '기러기'에 해당된다.

이들 기러기는 여러 종류가 있다. 처음에는 기러기로 있지만 언젠가는 이민을 해서 미국에서 살겠다는 가족도 있고, 자식들 공부가 끝나면 돌아가는 가족도 있는가 하면, 유학을 하다가 취업을 해서 이민생활을 시작할 것이라는 계획을 하는 가족도 있다. 이들 자식들도 1.5세대 2세대 트윈키(한국인이지만 어릴 때 오거나 미국에서 태어나서 영어는 거의 미국인 수준으로 하는 아이들을 말함) 등등 다양하게 분류한다. 미국이라는 나라가 인종만 다양한 것이 아니라 한국인들의 분류 방법마저도 이렇게 다양한 셈이다.

죽도록 원한 것은 아니었지만 나는 유학을 하고 있고, 우리는 기러기 가족이 되었다. 그리고 내 주위에는 나와 같은 처지의 기러기 가족 아이들이 꽤 있다. 그리고 새로 기러기가 되는 가족들도 있다.

친구 한 명은 여름방학부터 주재원이던 아빠가 한국에 들어가게 되어 엄마와 기러기 가족으로 살기 시작했고, 내가 색소폰을 가르치던 동생의 친구네도 이 달 말쯤 기러기로 살기 시작할 예정이다.

우리는 이런 다양한 기러기들 중에서도 특이하게 분류될 수 있을 것 같다. 대부분의 기러기들은 엄마가 외국에서 살기는 해도 중요한 일을 결정할 때에는 한국에 있는 아빠와 상의하여 결정을 하는 경우가 많다는데, 우리는 아빠의 결정을 기다리지 않고 엄마가 독자적으로 결정을 한다. 그리고 대부분의 기러기 가족들의 경우는 한국에 있는 아빠와 전화를 하면서 정착을 해나가는 과정을 거치는 데 비해, 우리는 아빠의 신상에 예상치 못한 일이 생겨 엄마 혼자서 모든 것을 알아서 하고 해결해야 했었다.

다행히 엄마는 다른 사람의 도움이 없이도 결정을 하고 해결할 수 있을 만큼 능력이 있어서 잘 해나가셨다. 그래서 아빠가 미국에 오셨을 때는 이미 아빠가 영향력을 발휘할 만한 것이 남아 있지 않을 정도로 자리를 다 잡아버린 상태였던 것이 문제였다. 아빠가 아무리 가장으로서 행동하고 힘이 되어주고 싶어도 집안에는 아빠가 하셔야 할 일이 아무것도 없었다. 그 중에서도 아빠가 잘하는 영어마저도 엄마는 필요로 하지 않는 것은 정말 아빠가 생각하지 못했던 부분이었다. 우리들에게는 별것이 아니지만 아빠가 많은 갈등을 하고 소외감을 가졌었는데, 방문을 거듭하시면서 우리가 사는 모습을 보시고는 아빠 쪽에서 변해서 지금은 많이 나아지셨다.

그리고 미국을 방문하기 시작한 지 2년 만에 처음으로 내가 학생들과 어울려서 디스트릭 밴드에서 연주하는 모습을 보시고, 평소 학교에서 하는 음악활동을 단순한 취미활동이 아니라 비중 있는 정규과정으로 이해하셨고, 동생의 졸업식 때 오시라는 엄마의 요청에 맞추어 오셨을 때 동생이 환하게 웃으면서 친구들과 어울리는 모습을 보고서야, 그렇게 되기까지 동생이 어린 나이에 겪어야 했던 스트레스의 양을 아신 것 같았다.

나는 한국인들이 이민을 하는 주된 이유가 교육 때문이라는 말을 들었다. 살기 위해서라는 이유를 공식으로 하시는 분은 한 사람도 못 만났다. 이유가 어떻든 그분들이 한국에서 술을 덜 마시고 아이들의 이야기를 잘 들어주려 한 분이라면 미국은 마음에 드는 나라일 것이다. 왜냐하면 사립학교 기숙사에 들어가지 않는 한 미국 부모들의 관심과 시간은 많을수록 학생에게 도움이 되는 나라이기 때문이다.

내가 다니는 학교의 경우 행사마다 자발적으로 참여하는 부모들의 수가 엄청나며, 아빠들의 참여도 직접 보지 않고서는 믿을 수 없을 정도로 많은 비율을 차지한다. 참여해서 활발한 질문을 하고 자녀의 친구를 직접 만나보는 부모들의 열성은 일반적으로 한국에서 듣던 것과는 엄청나게 달랐다.

내가 한국에서 들었던 이야기 중 인상적이었던 것은, 미국의 자식들은 일정한 나이가 되면 부모들을 떠난다는 것이었다. 그래서 부모와 자식 사이가 그다지 가깝지는 않다는 것이었다. 실제로 나이가 들면 양로원에 계시는 할아버지를 손자가 방문하기도 한다는 것을 우리 재즈밴드의 방문연주에서 목격했지만, 이런 모습이 정이 없어서인지 집에서 모실 수 있는 사정이 안 되어 차선의 방법을 택한 것인지는 알 수 없다.

다만 내가 아는 것은 가능한 한 이곳 미국의 부모들은 아이들 하고 자주 많은 시간을 보내려고 노력을 한다는 점이다. 밴드 트립 여행에 생업을 잠시 미루고 따라 나서서 학생들의 파트롱(여행 내내 따라다니면서 학생들을 돌봐주고 지켜보는 부모의 역할)이 되는 부모들도 있고,

운전을 할 줄 아는 미성년 아이를 아침에 학교까지 부모 중 한 사람이 옆자리에 같이 타고 가서 아이가 내리면 부모가 그 차를 몰고 집으로 돌아가는 일을 매일 반복하면서 살기도 한다. 그리고 아이들이 운동할 때 한국처럼 아이들만 스포츠센터에 보내버리지 않고, 아이들의 게임도 지켜보고 응원을 하기도 한다.

나는 아빠가 술 약속을 거절하면서 집에 와서 거의 하루도 빠짐없이 영어 공부를 2시간씩 돌봐준 것을 기억한다. 내가 그때의 일이 좋은 추억이 아니어서 돌이켜 생각하는 것이 부담스럽기는 하지만, 한국 아빠로서는 쉽게 하기 힘든 일이었다고 인정한다. 하지만 여기에서 살아보니까 미국 아빠라면 누구나 충분히 할 수 있는 일이었다. 그러므로 미국에 이미 와버린 사람들은 그럭저럭 적응하면서 살면 되지만, 새로 교육이민을 하려거나 혹은 기러기 가족을 선택하려는 부모들이라면, 이 아이만 적응하도록 내버려두는 것이 여기에서는 가능하지 않을 수도 있다는 점을 염두에 두고 결정해야 할 것이다.

참고로 내가 사는 동네는 소득이 낮아서 아이들끼리만 노는 모습을 흔하게 볼 수 있지만, 일반적으로는 중산층이 사는 동네는 아버지가 저녁에 아이들과 함께 야구를 하거나 자전거를 타는 모습이나, 도서관에 엄마가 아이들을 데리고 와서 책을 빌리는 모습을 흔히 볼 수 있다.

미국 아이들에게 초대를 받아서 가보면 웬만큼 큰 학생이라도 부모들이 집에서 기다리면서 아이들을 반기는 것을 볼 수 있다. 아이들이 딴 짓을 할까봐 그런다고들 하겠지만, 초대한 친구가 부모에게 우리를 소개할 때 보면, 이미 우리들에 관한 이야기를 들어서 알고 있는 부모들이 꽤 있다는 것을 알 수 있는데, 이것을 보면 단순한 감시가 아니라는 생각이다.

우리 가족은 기러기로 살면서 많은 갈등을 했다. 주변의 경험자들에 의하면 떨어져 사는 동안 어느 가족이든지 매우 힘이 든다고 한다. 그들 이야기의 공통점은, 아이들은 그다지 힘들어 하지 않는데 부모 쪽에서 무척 힘들더라는 것이다. 내가 어릴 때에는 가끔 큰 가방을 끌고 손님처럼 방문했다가 며칠 후 쓸쓸히 빈 가방으로 돌아가시는 아빠가 무심하다고 생각했는데, 이제 20대에 가까운 나이가 되니까 아빠에게는 가족의 의미가 무엇인지 물어보기가 무섭다는 엄마의 생각을 이해할 수 있을 것 같다. 사실은 나도 아빠가 기러기를 감수하면서 사시는 것이 과연 아빠 자신을 행복하고 만족하게 만들어줄 수 있을지 걱정스럽다.

나의 허약한 건강 내력

나이가 들면 건강에 관심이 많아진다는데, 나는 십 대이면서도 건강에 관심이 많다. 텔레비전 건강 프로의 열성적인 시청자이기도 하며, 게으르게 하기는 해도 그것의 실천자이기도 하다. 내가 건강에 관심을 갖게 된 것은 9학년 때부터였던 것으로 기억된다.

왜냐하면 밤을 지새며 숙제를 하다 보니, 공부를 하는 것 자체가 힘들지는 않지만 쉬 피곤해져서 오래 집중하기가 힘들었기 때문이다. 그동안 내가 노력한 것을 생각해보면, 성적이 안 좋은 것이 공부를 안 해서라기보다는 체력이 따라주지 않아 원하는 만큼 공부를 하지 못하는 경우가 많았기 때문이다. 체력만 뒷받침된다면, 내 욕심으로는 이틀 정도 밤을 새워 공부한 후 덜 바쁜 날 조금 더 자고 일요일에 일주일 동안 부족했던 잠을 보충하고 싶지만, 수요일쯤 되면 이미 체력이 바닥나서 헤매기가 일쑤였다.

결과적으로는 일주일의 반은 의욕적인 인간이고, 나머지 반은 억지로 버티는 생활을 하는 지킬 박사와 하이드 같은 인간으로 살았다.

동생과 비교해도 나는 핼쑥한 얼굴이고, 동생은 잘 먹여 키운 아이의 얼굴 같다. 도저히 같은 엄마가 해준, 같은 밥을 먹고 자랐다고는 생각하기 힘들 정도다. 건강하기 위해서 보약 먹기, 유기농 식품 먹기, 미네랄워터 마시기, 학교 급식의 과다한 기름기 닦아 먹기 등 건강에 좋다는 것 중 생활 속에서 실천할 만한 것은 다하고 있지만 그다지 효과는 없다.

나의 몸이 건강과 거리가 멀어지게 된 역사는 제법 길다. 나는 예전
부터 왠지 모르게 불쌍하게 생겼다는 소리를 많이 들었다. 출산 예정
일보다 꽤 일찍 태어났기 때문에 인큐베이터 속에서 일주일 정도 있었
다고 한다. 지금 생각해보면 예정일에 태어났더라도 난 인큐베이터에
들어가야 했을 것이다. 얼굴까지도 다른 신생아들에 비해 유난히 허약
해 보였다고 들었다. 그래서인지 인큐베이터에서 나온 후에도 눈을 제
대로 못 떴다 한다.

먹은 것이 어디로 다 간 것인지, 엄마가 열심히 챙겨 먹인 보람도
없이 건강하다는 말을 한 번도 들어보지 못하고 자랐다. 심지어는 중
국 여행을 할 때, 어떤 약 연구회에 가서 설명을 들을 기회가 있었다.
그런데 설명을 하시던 분이 대뜸 나를 가리키면서, "저 아이의 안색은
인스턴트 식품을 많이 먹은 사람의 그것입니다"라는 말까지 들었다.

아빠는 내가 비실대는 것이 항상 못마땅했기 때문에, 이 기회다 싶
으셨는지, 엄마가 아이들에게 인스턴트만 먹여 키웠기 때문이라고 오
랫동안 엄마에게 공격을 퍼부으셨다. 웃기는 것은 내 옆에는 동생이
건강한 모습으로 앉아 있었는데, 그분 말대로라면, 우리는 한 집에서
사는 한 부모의 아들들인데도 한 명은 인스턴트를 해 먹이고 한 명은
좋은 음식을 먹여 키웠다는 셈이 된다. 무척 불공평한 식생활을 하고
살았다는 말이 되는 것이다.

허약해 보인다는 말은 항상 들었어도, 인스턴트 식품을 많이 먹었다
는 것은 말도 안 되는 이야기였다. 약을 팔기 위해서는 무슨 말이든지
한다고 생각되어 거기서 선전하는 내용을 믿지 않기로 했는데, 아빠는

그 약을 무척 사고 싶으셨던 것 같다. 그래서 결국 사신 것으로 알고 있다. 어찌됐건 그만큼 약해 보인다는 소리를 많이 듣고 살았다는 것이다.

남들이 나에 대해 뭐라고 하든 내가 별로 개의치 않고 살아왔는데, 내 건강이 좋지 않다는 것에 대해 자주 의식하기 시작한 시기는 9학년 말부터였다. 공부의 양이 많아지면서 자주 밤을 지새우다 보니, 하루 평균 서너 시간 정도밖에 잠을 못 자는 경우가 잦았다. 그런 데다 운동이라고는 학교 체육시간에 하는 게 고작이다 보니 내 몸은 이미 체력의 한계를 넘어서고 있었고, 나는 건강이 심각하다는 것을 스스로도 느끼게 되었다.

한국에서는 중학생만 되어도 밤을 지새우는 것 정도는 예삿일로 치고 산다는데, 나는 밤을 이틀 정도 새우고 나면 다음 며칠 동안은 죽을 것 같은 기분으로 주말을 기다려야 했다. 이런 내 모습이 수치스럽고 한심했지만 공부를 많이 하고 싶어도 체력이 따라 주지 않아서 애가 탈 지경이었다.

결국 보다 못한 엄마가 동생의 성장탕도 지을 겸 우리를 한약방에 데려갔다. 내 생각에 대부분의 의사들은 어중간하거나 약하게 생긴 사람들을 보면 표정이 밝아지는데, 그 이유가 진찰하는 재미가 있어서 그런 게 아닌가 싶다. 한의사는 손을 뻗어보라고 하더니 내 허락도 없이 피를 뽑는 것이었다. 잠시 후 현미경으로 내 피를 들여다보고는 아주 흥미롭다는 표정을 지으며 나에게 현미경을 보라고 했다.

현미경으로 확대된 내 적혈구의 모습을 의사가 보여주는 책 속의 적혈구 사진과 비교해보니, 적혈구는 완전히 비정상인의 것이었다. 보여주는 근거가 그렇다지만 피까지 허약한 것을 인정하기는 싫어서, 마음 속으로는 무시하기로 했지만, 우리 형제는 한동안 한약방에서 지어준 보약과 성장탕을 먹어야 했다.

그 후 보약을 먹고 식사를 열심히 하고 조금씩이라도 운동을 지속적으로 해온 덕에 많이 나아지고는 있지만, 기본적으로 내가 건강 체질은 아닌 것 같아서 걱정이다. 12학년은 공부 좀 마음껏 할 수 있는 체력을 기르고 싶다.

한국인의 하버드와 예일 환상

내가 미국에 유학하기로 결정되었을 때 주위의 어른들은 나에게 한 마디씩 하셨다.

"준홍이 미국 가서 하버드 대학 가겠네?" "예일 대학 갈 거니 MIT 갈 거니?" 등등이었다.

주위의 수많은 어른들 중에 하버드를 말하지 않은 사람은 아마도 엄마밖에 없었다. 그 당시만 해도 난 하버드, 예일, MIT 등 명문대학 입학이 세계 모든 학생들이 원하기만 하면 당연히 갈 수 있는 곳인 줄 알고 있었다. 성공적이라고 평가받던 한 유학생이 쓴 책이 베스트셀러가 되자 권장도서로 선정되어 읽어보았고, 그 외에도 많이 알려지지 않은 많은 유학생들이 쓴 수기나 유학기 등을 여러 권 읽어봤지만 이들은 한결같이 모두 명문고나 명문대 입학생들이었다. 그러니 내가 다른 대학들에 대해서 알 턱이 없었다.

우리나라 속담에 될 성 부른 나무는 떡잎부터 알아본다는 말이 있지 않은가. 분하고 원통하지만 나는 이 속담에 동의한다. 유학 와서 잘하는 아이는 거의 모두 한국에서도 잘한 아이들이다. 이들에게 한국에서의 성적을 물으면 대개 겸손하게도 평범했었다고 말하지만, '평범'이라는 용어는 나와 같은 사람들에게 해당되는 말이고, 잘 살펴보면 자기가 정말로 평범하다고 생각해본 적이 있었을까 물어보고 싶은 심정이다.

요새 이런 불평을 노골적으로 엄마에게 했더니, 해석을 잘못했다면서 평범은 우수한 아이일 때, 그저 그런 학생은 보통아이일 때이며, 한숨이 나온다는 정도가 나하고 같은 수준이라고 알려주셨다.

흠, 그러다 보니 아이들이 가장 미워하거나 혹은 죽이고 싶은 아이가, 엄마 친구의 잘난 아들이라는데, 한국 부모의 자식자랑에 내가 끼어들어서 내 친구들을 기죽일 일은 없으니까 나는 누구에게든지 보통아이라고 할 것이다.

아무튼 보통의 한국인이 미국에서 웬만큼 공부해서는 명문 대학을 갈 수가 없다. 트윈키들은 보통 한국 학생보다 명문 대학에 들어가기가 쉬운 편이지만, 유학 온 지 4년 정도의 학생이 명문 대학에 들어가는 것은 매우 어렵다. 그러니 해마다 유학생이 늘고, 그래서 명문 대학생 중 한국 학생이 차지하는 비율은 늘어나지만, 이것이 벙어리 상태로 유학을 가는 아이에게 '하버드를 가라'는 식의 이상한 덕담을 했더니 미국에 간 후 갑자기 공부에 재능이 발동하여 명문 대학에 들어갔다는 말은 아닐 것이다

실제로 우리 학교를 예로 들자면, 학군이 좋으며 주로 백인 학생들이거나, 부모들이 교육을 많이 받은 아시아인들이 재학하고 있다. 많은 AP 과목이 있고 해마다 아이비를 몇 명씩 보내기도 하고, SAT 성적도 높은 편이라서 명문 고등학교에 속한다. 하지만 해마다 명문 대학에 입학하는 학생들의 출신 고등학교 발표에서 사립학교가 차지하는 비율과 비교한다면 아무것도 아닌 수준이다.

T. J.(토마스 제퍼슨 과학고등학교) 같은 학교는 사립과 당당히 겨루지만, 이 학교에 들어가는 학생들은 준영재들이어서 우리처럼 보통 고

등학교에 다니는 학생과 성적을 비교하는 것 자체가 무의미하다.

미국에도 학군이 있는데 우리 학교도 명문 공립에 속한다. 학군이 좋으므로 집의 평균가격도 카운티의 일반 시세보다 최소 1.5배 정도 높은 수준이다. 이런 학교지만 이른바 명문을 보내는 것이 쉽지 않은 것이다.

고등학교 11학년 때의 한 심리학 시간에 같은 반에 있는 중국인 학생이 나에게 어떤 대학을 가고 싶으냐고 물어온 적이 있다. 나도 나름대로 꿈은 있는지라 U.V.A.를 가고 싶다고 말했더니, 자기는 V-TECH를 가고 싶다고 했다. 당시 나는 엄청난 충격을 받아서 말을 잇지 못했다. 그러자 그 중국인 학생은 상처를 받았는지 그냥 가버렸다.

내가 충격을 받을 만도 했던 것이, 한국 어른들과 얘기하거나 한국 사이트에서 미국 유학 예정인 학생들의 말들을 들어보면 대부분이 "컬럼비아대학에 가고 싶은데요"라는 식의 대답들이었기 때문이다. 그래서 적어도 미국의 대학에 들어간다는 것에 대한 생각은 그렇게 해야 하는 줄 알았었다. 나는 대학에 대한 질문을 받을 때 보통은 U.V.A.를 목표로 한다고 하는데, U.V.A.는 공립의 아이비 중 하나라서 엄청난 G.P.A와 S.A.T 성적을 얻어야만 가능하다.

그러나 나의 요즘 성적으로 봐서는 갈 수 있을 것 같지 않아서 V-TECH에 지망하려 하고 있다. 그렇다고 해서 V-TECH가 낮은 수준의 학교라는 말은 아니다. 다만 이공계가 우수해서 혹시 G.P.A를 좀 더 올릴 수 있더라도 U.V.A.보다는 내게 더 맞을 수도 있다는 판단인데, 문제는 한국인들에게는 알려져 있지 않아서, 내가 이 대학에 입학을 하면, '하버드도 예일도 컬럼비아도 못 갔다더라'라는 말을 들을 것이 분명하다.

중국인 학생이 "어느 대학에 가고 싶니?"라고 물었을 때, "난 지방대에 가고 싶어"라는 대답을 서슴없이 하는 것에 충격을 받은 후 여러 사람들에게 물어봤는데, 한국인들 중에도 꼭 명문대를 목표로 하지 않고(물론 부모님들의 목표는 명문대겠지만), 그냥 평범한 미국인처럼 살고 싶어 하는 아이들도 많았다. 그도 맞는 말인 것 같은 게, 보통 평범한 미국인들의 꿈이라면 평생 살 집 한 채와 괜찮은 가족, 그리고 개한 마리 정도가 전부인데, 그런 것들은 굳이 하버드 대학을 나오지 않아도 언젠간 이룰 수 있는 것들이기 때문이다.

물론 미국인들도 명문대학에 대한 기대는 있다. 입학을 하고 나서부터는 사람들의 대접이 달라지고, 졸업 후 연봉에도 많은 차이가 있고, 선망의 대상이 되기 때문에, 좋은 성적을 위해서 과외도 적극적으로 시키고 대학입시에 도움이 될 이력을 만들기 위해 부모들이 적극적으로 개입한다.

미국인들의, 자기 자식이 공부를 잘하는 것에 대한 자부심은 한국인 못지않다. 한 예로 미국에서는 중·고등학교 때부터 자기 자식의 성적이 우수하면 차의 뒷 범퍼에 '우리 아이 ○○○는 우등생이다'라든가 혹은 'G.T. 학생이다'라고 길게 인쇄한 스티커를 붙이고 다니는 것을 자주 볼 수 있다.

그렇지만 아무에게나 하버드대 운운하지는 않는다. 자기 아이가 명문 대학을 다닌다고 자랑을 하지만 아무에게나 "너는 하버드에 갈 거니"라고 하지는 않는다는 것이다. 한국 사람들의 미국 대학에 대한 환상이 너무 지나치지 않나 싶다.

레슨 선생이 되다

10학년 콘서트 밴드 색소폰 파트 섹션의 First Chair가 되고 나서 엄마가 본격적으로 나에 대해서 홍보를 하기 시작했다. 홍보라고 해봐야 그저 "올해부터 우리 아들이 색소폰을 가르칠 생각이다"라는 정도였는데, 나는 여러 가지 이유를 내세워 거부 의사를 밝혔다. 내 성적 유지하기도 힘든데 다른 사람을 가르친다는 것은 무리이니 한 학년 더 올라간 뒤 가르쳐보겠다는 등 온갖 핑계와 이유를 끌어대 봤지만 엄마는 막무가내셨다. 나의 성적이 더 이상 내려갈 곳이 없는 레벨이었으니까 걱정하지 말고, 남을 가르치는 게 나의 적성에 맞을지도 모르니까 한번 해보라고 강제로 등을 떠미셨다.

그러면서 "미국은 아이들의 과외활동을 위해서 부모가 따라다니기가 어려운 나라이니까 집 근처의 고등학생에게 간단한 과외선생의 일을 맡기는 경우도 있고, 네가 자의로 뭔가를 실천할 때까지 기다려주는 경우는 거의 없다고 보면 된다"라고도 하셨다.

더 이상 못하겠다고 버틸 명분이 없어서 속으로만 투덜대면서 받아들일 수밖에 없었다. 이미 내 또래 친구들은 돈을 위해서든 경력을 위해서든, 햄버거 가게 점원, 쇼핑몰 점원, 초등학생 과외, 동급생 수학 가르치기, 한식당의 웨이터, 아이 돌보기 등 적어도 한 가지 일은 가지고 있는 상태였다.

솔직히 그 당시 일을 가지고 있었던 친구들도 적성에 맞아서 하고 있던 것 같지는 않았다. 나는 적성에 맞는 일을 시켜줘도 못한다고 할 판이었다. 겉으로는 내가 게으르고, 매사에 너무 피곤한 성격이며, 가게 점원 같이 일주일에 3일 이상 몇 시간씩이나 해야 하는 일들은 놀고 싶어서 안 된다는 것이었지만, 진짜 이유는 영어로 말해야 하는 상황은 어떻게든 피하고 싶었기 때문이었다.

일이란 해봐야 실력이 는다고 한다. 실수와 시행착오를 거치면서 일을 배우고 생각을 발전시킬 수 있기 때문에, 성공한 사람들은 가만히 틀어박혀 있다가 어느 순간 갑자기 세상으로 튀어나간 것이 아니라, 어릴 때부터 작은 일을 시작하고 발전해가다가 자기의 목표에 가까이 갈 수 있었던 것이라고들 한다.

지금은 이렇게 이런 진리를 알고 있지만, 그 당시는 뭐든지 내가 다른 사람의 눈에 띄는 일은 가능한 피하려고 하던 때여서, '영어 실력이 더 나아지면…'이라는 핑계를 대면서도 내 조건에 맞는 것을 제시하면 하겠다고 말하고 있었으니 철이 없었던 것 같다. 실력도 경험도 없는 많은 한국인들이 미국에 와서는 입에 맞는 떡을 기다리다 아무 성과 없이 허송세월만 하는 경우가 많다고 하는데, 내가 바로 그런 행동을 내가 하고 있었던 것이다.

새로운 도전에 두려워하지 않는 것이 중요하다는 것을 깨우치는 순간이다.

풋내기 선생의 수모

이제는 어쩔 수 없이 최소한의 레슨 정도는 하고 살아야 하나 보다 하고 혼자서 이런저런 고민을 하고 있는데, 2주일도 안 되어 나는 1주에 한 번, 시간당 10달러짜리 어설픈 풋내기 선생이 되고 말았다.

웬만한 영어는 할 수 있게 된 10학년이지만, 나이에 비해서 잘하지는 못한다는 열등감이 있다는 것을 아시는 엄마는 그 동안 초등학교에서 방과 후 데이케어에서 보조 일을 해보든가, 아니면 컴퓨터로 사무실에서 시간당 10달러씩 받는 일을 해보지 않겠느냐는 등등 여러 가지 제안들을 하셨다.

이런 일은 간단한 영어와 두뇌만 있으면 가능한 일이고, 6학년 때 워드 프로세스 1급자격증을 땄으니 컴퓨터로 할 수 있는 일은 가능했었지만 나는 무조건 거절했다.

미국에서 공부를 한 적도 없고 영어학원에 다닌 적도 없는 엄마는 미국에 도착한 날부터 영어로 생활했고, 오후에는 시간을 쪼개서 영어로 피아노를 가르치러 가시는 것을 보면서도, 영어를 몇 년씩 배운 내가 할 수 있는 일은 없다는 패배의식에 빠져 있었다. 내가 그런 아들이라는 것을 뻔히 알고 계셨던 엄마는 나의 동의를 기대한 것은 아니었다는 표정이셨다. 그리고 마치 사전에 물색해두셨다는 듯이, 걸어서 갈 수 있는 거리에 있는 집의 아이를 가르치게 하셨다. 이렇게 하여 얼떨결에 시작한 선생 노릇은, 막상 뚜껑을 열어보니 선생과 제자 간에 환상의 조 편성이었던 것이다.

지금까지 2년 동안 선생 노릇을 한 결과, 가르치는 것이 좋은 성적과 비례하는 것이 아니라는 것을 깨닫게 되었다. 나는 아이를 잘 가르칠 수 있는 재능이 있는 편이라는 것도 알게 되었고, 가르친 결과가 좋으려면 선생과 학생의 궁합이 잘 맞는 행운도 따라야 한다고 생각한다.

그런데 우리의 경우는 내가 너무나 무책임한 선생이었으며, 학생은 선생에 대한 불만을 표현하지 않는 조용한 학생이었던 것이다. 첫 학생이라 정도 들고 해서, 나는 생각을 바꾸어 어떻게 해서든지 잘 가르쳐보려는 열의를 냈지만, 1년을 가르치다보니 이 아이가 중학교에 진학하게 되어서 일단 레슨을 중단하고 다른 아이를 가르치게 되었다. 하지만 나는 처음 가르쳤던 학생이라는 이유로, 그 아이의 학교생활이나 성적, 혹은 악기에 대한 관심도 등을 듣게 되면 무조건 반갑고 기특하고 대견했다. 그런데 얼마 전에는 좋은 악기를 구입했고 소리 개선을 위해서 많이 노력해서 높은 밴드로 가게 되었다는 반가운 소식을 들었다.

두 번째 학생은 동생의 반 친구였는데, 내가 더 이상 초보 선생도 아니었다. 하지만 이 녀석이 너무 열의를 가지고 생활하기 때문에, 가르치는 것은 편했지만 섣불리 흉내를 내려고 할까봐 신경을 써야 했다.

그 녀석은 뭐든지 가르쳐주면 잘 소화해내는 데다가, 내가 시범으로 부는 소리를 흉내 내느라 입술이 부르틀 정도로 열심이면서도 재미있는 아이였다. 그래서 부모님의 신임도 꽤 받았었지만 내가 시간이 부족해져서 1년 후에는 가르치는 일을 중단하게 되었다.

그리고 2년간 나의 고정 학생으로 있었던 동생이 가장 힘겨운 상대였고, 내가 집에서 키운 초강적이기도 했다. 형이라고 해서 말도 안 듣지만 항상 내가 하는 연주를 듣고 자란 데다가 피아노도 나보다 오래하고 잘 칠 정도로 음악적 재능도 있는 편이었다. 동생은 항상 형인 나보다 잘해보겠다는 열정을 가지고 있기 때문에 나도 경계를 풀지 않고 있었다.

동생은 색소폰을 배우기 전엔 바이올린을 배웠는데 자기 학교의 오케스트라에 들어가자마자 First Chair를 차지했고, 다음해 바이올린에서 색소폰으로 악기를 바꾼 다음에도 First인 데다가 밴드에서 가장 중요한 사람이 되어버렸으니 나로서는 좀 어이가 없었다. 학교가 매우 작기는 하지만 '초딩' 치곤 꽤 하는 편이었는데, 5학년 말부터는 내가 Tsunami Concert에서 연주한 곡을 슬쩍 자기가 가져가서 자기 학교 음악회에서 연주할 정도였고, 그 이후로는 형인 내가 연습하는 곡은 무조건 자기도 해보겠다는 생각으로 내 악보를 들여다보기 시작했다.

중학교에 들어가기도 전에 그 학교의 최고 밴드 오디션에 응시해서 (아직 결과를 기다리고 있는 중이기는 하지만) 입이 딱 벌어지게 만들기도 하고, 내가 연습하는 재즈 음색도 몇 번 듣고는 비슷하게 해내는 등 재능이 보통이 아니다. 그래서 동생의 선생 자격을 내가 더 이상 감당하기 어려워지던 이번 여름에 엄마가 박탈해버렸다.

학생이 배우면서 가르친다는 두 가지 일을 동시에 시작한 것은 나의 음악적인 면에도 많은 도움이 되었다

내가 악기를 처음 배울 때는 어렵고 불필요하다고 생각했던 이론이, 막상 선생이 되어서 가르치는 입장이 되자 어느 정도의 이론은 꼭 필

요하다는 것을 절실히 깨닫게 되었다. 그래서 간단하게라도 이론을 가
르치려고 애쓰게 되었고, 음악을 즐길 수 있게 하기 위해서 흥미로운
악보를 고르는 데도 열중했으며, 한 시간 동안 악기를 불면서 가르치
고서야 받는 레슨비를 통해 돈의 소중함과 위력을 알게 되었다.

그리고 잘 가르치기 위해서는 눈에 보이는 것보다도 아주 많은 경험
과 지식과 인간에 대한 이해가 있어야 한다는 것을 배우게 되었다. 그
래서 어떻게 하면 내가 가르치고 싶은 것을 잘 전달할 수 있을까 하는
문제에 골몰하기도 했다.

초보 선생이 오히려 더 큰 것을 배우는 입장이 되었다.

마누엘과 스칸다, 그리고 친구

8학년 초에서 8학년 말까지 내가 사귄 친구는 거의 외국인이었다. 여기서 외국인이라는 것은 미국인이 아니고, 미국이 아닌 나라에서 태어난 뒤 미국에 왔으며, 중학교에서 ESOL을 듣는, 영어가 서툰 학생이라 뜻이다.

영어가 안 된다는 점에서 ESOL은 동병상련이고, 하고 싶은 말은 많지만 못하는 답답함이 있으므로 친해지려면 상당히 친해질 수 있는 아이들이다. 이런 조건에서 나는 마누엘과 스칸다라는 친구를 사귀었다.

친구란 것은 보면 반갑고 좋을 때는 이야기하고 싶고 상대방의 어려움을 보면 이해를 해주고 싶은 사이라고 생각되는데, 우리는 ESOL이면서 특히 공부를 못한다는 점에서 친구가 되기에는 거의 완벽한 조건들을 공유하고 있었다.

맨 처음에 친해진 친구는 네팔에서 온 스칸다였다. 보통 인도나 네팔이라면 피부가 가무잡잡하다고 생각하겠지만 이 녀석은 백인과는 다른 의미의 하얀 피부, 우윳빛 피부를 가진 래퍼 지망생으로, 인생을 사는 의미를 랩에 둔 녀석이었다.

상류층의 출신이라서 자기 나라로 돌아가면 다시 크리켓을 하며 큰 집에서 살겠지만, 당장 미국에서는 중학교에서 수학을 못해서 절절매더니, 고등학교에서도 정규 학기에 생물과목에서 낙제를 하여 매 섬머스쿨마다 두 번을 더 듣고서야 겨우 학점을 해결할 수 있을 정도로

'대단한' 녀석이다. 공부는 못하지만 낙천적이라서 항상 만나면 즐거운 친구다.

두 번째로 친해진 친구는 마누엘이라는 페루에서 온 아이였다. 페루에서도 나름대로 엘리트 교육을 받고 미국에 온 축구광이었다. 처음 만날 당시 공부는 못해도 말로 하는 영어는 마치 미국에서 태어난 녀석처럼 했는데, 아버지가 미국에서 의사로 있는 것을 감안하면 심할 정도로 공부를 못했다.

남미의 상당수 남자들이 축구에 열광하듯 마누엘도 축구를 잘했다. 중학생일 때 이미 상금이 걸린 경기에서 축구팀의 선수로 뛰고 있었고, 게다가 미남이라서 나중에 프로 팀에서 뛴다면 얼짱 1위가 될 수 있을 거라고 생각한다.

나를 포함하여 셋 모두의 공통점은, ESOL반에서 공부를 못하면서도 성적이 꼴찌에서부터 세는 게 빠르다는 것이었다. 그나마 내가 그 중에서는 제일 잘하는 편이었다. 어느 정도로 못하는가 하면, 어느 날 과학에서 반 등수가 표시된 성적을 받았더니, 나는 36명 중에 30등을 받고 좌절하고 있었다. 그런데 저쪽에서 마누엘과 스칸다가 걸어오더니 "이것 봐 준(Jun은 나의 미국식 이름이다), 난 30등 받았어. 대단한데!"라며 자기들 성적표를 보여줬다. 35등과 36등이었다.

나는 항상 1등을 한 아버지의 아들이고, 마누엘의 아버지는 미국에서 의사이고, 스칸다는 자기 나라에서 상류이면서 교양이 있는 부모의 자식이다. 아무리 유학 첫 해라지만 부모보다 못한 자식이었는데, 둘 다 영어 하나는 무척 빨라 거의 속사포 수준이었다. 나는 어차피 공부는 못하지만 말이라도 잘했으면 하고 부러웠다.

　성공적인 유학을 한 사람 중에서 한국인을 사귀지 않으려 했다고 고백하는 경우가 있다. 자기가 목적을 가지고 간 나라의 언어가 늘어야 원하는 공부를 빨리 잘할 수 있기 때문에 당연하다고 생각된다. 외롭거나 즐거울 때 생각할 친구가 있었다면 유학생활이 덜 힘들었을 텐데, 성공하기 위해 친구를 사귀고 싶은 욕망을 누르고 산다는 게 얼마나 외로웠을지 내가 겪어봐서 이해가 된다. 그만큼 성공에 대한 욕망이 강했다고 생각된다. 한국인을 만나면 마음이 흐트러져서 성공은 늦었겠지만 외롭지는 않았을 것 같다. 하지만 자기에게 더 중요한 쪽으로 기우는 것이 인지상정이니까 이해가 된다. 왜냐하면 나도 외로웠던 때가 많았기 때문이다.

　한국인 부모 중에는 "미국 아이들이 동양 아이들과 친구가 되어주는 줄 알아?" 하고 불평을 하는 사람이 있다. 나는 누구든 백인 미국인이 제 발로 다가와서 놀아줄 거라고 생각한다면 빨리 관두라고 조언하고 싶다. 백인 미국인이 친절해 보이기는 하지만 우리와 마찬가지 인간이고, 당연히 편한 대로 휴식을 하고 싶어 하고, 놀고 싶어 한다.

　뭔가 친해질 수 있는 공통점을 갖는다면 친하게 지낼 수 있지만 의도적인 접근을 해서 영어 실력을 높이려는 사람의 친구가 되어 줄 한가한 사람은 없다. 한국에서 살더라도 대충 어울려 지내는 사람과 친구는 다른데, 미국에 와서 산다는 이유로 백인이 놀아주기를 기대하는 것은 착각이다. 학교나 공원에서 흑인과 백인과 아시아인이 골고루 섞여서 수업을 받고 운동하는, 그럴듯한 모습을 보고 나면, 자신이 원하기만 하면 미국인이 손을 뻗어서 친구가 되어줄 거라는 환상을 갖게 된다.

하지만 식당에서 두 명, 세 명 적은 수로 만나는 경우는 대개 같은 인종끼리이고, 대형 상가도 백인은 백인끼리, 흑인은 흑인과 함께 다닌다. 물론 아시아인은 아시아인끼리 다닌다. 주로 그렇다는 이야기이다. 마음에 맞는 사람과 어울리는 것은 대개 같은 인종끼리 하는 경우가 대부분이다.

나도 '친구와 함께'라는 소재로 사진을 찍는다면 백인과 흑인 골고루 섞인 사진을 찍을 수 있다. 그러나 마음이 맞는 것은 좀 다르다. 언젠가는 우정이 생길 수도 있겠지만, 노는 사이가 친구는 아닌 것이다.

스칸다와 마누엘은 성적이 모두 낮다는 이유로 친해질 수 있었고, 서로의 집에 놀러 다니기도 했는데, 초대를 받아 가면 나는 유일한 아시아인으로 네팔 아이들과 섞여서 네팔의 유행음악을 들으면서 놀거나, 페루 아이들과 또로 로로께 하는 언어 틈에서 놀다 왔었다.

지금의 집으로 이사를 해서 보니까 주위의 여러 다른 인종도 마찬가지였다. 옆집에 흑인이 살 때는 흑인만 드나들더니, 그 흑인이 이사를 가고 나서 라티노가 살면서부터는 라티노들만 드나들고 있다.

왼쪽 집은 금발과 파란 눈을 가진 전형적인 백인인데, 그 집은 백인들만 드나들었다. 아파트에 살 때 아래층의 입양아였던 라이언은 백인 가정에서 자라서인지 드나드는 사람들도 주로 백인들이었다.

마누엘과 스칸다를 생각하면 좋은 추억만 남아 있다. 그러나 정말 마음에 맞는 친구는 아니었는지, 이제는 옛날만큼은 가깝지 않다. 클래스가 워낙 달라서 학교에서 마주치기가 어렵기도 하지만, 만나도 반갑기는 한데 개인적으로 만나지는 않고 있다.

학년이 올라갈수록 같은 인종끼리 어울리는 경향이 강해져서 내가 어울리는 상대는 밴드이거나 한국인이다. 그러다보니 스칸다와 마누엘의 기억은 우리가 ESOL을 하면서 서툰 영어로 웃고 떠들던 8학년을 끝으로 더 이상의 추억을 만들지도 못했고, 그냥 아는 사이 정도에 머물러 있다.

무적의 스쿨버스

미국의 아이들은 학교에 차를 타고 간다. 집이 학교와 가까워서 걸어서 다니는 아이들도 있기는 하지만, 워낙 큰 땅덩어리에 사는 사람들답게 자기 집이 있는 구역의 학교에 다니는데도(Base School이라고 한다), 대부분 학생들의 집이, 한국의 버스 정류장을 기준으로 하면 보통 2~9구간 정도의 거리에 있기 때문이다.

한국이라면 학교가 멀다면 버스를 타고 혼자 학교에 다닐 테지만, 아이들이 혼자 대중교통을 이용해서 가는 것은 미국에서는 생각도 못할 이야기이기 때문에, 초등학교는 물론이고 말처럼 다 큰 아이들이 다니는 고등학교까지 노랑색 스쿨버스를 운행한다.

왜 스쿨버스를 타고 학교에 가게 하는 것일까? 노랑색에 평범한 모습인 이 버스는 학생을 태우고 내린다는 것만으로, 미국의 다른 어떤 탈것들보다 더 윗 등급의 최강, 초강, 무적급인 파워를 부여받는, 가장 안전한 교통수단이기 때문이다. 실제 통계에 의하면, 해마다 스쿨버스를 타고 다닌 학생들의 교통사고가 가장 적었다고 한다.

미국에 몇 년 살면서 피부로 느낀 것이, 스쿨버스에 대한 제도적인 배려로 봐서는, 당연히 아이들이 가장 안전할 수밖에 없다는 생각이다.

그 이유는, 첫째 스쿨버스는 수업시간에 늦는다고 속도를 올려서 운행하지 않기 때문이다. 그래서 스쿨버스를 타고 오다 학교에 늦는 경우는 지각으로 처리하지 않는다. 하지만 스쿨버스를 기다리다가 버스가 너무나 안 와서 자가용을 타고 가면 지각으로 처리한다.

둘째, 학생들이 버스에 타고 내릴 때는 법으로 보호를 받기 때문이다. 즉 아침 등교시간과 하교시간에 스쿨버스가 등·하교를 위해서, 학생을 태우거나 내려줄 때는 모든 차가 추월하거나 무시하지 못 한다. 버스가 학생들을 태우거나 내리게 하는 동안 붉은 색의 STOP 표지판이 스윽 하고 나와서 임시 표지판이 되게 되어 있다. 이때의 'STOP'은 서도 되고, 안 서도 되는 것이 아니고 버스를 뒤따르던 차는 반드시 서야 한다는 의미다. 길 반대쪽의 차도 버스를 추월하지 않은 상태에서 서야 한다는 뜻이다.

교통법으로 실제 길가에 고정되어 있는 'STOP' 표지판과 똑같은 위력과 의미를 가지고 있다.

만약 무시하고 지나칠 경우, 운이 아주 좋으면 버스 운전사가 '뿌와앙' 하고 괴상한 경적으로 경고를 하는 것에 그치지만, 보통 운세라면 벌금 통지서를 받게 된다.

스쿨버스 운전자는 고발할 수 있는 권리를 가지고 있기 때문에, 경찰이 스티커를 끊는 것과 똑같은 범죄가 되며 벌금도 엄청나다고 한다.

시간대를 잘못 선택해서, 편도 1차선 길에서 등·하교 시간에 스쿨버스 뒤에 위치하게 되면, 스쿨버스가 서면 자기도 서고 가면 자기도 가면서 추월하지도 못하고 그냥 졸졸 따라가야 한다. 이런 운전자를 보면 은근히 안됐다는 생각도 든다. 미국인이라면 어릴 때부터 길들여져 있을 테니 견디면서 살 것이다.

어지간히 먼 거리에 사는 학생들은 스쿨버스를 배정받지만 1마일이나 2마일 거리에 사는 학생들에게는 차를 배정하지 않는다. 집의 차를 타든 걸어가든 알아서 해결하라는 거지만, 충분히 걸을 수 있는 거리이기는 해도 책가방과 악기, 운동기구 등을 가지고 가는 학생들은 걷는 것이 불가능하다.

내가 살던 아파트에서 학교까지의 거리는 2마일에 해당되어서 버스가 제공되지 않았다. 맨몸으로 걸을 수는 있는 거리지만 160센치미터 정도의 소년이 매일 색소폰과 책가방을 메고서는 도저히 걸을 수가 없는 거리여서 엄마가 운전하는 차를 타고 학교에 다녔었다.

9학년 때, 엄마는 아침과 오후에 차를 태워주어야 하는 상황이 힘들어서 카운티의 스쿨버스에 대한 업무를 보는 부처에 전화를 한 적이 있다고 한다.

우리 집의 주소가 어디인데 이 정도면 버스 노선을 배정해야 하는 거 아니냐고 따졌더니, 그 정도는 걸을 수 있고 건강에도 도움이 된다며 거부하더라는 것이다.

보통 미국인의 사무적인 대답은 '모르겠다'인데, 이런 노골적인 대답은 의외여서 내친김에 엄마가 이렇게 말씀하셨다고 한다.

"아이들의 가방이 무거워서 오히려 건강에 안 좋고 길을 건너야 해서 위험합니다."

그러자 상대방이, 고등학생이면 그 정도는 위험하지 않게 다닐 수 있다고 반론하자, 엄마가 이렇게 한 마디 더 항의하셨다고 한다.

"스쿨버스를 타고 학교 정문까지 가는 학생들은 안전하게 보호를 받습니다. 그런데 나의 아이는 위험에 노출되어 있습니다."

그 후 버스노선이 내가 사는 아파트 앞으로 추가되기는 했는데, 알고 보니 이전부터 버스를 배정하려고 해왔었지만 버스기사가 부족해서 못해왔었다고 한다.

지금 사는 곳에서 내가 버스를 타는 시간은 아침 6시 45분경인데, 버스가 제 시간에 맞추어서 오기는 힘드니까 무조건 기다려야 한다. 수업이 시작되는 7시 15분까지 도착하기 위해서는 스쿨버스를 반드시 타거나, 아는 사람의 차를 얻어 타거나 둘 중의 하나를 미리 택해야 한다.

제 시간에 안 오는 일이 더 많기는 하지만, 버스가 어느 날은 정시에 올지도 모르는 데다, 항상 타던 아이가 안 탄다고 해서 기다려주는 법도 없기 때문에 정해진 시각부터 기다릴 수밖에 없다. 특히 추운 겨울에 길이 막혀서 늦게 올 때가 있는데, 길게는 한 시간 정도까지 늦게 올 때도 있다. 처음에 이런 일이 일어났을 땐, 이렇게 계속 기다리느니 엄마에게 승용차를 태워달라는 편이 수업에도 안 늦고 춥지도 않기 때문에 더 좋을 것 같았다. 그런데 막상 집으로 돌아가는 아이들은 하나도 없었다.

그 이유는 버스를 기다리다 안 와서 부모님 차를 타고 가면 시간상으로 봐서 대개는 지각을 하게 마련이기 때문이다. 그래서 만약 추운 겨울에 버스가 늦는 경우, 지금 집의 차를 타고 가도 늦겠다고 판단될 경우에는 끝까지 버스를 기다렸다 타고 가는 것이 지각 처리를 받지 않으므로 모두들 추위에 떨면서 버티는 쪽을 택한다.

버스를 타려면 아침이나 오후나 항상 정신을 바짝 차려야 하는데, 방과 후 버스 기사들은 아침과 달라서, 시간에 정확히 맞추어 출발하는데, 수업이 끝나고 친구들과 두세 마디 정도만 주고받아도 놓칠 정도다.

안전에 대한 기본적인 제도가 있으니까 비교적 안전하다고는 하지만 특별한 가디언 없이 기사와 학생만의 운행이기 때문에 버스 기사는 운행 중에는 절대적 권위를 가진다. 그래도 매일 보는 관계여서 웬만하면 야단을 좀 치는 정도이며, 발렌타인 데이에는 서로 캔디를 주고받고, 할로윈 데이에는 잠옷 입은 도깨비가 되어서 운전하거나 뿔을 달고 있는 세미 악마가 되어서 운전하는 등 학생들을 즐겁게 해주는 친절도 잊지 않는다.

쓰나미 자선연주회

2004년에 전 세계를 놀라움과 슬픔에 젖게 한 지구촌의 재앙이 일어났다. 인도네시아의 수마트라 섬 부근에서 집중되어 발생한 쓰나미라는 지진 해일로 인해 이 지역을 포함한 근처의 크고 작은 섬들에서 30여만 명이나 되는 엄청난 사람들이 죽었다. 바다에 접한 근처의 모든 곳은 완전히 지도에서 사라지거나 복구가 불가능할 정도로 폐허가 되었다고 한다. 텔레비전 뉴스에서는 매일 매시간 갑자기 몰려오는 파도와 이에 휩쓸려가는 사람들, 가족을 잃고 비통해하며 통곡하는 사람들, 그리고 도처에 널려 썩어가는 시체들의 모습을 내보내고 있었다.

전 세계에서 구호물자와 구호인력을 보냈으며, 미국도 정부 차원에서의 지원을 했고, 민간인들도 어떻게든 도와주고 싶은 마음에서 여러 가지로 다양한 성금 모금이 활발하게 일어났다.

일요일에 교회에 안 가서 죽었다는, 비극 앞에서 듣기에 민망한 말을 하는 사람도 있기는 했지만, 한인들은 단체로 모여서 뜻을 모으기가 쉬웠던 교회에서의 모금 손길이 빨랐고, 대부분의 사람들도 어떻게 해서든지 돕고 싶은 마음이었을 것이다. 여기저기 자선 모금함이 설치되었고 학교에서는 동전을 넣으라는 모금함이 군데군데 설치되었다. 나는 뉴스 보도를 보면서 대단한 일이라고 생각하고 약간의 돈을 기부하기는 했지만 별다른 행동을 하지는 않았다.

아무리 큰 사건이라 해도 직접 상관이 없는 일은 시간이 지나면 잊

혀지는 것이 인지상정이다. 하지만 쓰나미라는 용어는 우연한 계기로 내게는 9.11처럼 기억되는 사건이 되었다.

나는 이즈음 막 시작한 색소폰의 레슨에 대단히 흥미를 느끼고 있었기 때문에 레슨을 좀더 늘릴 수 있으면 좋겠다고 생각하고 있었다. 돈이 생길 뿐 아니라, 내가 알고 있는 것을 재확인할 수 있고, 내가 가르치는 아이가 하나둘씩 알아가는 과정을 보는 것이 생각보다 재미있었기 때문이다.

이러던 차에 신문에서 모든 부문에서 과외 지도를 할 학생을 모집한다는 기사를 읽게 되었다. 그래서 인터뷰 약속을 하고 약속 장소에 찾아갔는데, 여기서 그 동안 하고 싶었던 과외 선생님 대신 쓰나미 피해자들을 위한 자선음악회에 참가한다는 특별한 경험하게 되었던 것이다.

고등학생이 과외 선생님을 한다! 학생의 과외 선생님이라면 엄청나게 공부를 잘하나보다 하고 생각하겠지만, 고등학생의 과외 선생은 초등학교 아이에게 간단한 영어와 수학을 가르치는 정도도 있고, 우리 카운티의 엄청난 영재들이 다니는 T.J. 공립 고등학생들의 S.A.T.나 작문지도 등의 과외 선생님도 있는데, 보통 고등학생이 저학년을 가르치는 일 정도는 흔히 있는 일이다.

내가 일해 보려는 단체는 성적이 3.4 이상이어야 한다는 조건이 있었는데, 나는 그 조건에 해당되기는 했지만, 수학이나 다른 과목을 가르칠 생각은 없었고 색소폰을 가르쳐보겠다는 생각이었다.

이 단체를 이끄는 대표는 무척 젊은 한국인 변호사였는데, 그는 자신이 어려서 미국에 갓 도착해서 영어 한마디 할 줄 몰랐던 자신을 매일 집에 오게 해서 무료로 읽고 쓰는 것을 도와주었던 이웃 미국인에 대한 고마움을 항상 기억하고 있다고 했다. 그는 고등학교에 다니는 아들의 공부를 도와주다가 과외 선생 봉사단체를 만들어서 지금부터 다른 사람을 돕겠다는 생각으로 모집을 하게 되었다고 했다.

그리고 상담을 하다가 색소폰을 자신 있게 한다는 말을 듣자 눈을 번쩍 뜨더니, "잘 진행이 될지는 모르지만 음악회를 하려고 하는데…" 라고 말끝을 흐렸다. 이것이 자선음악회의 시작이었다.

많은 경험은 없어도 연주를 가끔 하는 입장에서 연주회를 연다는 것이 얼마나 어려운지는 잘 안다. 개인 연주회는 그나마 챙길 것만 순서 대로 챙기면 그럭저럭 할 수 있지만, 다양한 수준을 가진 여러 사람들이 모여서 하게 되는 연주회는 공연을 하기까지 난관이 셀 수 없이 많이 발생한다.

나 혼자 하는 연주만 해도, 곡목을 정하는 것에서부터 연습을 꾸준히 해서 약속한 날에는 하늘이 두 쪽 나도 해야 하며, 악기에 잔고장이라도 나면 안 된다. 특히 악기의 고장은 무척 심각한 사태이다. 노래하는 사람에게는 감기가 고장에 해당하겠고, 피아노 연주자에게는 손가락이 가장 중요할 것이다. 그러나 나처럼 자기 악기를 가지고 연주하는 경우, 공연 날 악기에 고장이 발생하면 대처할 방법이 있을 수가 없다.

과외 선생님에 관심이 있는데 뜬금없는 음악회인가 싶기도 하고, 음악회를 연다니 혹시 학예회 수준은 아닐까 걱정도 되었다. 연주회 운운하면서 열심히 말하는 대표를 보고 뭐가 어떻게 되는 것일까? 가정교사에 대한 관심을 다 잊고 있는데 연주를 한번 해보라는 것이 아닌가.

차 속에 가져간 악기가 있었고 항상 넣고 다니는 악보도 있어서, "저 머리 긴 여학생 연주 정말 잘한다"라는 말도 들어가면서 연주 시범을 해보였다.

그러고 나서는 뭔가 눈에 띄게 치밀한 준비를 하는 것 같지도 않았고, 또 변호사라는 사람이 말하면서 계속 싱글벙글하고 있어서 잘 될까 싶었지만 솔리스트로 참가하겠다는 의미로 이름을 올리고 돌아왔다. 이때 심정은, 되면 하고 안 되면 말자는 것이었다.

우리가 학교 밴드에서 공연을 할 때는 시간표가 미리 나오고 곡목이 나오고 해서 달달 볶이면서도 그럭저럭 마칠 수 있다. 이런 공연은 어른들이 만든 시간표에 따라 지금까지 해왔던 대로 하면 되니까 마음만 먹으면 언제든지 할 수 있다.

그러나 쓰나미 피해자를 위한 그 자선 공연은, 운영위원으로 직접 참여하지 않았던 나로서는 지금 생각으로는 참 대단한 일을 해냈다고 생각될 정도이다.

자신이 있는 곡목을 연주할 생각이라서 간간히 연습을 하면서도 매일 연락이 오는 것도 아니었고(지금 생각하면 내게 매일 연락을 할 이유는 없었다) 엄청난 인원이 대단한 오디션을 치른 것도 아니어서 할 수나 있을지 미심쩍었다. 나는 학생 가정교사에 관심이 있었다고 다시 한 번 환기시켜볼까 하고 있는데, 잊을 만하면 공연을 준비하고 있는지 확인 전화가 왔다.

그럭저럭 하는 사이에 최종 연습을 거쳐서 공연 날짜가 닥쳐왔다. 그 동안 대부분이 학생으로 구성된 공연준비위원회에서는, 어느 정도 숫자의 연주자가 확보되어야 공연이 이루어질 수 있으므로 공연에 참가할 연주자들을 계속 모집했다. 그리고 방과 후 전화하기, 확인하기, 세부사항 체크하기 등의 업무도 계속했다고 한다.

어떤 사람은 학생들의 이런 활동에 대해 "대학에 입학할 때 그럴듯하게 보일 만한 경력을 확실히 쌓겠다는 생각으로도 했다지"라고 말하는 사람도 있었는데, 대학 입학 사정에서 당연히 좋은 평가를 받기도 하겠지만 일을 할 때는 목적도 필요하고 일에 대한 정열도 필요하고 좌절하지 않는 용기도 필요하다. 이런 것들이 골고루 있어야 끝까지 갈 수가 있는 것이다.

나 자신도, 남들이 보기에는 그냥 무대에 선 것뿐이지만 그 연주를 위해서 오랜 시간 동안 기다리고 연습하고, 정말 하는 것일까 싶어서 의심도 했었고, 가끔은 엉뚱한 연락이 와서 허탕을 치기도 하는 등 시간과 에너지의 소비를 상당히 한 후에야 겨우 연주를 할 수 있었다.

이 연주회는 공연 날까지 대부분의 진행을 학생들의 힘으로 했다고 하는데, 솔리스트 자격으로 참가해 보고 느낀 점은, 미국에서는 이런 일이 어느 정도 가능하기는 하지만 학생들이 참으로 대단한 일을 했다는 생각이다.

미국 적십자와 중앙일보의 후원을 받아서 Nova 대학의 작은 홀을 빌려서 연주하던 날, 태권도와 부채춤, 첼로와 바이올린과 노래 등등 학생들은 자기가 준비한 종목을 열심히 했고, 미스 뷰티였던 여학생과 남학생이 중간 중간에 위트를 넣어가면서 사회를 봤다.

나는 색소폰에는 항상 자신이 있다. 최고는 아니지만 웬만한 데서는 잘한다는 말을 듣는 정도다. 이날도 당연히 중간 휴식시간에 미국인 부인이 와서 감동적이었다고 말하는 등 주위에 늘어선 사람들로부터 많은 찬사를 받았다.

쓰나미 자선 연주회는 내가 특별하게 기억하는 몇 안 되는 일 중 하나이지만, 그 이유가 이렇게 내가 받았던 찬사 때문은 아니다.

대부분의 과정을 학생들 중심으로 준비했다는 점을 감안하더라도, 이날 공연에서는 매끄럽지 않고 서툰 연결이 곳곳에 있었다. 행사가 매끄럽든 말든 나는 내 연주에만 몰두하고 있었다. 그리고 관객들은 당연히 내 연주에 감동받았을 거라고 생각했고, 생각대로 원하던 찬사도 받았다.

미덥지 못한 작은 힘들이 모여서 커다란 결실을 맺었다는 것을 생각할 만큼 겸손하지 못하고, 단지 나의 연주에만 도취되었다. 나는 행사가 다 끝났을 때도 아직도 자신의 연주에 도취되어 있었는데, 무대에서 마지막 감사 인사를 하던 행사 대표인 한국인 변호사의 얼굴을 보고 강한 인상을 받게 되었다.

그에게는 나의 자만심에 가득 찼을 미소와는 달리, 이웃들에게 줄 것을 열심히 마련한 사람의 기쁘고 행복한 미소를 느낄 수 있었다. 처음 만났을 때부터 벙글거리던 그 사람의 미소는, 잘했다고 생각될 때만 나오는 나의 미소와는 너무나 다르다는 것을 그 순간 알게 되었다.

내가 약간의 시간과 가지고 있는 재능을 쪼개서 선심 쓰듯 나누어준 것만으로 으스대고 있을 때, 가장 일을 많이 했을 그 분은 무대에서 학생들을 무한히 칭찬하고 있었고, 참석해준 사람들에게 진심으로 고마워하고 있었던 것을 생각한다면 어떻게 내가 쓰나미를 잊을 수 있겠는가?

브로드웨이의 매력

미국에 살면서, 내가 학생 신분인 데다가 엄마도 너무 바빠서 가족이 어디에 놀러간다는 것은 큰맘을 먹어야 가능했다. 그런데 2006년 봄에 아빠가 미국에 오셨을 때 큰 결심을 하고 브로드웨이에 뮤지컬을 보러 갔었다. 제목은 <오페라의 유령>이었는데, 이즈음 동생이 피아노로 <오페라의 유령>을 자주 연주하고 있었지만 나는 마음에 드는 곡이 아니어서 '뭐 이런 곡이 유명하담' 하고 시큰둥했었다.

그런데 막상 브로드웨이 무대의 객석에서 보니까 뻔하고 유치할 정도의 스토리를 가지고 만든 내용인데도 무대 연출과 내용 설정에 따른 음악이 어우러져 너무나 좋은 게 아닌가! 무대에 갑자기 배를 띄우고, 계단을 아예 설치해버리질 않나, 마술을 사용해서 갑자기 사라지기도 하고, 아무튼 '참으로 브로드웨이라는 곳의 자금력과 연출은 대단하구나' 싶었다. 너무 강렬한 인상을 받았고, 음악이 귀에 쟁쟁하게 남아서, 그 후로 <오페라의 유령> 미국판과 한국판을 모두 찾아서 듣고, 영화까지 감상했다.

이런 과정에서 <지저스 크라이스트 슈퍼스타>나 <캣츠>도 <오페라의 유령>을 작곡한 사람의 작품이라는 것을 알게 되었고, 이 음악들은 이전부터 참 특별한 곡들이라고 생각해왔던 것이어서, 기회가 된다면 죄다 한 번씩 봐야겠다는 생각까지 하게 되었다.

뉴욕은 복잡한 도로 사정으로 차를 타는 것보다는 걷는 게 빠른 경우가 많다고 한다. 많은 사람들이 차 없이 사는 이유 중의 하나가 발달된 대중교통 때문이기도 하지만 주차장이 부족해서 택시를 타거나 대중교통을 이용하는 것이 더 편하다는 이유도 있다는 것이다.

특히 브로드웨이 쪽은 걷는 것이 더 좋다고 하는데, 그 거리의 많은 사람들은 그곳에서 일하는 사람들도 있지만, 관광객과 공연을 보러 가는 사람의 수도 무시할 수 없을 만큼 많아서 사람을 보는 것도 나름대로 재미가 있다고 한다. 어쩌면 그날 어느 무대에 서는, 아직은 유명하지 않은 가수를 볼 수도 있으므로 걷는 쪽이 실속이 있다는 것이다.

내가 브로드웨이를 처음으로 간 것은 9.11 때였다. 정확히 따지자면 9.11이 일어나기 전까지의 기간 동안 관광을 즐길 때였는데, 그때 <라이언 킹>을 보려 하니까 향후 몇 달 정도의 공연은 이미 예약이 끝났다는 것을 듣고 포기할 수밖에 없었다. 내가 <오페라의 유령>을 보러 갔을 때는 초연을 한 지 여러 해가 지났기 때문에 표를 사는 것은 어렵지 않았지만 여전히 줄을 지어 거리를 점령하고 있는 관객들을 보니 브로드웨이란 거리의 마력은 굉장하구나 싶었다.

나는 학교에서 하는 정기적인 공연에는 가능한 가보려고 애를 쓰는 편이다. 특히 친한 친구가 뮤지컬의 멤버로 출연했기 때문에 한때는 기를 쓰고 공연을 보러 갔었다. 우리 학교에서 한 공연 중에는 <지저스 크라이스트 슈퍼스타>도 있었는데, 그때는 그냥 잘하는구나 하는 생각과 친구가 어디에 있나, 연습들을 엄청나게 많이 했겠구나 싶은 것들에만 관심이 있었다.

하지만 <오페라의 유령>을 보고 나니까 그 무대에 선 학생들 중 몇 명은 브로드웨이를 꿈꾸고 있을 수도 있겠구나 싶었다.

어떤 학생이 밤잠을 줄여가면서 성적을 잘 받으려 할 때, 어떤 학생은 노래를 연습하고 있었던 것이다. 언젠가는 브로드웨이에 우리 학교 동문이 설 수도 있다는 생각이 든다.

피자와 배달 음식

미국에 오기 전에, 미국에서는 음식 중 배달 되는 것은 피자뿐이라고 들었던 기억이 있다. 어디서 들었는지는 정확하지 않은데, 내가 사는 곳은 패스트푸드를 제외하고는 배달되는 종류가 꽤 많은 편이다. 우선 피자는 모두 배달이 되고, 배달료를 받는 곳과 안 받는 곳이 있는데, 어떤 경우든지 팁을 줘야 하지만 인터넷으로 쉽게 결정해서 먹을 수 있는 메뉴라서 내가 가장 선호하는 배달음식이다. 다만 같이 오는 절인 고추나 고춧가루 등은 웬만하면 넉넉히 끼워줄 만도 하지만, 그것도 개당 일정한 가격을 꼭 추가하기 때문에 주머니 사정을 생각해 가면서 주문을 해야 한다.

그 다음이 중국집이다. 자장면 한 그릇도 배달해주는 한국식 중국집은 아닌 중식당이 배달을 하는데, 일정한 액수 이상일 경우에만 가능하다.

또 인도, 이탈리아, 멕시코 음식점도, 심지어는 샌드위치 전문점도 일정한 액수 이상이면 배달을 해준다. 다만 한식은 배달이 안 되는데, 알래스카는 한식을 포함해서 배달이 일반화되어 있다고 한다.

그리고 재미있는 것은 학교에도 자주 피자가 배달된다는 것이다. 여기에서는 특별한 날 초·중·고등학교 모두 피자 배달을 하는 경우가 많은데, 예산이 풍부한 경우는 서브를 주문한다. 사립학교의 기숙사에 사는 학생들은 기숙사 음식에 질렸을 때, 학교 내로 음식을 배달시켜속을 푼다고 한다.

나는 집에서 학교에 다니기 때문에 학교에서 배달 음식을 먹는 경우는, 밴드에서 특별연습을 할 때, 운동할 때, 마지막 시험을 끝내고 선생님들이 학생들을 축하하거나 위로할 때, 졸업식장에 동원될 때 등이다. 덩치 큰 고등학생들이 한 손으로 들고 한입 베어 물면서 다른 한 손으로는 두 개 정도 겹겹이 쌓아서 고픈 배를 다 채울 만큼 먹고도 남을 정도로 큰 피자 수십 판이 시간에 맞추어서 따끈하게 배달된다.

그리고 밴드 선생님인 우리의 카리스마 K는 1년 내내 고래고래 소리를 지르면서 밴드와 마칭을 닦달하는 만큼 피자로 자주 선심을 쓰는데, 재정적으로 엄청난 출혈을 감수해야 하는 날이 1년에 한 번씩 있다. 바로 졸업식 날이다.

다른 학년은 임시휴교를 해서 놀지만, 관악을 하는 밴드들은 졸업식장에 동원되어 장엄한 곡을 연주하며 적당하게 분위기를 띄우기 위해 환호해야 한다. 그래서 이 날은 식장으로 출발하기 직전까지 당연히 K의 감시 하에 되풀이하여 연습을 충실히 하는데, 이때 K는 특별식으로 서브 샌드위치를 주문해 주신다.

항상 배가 고픈 나이인 우리는 피자 대신 서브 샌드위치를 먹었다는 감격 때문에 식장에서 열심히 불고, 지루해서 졸다가도 틈틈이 열렬한 박수를 치는 등, 밥값이 조금도 아깝지 않을 만큼 열심히 하는 것으로 보답한다.

'도올리이 매디슨'

한국인 친구들과 만나서 노는 것은 두 달에 한 번 정도이다. 논다는 게 특별한 것은 아니고, 노래방에 갔다가 식사하기나 식사 하고 노래 방 가기, 혹은 식사 하고 영화 보기 중 하나인데, 논다는 것이 너무 단 순하기 때문에 바꿔보고 싶지만 여의치 않다. 이곳이 시골은 아니지만 대중교통이 없으니 멀리 가지도 못하고, 11학년이라고 해봐야 아직 나 이가 17살인 경우가 많아서 웬만한 영화는 볼 수도 없다.

이러다 보니 그 동안 친하게 지냈든, 이름만 알고 지낸 사이든 간에, 누군가가 귀국을 한다거나 기숙사에 들어간다거나 다른 어떤 이유에서 든지 모일 수 있으면 모이려고 애를 쓴다. 그 중에서 부모님의 허락을 받아서 모이는 아이들끼리는 식사하기, 노래방 가기, 영화보기 중 하나 를 즐기다가 어쩌다 남는 시간이 있으면 그야말로 건전하기 짝이 없는 놀이를 하게 되는데, 그 중의 하나가 '이름 대기 놀이'이다.

이 놀이는 나라 이름 대기, 나무 이름 대기 등등 단순한 지식을 죽 나열하는 것인데, 이런 놀이를 하며 다 큰 고등학생이 재미있다고 즐 거워하는 것을 보면 웃긴다 싶겠지만 우리는 그렇게 노는 것에 익숙해 져서 충분히 재미있게 즐긴다.

고등학생이지만 외국생활을 4년 정도 했다면, 중학교 1학년 때 유학 을 왔느냐 2학년 때 왔느냐에 따라서도 한국과 미국 양쪽에 대한 지식 정도가 많이 다르다. 일반적으로 한국 지명이나 한문에 대한 지식은,

각자 차이는 있어도 이미 꽤 난이도가 높은 수준에 도달해 있으므로, 한국과 미국 두 나라의 놀이 문화를 적당히 섞어서 노는 기술을 터득하게 된다.

나 정도의 한국 학생들은 미국에 대한 놀이를 할 때도, 설령 본인이 미국사 시험에서 100점을 받았더라도 함께 놀고 있는 상대들 중 아무도 모를 것 같은 문제를 가지고 거들먹거리지는 않는다. 왜냐하면 유학 몇 년차나 이민 몇 년차가 될 정도의 미국 거주 경험으로는 미국에 대해서 깊이 알기는 힘들고, 대체로 수준이 엇비슷하거니와 설령 누가 새로운 것을 말하더라도 사실인지 아니지를 서로 판단할 수 있는 처지가 아니기 때문이다.

그래서 상대의 무식과 무지를 건드리는 무례함은 서로 안 하고 노는 예의를 지키는데, 하루는 놀다가 대통령의 이름 대기 놀이를 하기로 했다. 클린턴은 윌리엄이거나 빌, 링컨은 에이브러험이라고 하면 된다. 그래도 대통령 이름들은 알고 있는 편이라서 잘 진행하고 있었는데, 한 친구의 자신 있는 대답에 우리는 그날 모두 웃겨 죽는 줄 알았다.

미국의 도로는 번호와 이름, 둘 중 하나로 된 명칭을 반드시 갖고 있는데, 사람의 이름에서 따오거나, 과일의 이름을 붙이거나, 색깔의 이름을 사용하는 등등 이 많은 길들의 이름을 잘도 지었다 싶을 정도다.

그리고 맥클린 학생들이 가장 자주 다닌다고 할 수 있는 번화가 중 한 곳에 Dolly Madison이라는 거리 이름이 있다. 이 길은 맥클린 지역 주민이나 학생들이 엄청나게 자주 이용하기 때문에 대부분이 그 이름을 알고 있다.

그 친구의 순서는 Madison 대통령의 이름 말하기였다. 친구는 자신 있게 대답했다.

"도올리이!?"

모두 배꼽을 잡고 웃어댔다.

Dolly는 길의 이름이기도 하면서 Lady 메디슨(메디슨 대통령의 부인) 의 이름이기 때문이다.

장발과 헤어스타일

8학년 말쯤 내 머리는 눈을 덮어버릴 정도였다. 그리고 미장원에 가는 것을 미루었더니 어중간하게 길었고, 그럭저럭 기르다가 보니 방학이 되어 그냥 버티고…. 이런 식으로 하다 보니 장발이 되어버렸다. 안 그래도 약간 곱슬머리인데 숱까지 많아서 머리를 내버려두다 보니 몰골이 말이 아니었다.

그러나 머리를 기르고 보니 밥을 먹을 때 헤어밴드를 하기만 하면 일상생활에는 지장이 없는 데다가 미용실에 가지 않아도 되고 편한 게 한두 가지가 아니었다. 아빠는 내 모습이 마음에 안 들어 병이 날 것 같은 모습이었지만, 엄마는 나를 키우면서 여러 가지로 참는 김에 더 참는 쪽을 택하셨으므로 기를 수 있는 데까지 길러보기로 했다.

머리를 정기적으로 자르지 않아도 되는 편리함이 있지만 약간의 곱슬은 해결해야 할 것 같아서 미용실에 가서 상담을 했더니 스트레이트 펌머를 해준다는 것이었다. 펌머 후 내 머리는 가수 김종서의 그것과 다를 게 없었다. 긴 생머리에 5:5 가르마, 지금 생각해보면 우습기 짝이 없지만 그땐 무척 마음에 들었던 것 같다. 숱이 많고 반지르르한 긴 머리의 남자가 학교에 돌아다니기 시작하니까 아이들이 뒷모습을 보고 달려와서는 앞모습을 즐기고 가는 일도 벌어졌다. 고등학교 학생들이 자유로운 헤어스타일을 하기는 하지만, 긴 머리 남자는 흔해도 나처럼 길고 찰랑찰랑한 머리결을 자랑하는 학생은 내가 유일했기 때

10학년 중간쯤 머리가 가장 길었을 때의 내 모습.

문에, 나는 '긴 머리 그 아이' 내지는 '서태지 아류'로 알려지기 시작했다.

여하튼 장발로 생활하다보니 이발의 필요성을 점점 잊게 되어 좋기는 했지만 퍼머 끼도 풀린 데다, 숱이 많은 머리여서 거칠어졌으며, 매일 머리를 박박 감고 오래 말려야 했고, 운동할 때도 머리카락이 시야를 가려 힘들었다. 그래서 11학년이 되기 전에 머리를 보통 학생들처럼 잘라버렸다.

머리를 자르고 났을 때의 느낌은 소중한 것을 잃어버린 듯했지만, 아무튼 짧은 머리가 되었다. 그런데 이때는 동생도 나처럼 머리를 기르기 시작해서 치렁치렁 긴 머리를 날리고 다녔는데, 이런 동생을 사람들이 귀여운 동양인 여자아이라고 생각할 정도였다.

같은 시기에 머리를 기르던 동생은 어느 날 엄마가 강제로 미용실에 데려가서 잘라버리는 바람에 장발의 시대를 마감했다.

머리를 기를 때와 자르고 난 뒤 선생님들의 반응을 보면, 특이한 헤어스타일에 대해 뭐라고 하지는 않지만 평범한 머리를 선호한다는 것은 느낄 수 있었다.

동생의 경우는 긴 머리를 한 귀여운 여자의 모습으로 지내다가 소년의 모습으로 변해서 학교에 갔더니 담임이 정색을 하고 "너 누구니"라며 놀리더라는 것이다. 그 이후로 교장 선생님과 다른 반 선생님들, 그리고 같은 반 여학생들 모두가 동생에게, 짧은 머리가 마음에 드니까 앞으로는 기르지 말라고 한마디씩 했다는데, 그 말들이 진심이라는 것을 느꼈다고 동생은 자평했다. 기르고 있을 때는 개인의 감정을 존중한다는 차원에서 아무 말 안 했지만, 자르고 나자 속마음을 이야기했다고 생각된다.

미국에서의 공립학교는 교사나 학생 모두 옷차림과 헤어스타일이 비교적 다양하지만, 사립은 학생들의 헤어스타일이 엄격하다. 선생님들의 차림도 공립과 사립은 확실히 차이가 나는데, 공립학교는 단정하지만 자기 마음대로 입는 데 반해서, 사립학교는 정장이나 세미 정장 정도의 차림을 하는 편이다.

우리 학생들은 옷차림에 대한 드레스 코드가 있지만 까다로운 것이 아니고, 한국식으로 하면 '학생처럼 소박하게'라는 정도이다. 그런데 헤어스타일은 모자를 쓰거나 힙합 전사처럼 타월만 교내에서 안 쓰고 다니면 되기 때문에, 아직 나처럼 긴 머리를 하고 다니는 남학생을 보지는 못 했지만, 웬만큼 기른 아이들이 몇몇 있다. 로마 병정의 투구처럼 가운데 머리만 남긴 채 강렬한 색으로 염색한 녀석도 있고, 나보다 겨우 한 학년 위에는 큰 덩치와 용모만으로도 교사가 아닌지 착각할 정도인데 수염까지 기른 학생도 있다.

그리고 나의 한국인 친구 한 녀석은 지극히 정상인데, 헤어스타일만은 아직 마음에 드는 것을 찾는 과정인지 시시각각 바꾸고 있다. 한번은 완전 삭발을 감행하더니 또 엄청나게 아름다운 천연 웨이브의 머리 결을 자랑하는 장발을 하다가, 마음이 변해서(헤어스타일만으로는 순정 만화에 나오는 왕자님 같은 모습으로 눈부셨다) 지금은 여자친구(애인 이 절대 아님)가 잘라준 상태에서 조금 발전한 스타일을 유지하고 있 지만, 앞으로 또 어떻게 변할지 모르겠다.

장발을 하고 나서 자른 머리는 계속 한국 아이들이 많이 하는 스타 일을 따르고 있어 뒷모습으로는 평범하지만, 헤어스타일을 무엇으로 하든지 나는 나이기 때문에 지금 이 스타일로도 만족한다.

패스트푸드점에서의 영어 스트레스

한국에서 맥도널드 햄버거의 의미는, 먹기 편한 간식 겸 밥 해먹기 귀찮을 때 옷 하나 대충 걸치고 몇 걸음 걸어 나가서 식사 대신 간단하게 요기하는 것이었지만, 미국에 살게 된 뒤 얼마간은 나에겐 패스트푸드조차도 고민이었다. 일단은 가장 가까운 패스트푸드점인 맥도널드도 차를 타고 10분 정도 가야 하기 때문이었는데, 매번 차를 얻어 타고 다니는 것은 당연한 일상이라 뭐라고 불평할 대상은 아니었다. 하지만 초기에는 엄마가 알아서 주문해주면 먹기만 하다가 점점 내가 알아서 주문하게 되니까 햄버거 주문이 생각대로 간단한 것이 아니었다.

대부분의 패스트푸드점 메뉴는 콤보와 보통 메뉴들(알 라 카르테)로 이루어져 있는데, 콤보는 사람들이 자주 먹는 음식들을 조합해놓은 세트 메뉴 같은 것이다. 그러므로 이름을 말할 필요 없이 정해져 있는 숫자만 말하면 되므로 영어에 자신이 없으면, 'Number Two'식으로 주문하면 된다. 나는 영어로 말하는 것에 자신이 없었으므로 넘버 원, 넘버 투 이렇게 주문을 해서 해결했는데, 나중엔 맥도널드 소리만 들어도 구역질이 날 정도가 되었다.

한번은 빅 맥과 맥 플러리를 먹고 싶었는데도 발음이 틀릴까봐 빅 맥 콤보만 시켜먹은 적도 있었다. 학교에서 영어를 못 하는 것보다 이런 일상에서 의사소통을 못 하는 것이 더 억울했었는데, 만약 내가 무언가를 주문했는데 점원이 못 알아듣고 다시 물어보면 창피하기 때문이었다.

햄버거를 먹으면 구토 증세가 나타나는 것을 경험하고 나서도 한참 지난 후 영화 <Super Size Me>를 보았는데, 감독 겸 기획자 겸 주인공이 매일 햄버거만 시켜먹었더니 건강이 안 좋아지더라는 내용이었다. 강한 메시지는 아니었지만 패스트푸드가 건강에 좋지 않다는 것을 은근하게 주장하는 영화였는데, 나는 그 영화를 보면서 동일한 햄버거를 자주 먹으면 식욕이 감퇴한다는 시각으로 볼 정도였다.

이런 일상생활에서 겪는 고민은, 알고 보면 영어 실력보다는 요령이기 때문에 지금은 치즈와 양파를 넣지 않은 빅 맥 정도는 거뜬히 시킬 수 있지만, 이후에도 주문에 대한 책임은 계속 늘어만 갔고, 소심한 성격으로 스트레스는 받지만 말하는 것에 대한 두려움을 조금씩 없애는 것에 도움이 되었다.

축구와 운동

나는 운동을 별로 좋아하지 않는다. 그렇다고 해서 못하는 것은 아니다. 테니스를 잘하고 농구도 잘하고 스키와 스케이트를 1마일 정도는 끄떡없이 달린다. 한국에 살 때는 북한산 몇 봉우리 정도는 간단히 넘었다. 태권도는 4급이고 합기도도 했다.

다만 승부를 겨루느라 뛰는 것은 즐기지 않는 편이다. 하지만 축구는 예외여서, 승부를 위해서 땀이 나게 뛰는 것이 좋고 승부욕도 생긴다. 한국에서는 5, 6학년일 때 정기적인 운동 클럽에 가입하여 축구를 했고, 먼지가 풀풀 나는 운동장 바닥에서 갖은 먼지를 마시면서도 1주일에 한 번씩 할 때 진정으로 재미있게 뛰었었다.

그러다가 미국에 막 와서 모든 것이 서툴 때 사귄 친구 마누엘이 축구를 한다기에 신청해서 들어간 맥클린 축구팀에서는, 비록 오래 하지는 못했지만 무척 즐겁게 운동을 했었다.

여기에 살다보니 대부분은 나이와 수준에 따라 팀을 정하기 때문에, 취미나 건강 유지 차원에서 운동을 하려면 자기와 수준이 맞는 아이들끼리 편하게 어울리면서 운동을 즐길 수 있는 편이었다.

나도 가입해서 팀원이 되었을 때 감독이 내 포지션을 묻고 테스트도 했는데, 개인적으로 공격수를 선호했지만 'forward'란 발음을 하기도 어려울 것 같아서 'Middle Fielder'라고 했고, 그 후로 그 포지션에서 활동했다.

미드필더라고 하면 수비와 공격을 이어주는 포지션인데, 운동신경이
꽤 좋은 편이긴 하지만 동물적일 정도는 아닌 나에겐 적당한 포지션이
었다. 그리고 축구팀이 되면서 마누엘의 공 다루는 솜씨가 워낙 좋아
서 대화가 가능한 수준에서 물어본 결과, 그 당시 그 녀석은 돈을 받
고 뛰는 팀의 소속원이며 원정 경기를 예사로 해오고 있었다.

어차피 원해봐야 공격수 중 한 명도 되지 못할 것이 뻔했었는데, 공
을 몰면 비호같이 나타나서 슛을 하는 마누엘이 너무 멋있었다. 우리
팀은 잘하는 팀 중의 하나였고, 1주일에 두 번의 연습과 한 번의 게임
을 하였는데 너무나 재미있었다.

마누엘은 꿈이 축구선수였기 때문에 자기 팀에서 고정으로 활동하면
서 과외로 학생들의 취미 클럽에서 뛰고 있었는데, 그만큼 축구를 사
랑하고 열심히 하고 있으니 당연히 프로 팀에서 뛰는 선수가 될 수 있
을 것이다.

미국에서 맞이한 독일 월드컵

월드컵으로 한국 전체가 열기에 차 있을 때 내가 있는 이곳의 한국인 사회도 나름대로는 열기에 차 있었다. 거리상으로는 한국과 미국이 상당히 멀지만 한국에서 정치적인 문제로 떠들면 여기도 그렇고, 사회문제로 들썩이면 여기도 그렇다.

한국에 연고가 있는 경우는 물론이고 연고가 없더라도 심정적으로는 한국의 관심사와 이곳의 한국 교민의 관심사가 비슷할 때가 많다. 그래서 월드컵 기간에는 각 팀의 동향과 선수들의 예상 성적이 신문과 텔레비전에서 연일 보도되기 때문에, 한국과 시차는 있지만 거의 비슷한 마음으로 월드컵을 주시하고들 있었다.

그런데 우리 학교에 다니는 대부분의 한국 학생들은 한국 팀의 중요한 게임 일정이 학교 수업을 하는 시간과 같다는 것이 말도 안 되는 일이라고 생각들을 했다. 한국 같으면 수업시간일 경우 학교에서 단체로 텔레비전을 보게 해줄 텐데 싶기도 하고, 미국 아이들처럼 특별히 관심이 있는 경기를 보러 간다는 사유서를 내서 당당히 결석을 할까 싶기도 했지만 잘될 것 같지 않았다.

그래서 각자 알아서 해결하기로 하고 나는 엄마에게 사정을 이야기해서 집안 사정으로 결석을 하는 것으로 사유서를 냈다. 이날 토고와의 경기가 있었는데 다들 억지 이유를 만든 공범자 내지는 죄인이었으므로 친구의 집에서 볼 엄두는 못 내고 게임방의 텔레비전으로 보면서 응원을 했다. 그 다음이 프랑스 전이었는데, 이때는 아빠가 같이 계셔서 함께 보자고 하셨지만 마음에 맞는 친구와 보고 싶어 눈치를 보고 있는데 엄마가 간단히 해결을 해주셨다.

"준홍이는 친구들과 응원하면서 보고 싶다니까 내가 태워다주고 올게요."

워낙 중요한 경기라서 웬만한 한국인들은 이날 라디오 중계방송을 듣거나 텔레비전을 시청했다는데, 프랑스와 비기는 것이 확정되는 순간 많은 탄식을 했다. 나와 같이 응원했던 친구와 그의 가족들도 마찬가지였다.

한국에 살 때 얼핏 미국인들이 축구를 좋아하지 않는다고 들었었다. 그런데 실제로는 의외로 많은 미국의 학생들은 미식축구를 즐기듯 Soccer를 즐기고 있었고, 여학생들도 팀의 정식 멤버로 등록해서 1주일에 두 번 연습하고 한 번 경기를 하는 일반적 팀 운영의 패턴에 따라 운동하는 사람이 많다는 것을 알게 되었다.

그리고 월드컵은 워낙 많은 나라들이 관심을 가져서 그런지, 아니면 미국인들의 축구에 대한 관심이 원래 있었는지, 월드컵 기간 중에는 학교에서도 우리처럼 월드컵에 대한 관심들이 의외로 많았다. 우리가 입은 월드컵 옷을 알아보고 '대한민국'이라는 구호를 연호하기도 하고 (어쩌면 중학생 때 사물놀이패가 공연한 후 '대~한민국'을 연호하던 모습을 봤던 녀석인지도 모르겠다), 경기 결과에 대해 활발히 예상하기도 했다.

댄스파티와 복장

인터내셔널 나이트를 제외하고는 중학교의 행사에 일체 참여하지 않았던 이유는 영어에 대한 열등감 때문이 아니라 소심한 성격 때문이었다. 여러 나라 학생들이 모인 학교답게 쉬는 시간은 자기 나라 학생들끼리 모여서 이야기를 나누고 서툰 영어로 대화를 하는 것이 당연했는데, 나는 가능한 말을 안 하는 편이었다.

나는 친구도 많지 않았을 뿐 아니라 한국인과는 사귀지 않았다. 왠지 그냥 어렵고 다가가기 힘들었기 때문인데, 지금도 내 성격에서 개선해야 할 점이라고 느끼고 있다. 나뿐 아니라 우리 집 남자들은 다 그런 편이어서, 새로운 곳에 가면 궁둥이는 멀리 두고 머리통만 약간 내밀어서 조심스럽게 살피는 공통점이 있다. 아빠도 내가 보기에는 비슷한데, 나이가 들고 경험이 있는 어른이라서 좀 덜 드러나 보이는 것일 뿐이라고 생각한다. (내 마음대로 아빠도 끼워 넣었다.)

아무튼 8학년을 거의 마칠 무렵이 되니까 학교에 익숙해진 만큼 그에 대한 관심도 자연히 늘어나면서 여기저기 조금씩이지만 기웃거리기 시작했는데, 학생들에게 최고의 행사인 댄스파티가 열렸을 때 용기를 내어 참가를 결정했다.

우리 학교는 평소 차림이 거의 교복 수준인 아이들이 많다. 중학교나 고등학교, 여학생이나 남학생을 가리지 않고 대부분이 그렇다. 고급 옷을 입고 다니는 아이들도 있지만 아무거나 편하게 같은 옷을 입고 다니므로 뒤에서 보면 그가 누구인지 알 수 있을 정도이다. 그러나 파티에 가면 친구들, 특히 여학생들은 학생인가 싶을 정도로 완전히 다르게 변신해서 나타나는 것을 자주 경험한다.

물어보지는 않았지만 '파티에는 가능한 멋있게, 평소에는 편하게'라는 신조인 것 같은데, 아침 7시 15분 첫 수업에 맞추어 움직이려면. 샴푸하고 베이글 한 조각 베어 물기 바빠서 그런지도 모른다고 혼자 짐작할 뿐이다.

댄스파티 티켓은 점심시간 중에 식당에서 팔았는데, 중학교 파티 티켓 치고는 꽤 비싼 편이었다. 티켓을 샀으니 샤워나 하고 참석하면 된다고 생각하고 있었는데, 엄마는 복장에 대한 규칙이 있을 것이라고 조언해주셨다. 분명히 학교에서 안내문을 주었을 텐데, 내가 그것을 가지고 있을 리 없어서 친구에게 물었다. 대답은 조금만 차려 입으면 된다는 것이었다. 안 그래도 갑자기 파티에 간다면서(당일 오후에 이야기했던 것 같다) 서두르는 아들이 그나마 대견했을 엄마는, 친구하고의 엉성한 대화를 듣고는 우리 두 사람을 무시하기로 했던 것 같다.

나는 티셔츠를 입고 가도 된다고 생각했는데, 엄마는 파티 티켓 가격과 시작 시간 등을 퍼즐처럼 종합하시더니 내 판단을 무시하고 와이셔츠를 빌리고 타이를 해서 학교까지 데려다주셨다. 친구의 와이셔츠를 빌려 입고 나서기는 했지만 아무리 생각해봐도 평소 거지꼴을 겨우 면하고 사는 미국의 중학교 아이들을 고려한다면 내 판단이 맞을 것 같았다. 그래서 만약의 경우는 바꿔 입을 생각으로 몰래 티셔츠를 한 벌 준비해서 갔다. 도착해서 알아보니 무도회의 복장 규율이 까다로워서, 청바지나 깃 없는 티셔츠를 입고 오거나 운동화를 신고 오면 입장을 시켜주지 않는다는 것이었다.

동네의 D.J.가 음악을 틀고 번쩍거리는 조명을 설치하고 드레스와 양복, 심지어는 스코틀랜드의 전통 복장을 입고 와 시선을 끌기도 했다. 학생들의 댄스파티에 대한 열정은 내가 보아왔던 학교 내에서의 수수함과는 너무나 달랐다. 그 후 고등학교에서 참가했던 파티에서도 학생들은 할 수 있는 한 화려하게 차려입고 나타났다. 그런데 우리가 사는 곳이 보수적인 카운티라서 그런지는 모르겠지만, 나이가 좀 들었다고 해서 미국 영화에서 보듯이 남녀가 서로 껴안고 비비적거리지는 않았고, 댄스하면서 재미있게 즐기는 정도였다.

아무래도 성인이나 다름없는 고등학교 말의 포름은 심각한 사건이 점점 많아져서 파티에 대한 규칙과 관리를 강화하는 학교가 점점 많아지고 있다. 그러나 저러나 꽃과 리무진은 어떻게 해결될 것 같은데 12학년 포름에 같이 갈 여자 친구가 아직 없는 것이 걱정이다.

허둥대는 아들과 엄마의 내공

나의 영어 실력이 워낙 엉망이라서 한동안 모르고 지냈었지만 중학
교에서는 행사를 정말 많이 하고 있었다. 그런 행사를 한다거나 했다
는 것을 주위에서 떠들기도 했을 텐데, 내가 모르고 있었다는 것은 영
어 실력이 부족할 뿐 아니라 주위의 변화에 둔감하다는 것이다. 그래
서 항상 막판에 허둥대면서 허겁지겁 따라다니기 바빴다는 이야기이기
도 하다.

학교에서는 집으로 보내는 정기 소식지와 함께 우리에게 직접 주는
것도 많았는데, 안내문을 비롯하여 뭔가를 받은 다음 교실로 가기 바
빠서 쑤셔 넣고 학교 수업이 끝나면 집으로 가는 차를 타기 바빴다.
또 다음날 아침은 겨우 몸을 추슬러 가방과 악기를 가지고 학교에 가
는 것만도 벅찼으니 그 내용을 확인하기는 거의 불가능했다.

앞에서도 말했듯이 허둥대는 것은 우리 집 남자들의 특징인데, 상대
방을 보면서 서로의 상태에 대해 한심해하지만, 유일한 여자이면서 외
부인(다리 밑에서 주워온 엄마라고 한다)인 엄마의 생생한 증언에 의
하면, 우리 가족 남자들의 허둥대는 정도는 나이에 비례한다고 하니
나는 두 번째로 심각한 상태인 셈이다.

이러다보니 나하고 같이 다니다보면 처음에는 뭔가 이상하기도 하고
불편하면서 같이 헤매다가, 어느 사이엔가 나를 챙겨주게 되고, 또 그
것이 반복되다보면 저절로 그게 몸에 배어 '준홍이는 챙겨주기로 하

고…'라는 마음으로 변하게 된다고 한다.

8학년 첫 날도 그랬다. 스쿨버스에 타고 멍청하게 앉아 있는 내가 유난히 걱정이 되어 보였는지 듀크라는 한국 학생이 시간표가 있느냐고 묻는 것이었다. 그게 뭔지도 모른다고(엄마에게서 들었을 텐데도 현실로는 연결이 안 되는 상태였다) 했더니 내려서 나를 꽉 붙들고는 사무실로 가서 영어로 뭐라고 해서('처음 온 아이인데 시간표가 없다'라고 했겠지!) 도움을 받게 해주고는 허겁지겁 자기 수업에 들어가는 것이었다. 또 시간표라는 것을 받아들고서도 어디로 갈지 몰라서 그냥 앉아 있었더니 사무실 직원이 와서 안내해주었고, 그 교실에서 이동할 때는 수애와 크리스티나라는 아이로부터 도움을 받았다.

이렇게 한심한 나를 어떻게 학교에 그냥 보내버렸냐고 엄마에게 불만을 토로했더니, 엄마는 내가 어떤지 알기 때문에 학교를 따라가서 돌봐주고 싶었지만, 우선적으로 동생의 학교에 가야 했기 때문에 할 수 없이 나를 혼자 보냈다는 것이었다.

설명은 하셨다는데 내가 빨리빨리 잘 알아듣는 센스가 없으니까 기억할 수 없지만, 지금도 기억나는 엄마의 당부 하나는, 학교에 갈 때 타고 간 버스의 차량번호를 꼭 기억해두었다가 올 때도 그 차를 타고 올 것이며, 또 아침에 나하고 같은 버스를 탔던 아이들을 잘 기억했다가 돌아오라는 것이었다. 그래도 안심이 안 된 엄마가 아이들에게, "새로 온 학생인데 영어 한마디도 못하고 그다지 영리하지도 않으니 너희들이 꼭 챙겨서 와다오"라고 부탁까지 하셨다. 그리고 그날 버스를 찾지 못해서 방황하고 있었는데 결국 아이들이 나를 찾아서 버스까지 데리고 갔기 때문에 무사히 집으로 돌아올 수 있었다.

버스를 타고 집에 올 수 있다면 일단 다행이고, 책가방과 악기를 잊지 않고 오면 더 다행이라고 생각하셨다는 엄마는, 이런 나를 키우시면서 내공을 엄청나게 쌓았을 것 같다. 그런데 이번에는 책을 쓰겠다면서 엄마의 내공을 또 한 단계 높여드리고 있는 중이다.

ESOL 교육의 딜레마

미국에서 태어나지 않은 학생이 미국 학교에 입학할 때는 필수적으로 수학과 영어의 능력 테스트를 받는다. 미국에서 태어났더라도 부모가 영어 이외의 언어를 쓰는 경우에는 여기에 해당된다. 나와 동생도 미국에 와서 학교에 입학하는 수속을 밟을 때 이 테스트를 거쳤다. 결과는 동생이 완벽한 초보반에, 나는 B1으로 거의 초보단계였다.

ESOL은 쉬운 영어를 통해 천천히 영어를 익히고, 중학교에서는 영어가 많이 필요한 사회 과목을 특히 집중 지도하는 프로그램이다. 나는 2년 후에 ESOL을 졸업했고, 동생은 3년 후에 졸업했다.

그런데 미국에서 몇 년 동안 학교에 다니면서 알게 된 사실은, 한국인 부모들이나 학생들은 대개 ESOL을 학교에서 결정하기 전에 부모들이 떼어버리고 싶어 한다는 것이다. 아이가 충분히 잘 하는데도 학교에서 떼어주지 않는다면 따져야 할 일이지만, 그런 이유보다는 대부분의 가정이 미국에 와서 ESOL에 1년 정도는 참고 다니지만 2년째가 되면 슬슬 부끄러워하기 때문이라는 것이다. 한국 부모들은 ESOL이 별 것 아닌 것으로 생각하지만, 미국 아이들과 똑같이 해야 하는 영어 과목을 기준으로 본다면 초등학교나 중학교에서의 ESOL 클래스를 통해서 익히는 언어 습득의 양과 질은 매우 중요하다.

그리고 일반적으로 봤을 때, 자기 아이를 ESOL 반에서 떼어내고 싶어 하는 부모가 일반 과목에는 과외 선생님을 붙여서 해결하고 있었다면, 그 아이가 학교 공부를 혼자 해낼 수 없었다는 것이다. 그러므로 ESOL을 떼어버려도 부족한 영어 실력은 그대로인 것이다. 스스로 영어 실력을 향상시킬 수만 있다면 학교에서 하는 ESOL은 필요가 없을 것이다. 하지만 문제는 대부분의 부모들이 미국 생활 1년 정도만 지나면 자기 아이가 영어를 웬만큼 한다고 믿기 시작하면서 ESOL이 필요 없다고 생각하는 경우가 대부분이라는 점이다.

그리고 ESOL이라 해도 수준에 따라서 다른데, 중학교의 경우 English 7을 듣는 ESOL과 안 듣는 ESOL의 차이가 있다. 이렇게 중학교에서는 English 7이나 8을 안 듣더라도, 고등학교에 가면 ESOL 학생도 English 9, 10, 11, 12를 병행해야 하는데, 영어 실력이 있든 없든 고등학교부터는 졸업 필수과목에 영어가 포함되기 때문이다.

그리고 ESOL 과정을 학교에서 졸업한다고 해도 일반 미국인의 영어 수준에 따라가지 못하는 게 엄연한 현실이다. 한국인은 교육열이 워낙 높아서 웬만하면 미국 학생과 겨루면서 버티지만 이때부터 부모의 특별한 관심을 받는 학생과 그렇지 못한 학생의 차이는 한국 학생 사이에서도 확연히 드러난다. 고등학교의 영어 과목은 연중 내내 책읽기와 분석을 하며, 에세이가 주당 10장 정도이다. 동생이 초등학교에 다닐 때도 숙제의 대부분이 에세이였고, 중학교에 들어가서도 처음 받아온 숙제가 에세이였을 정도로 여기에서는 글쓰기 과제의 양이 엄청나다.

그러므로 미국에 유학을 오는 한국의 초등학생이나 중학생들은 웬만하면 학교에서 제공하는 ESOL 교육을 받고 집에서도 영어 공부를 계속하는 것이 좋다. 그리하여 아무리 늦어도 고등학교 1학년 말에는

ESOL을 벗어날 수 있게 해야 한다. ESOL이 만능은 아니며, ESOL을 졸업을 하기 위한 기준은 말하기, 쓰기, 듣기의 수준이 자기 학년의 수업에 들어가서 좀 알아들을 정도는 되어야 한다. 그러니 졸업을 한다고 해서 영어의 세계가 훤히 뚫리는 것이 아니며, 학생이 수업에 대한 이해가 잘 된다는 의미도 아니다.

한국 학생들은 종종 미국사와 생물과 화학에서 A를 받았더라도 영어 과목만큼은 미국 아이들과 실력의 차이를 실감한다고 이야기한다. 미국 아이들처럼 영어를 하는 트윈키들도 영어 과목에서만은 맥을 못추는 경우가 많다. 오죽하면 한국인 학생들은 수학을 잘한다거나 공부를 잘한다는 소리는 듣지만, 영어 잘한다는 소리는 아직도 듣지 못하겠는가?

어릴 때 들은 말이 생각난다. 오래 전 한국을 일본이 지배하고 있을 당시에 어린 시절을 보냈던 사람들이 내 할아버지와 할머니의 세대인데, 그 당시 일본어를 강제로 사용하고 학교의 수업도 일본어로 했다고 한다. 어려서 이런 이야기를 들을 때 이해가 안 되는 대목은, 왜 교육을 시켰느냐 하는 것이었다. 일본이 더 쉽게 지배하려면 교육을 시키지 않는 것이 좋지 않았겠느냐는 내 생각에 할머니는 아니라고 하셨다. 다른 나라를 지배할 때 그 나라 사람을 다 전멸을 시킬 수가 없다면 어느 정도 교육을 시켜야 지배하는 것에 덜 힘들다는 것이었다.

너무 잘 가르치면 안 되지만 조금 가르치는 것은 더 유용하다는 할머니의 말씀은, 여기에서 ESOL 수업을 들으면서 졸업할 때까지 두고두고 실감했었다. 어쩌면 미국이라는 나라가 ESOL 교육에 예산을 퍼붓는 것은, 한편으로 미국 정치인들이 이민자에 대해 배려하는 측면도 있겠으나, 다른 한편으로는 이민자들이 영어를 몰라서 불량하게 방황하게 되는 경우는 미국 전체의 안전에 도움이 안 되기 때문이라는 생각도 든다.

<부록> 유학에 대한 몇 가지 정보들

조기유학 경험자로서 앞으로 가족 중 조기유학을 계획하고 계시는 분들께 간략하나마 내가 경험하고 느꼈던 몇 가지 정보를 조언 삼아 전하고자 한다.

1. 공립학교에 대한 오해

공립학교를 택해서 오는 사람은 먼저 미국의 공립학교에 대한 환상을 갖지 말라는 말씀을 드리고 싶다.

한국 부모들은 이상하게도 미국 공립학교에만 오면, 학교에서 다 해줄 것처럼 생각하는 경향이 있는데, 이런 생각의 근거는 미국의 몇 군데 안정된 곳에 잠시 살다가 귀국한 사람들이 자랑삼아서 좋다고 떠들어대는 과정에서 과장되었거나, 미디어에서 한국 교육을 집중적으로 비판하기 위한 방법으로 동원을 한 이미지일 뿐, 미국의 공립학교는 학생의 모든 중요한 사항에 대해 결정하고 해결해주는 만능이 아니라는 점이다.

미국의 부모들이 보내고 싶은 곳은 형편이 된다면 사립학교이며, 한국인이 교육의 최종 목표로 여기는 대학 유명 대학 입학의 통계 결과를 보면 대부분의 명문 사립대학의 입학생이 사립 명문 학교 출신이라는 것을 보여준다. 그나마 비교적 안정된 교육을 받을 것으로 기대되는 공립학교 학군은 주택 가격이 다른 동네보다 월등히 높다.

좋은 공립학교란, 비교적 학생들의 진학에 대한 열의가 높은 편이며, 교사의 질이 좋고 중산층 이상의 백인 학생이 높은 비율을 차지하는 학교를 말하는데, 관심이 있는 사람이 살펴볼 수 있는 유용한 사이트로는, GREATSCHOOLS.NET 을 권하고 싶다.

2. 학교에 대한 정보 검색 방법

우선 이 주소에 들어가서,

RESEARCH & COMPARE를 클릭하고,

다시 화면에서 FIND AND COMPARE를 클릭한 뒤,

SCHOOL NATIONWIDES를 클릭하면 미국 전역의 주 단위로 비교할 수 있는 화면이 나온다.

여기서 관심이 가는 주를 클릭해서 학교를 검색하면 되는데,

내가 사는 버지니아를 예로 든다면,

VIRGINIA를 클릭한 뒤,

COMPARE VIRGINIA SCHOOLS의 화면에서

COMPARE … SCHOOLS에서 초등, 중등, 고등을 선택하는데,

내가 고등학생이니까 HIGH를 넣고,

그 다음 카운티로 FAIEFAXCOUNTY를 선택하여,

나타난 화면에서 학교의 이름인 MCLEAN을 선택한다.

이렇게 하면 그 학교에 대해서 다른 학교와 비교하고 싶은 거의 모든 것을 알 수 있다. 학교의 주소부터 시작해서, 학생 수(우리학교는

1,742명), 학생의 인종별 비율, 학생들의 학업성적, 교사의 질(박사학위
석사 학위의 비율) 등등.

학교에 대한 일반적인 정보가 다 나와 있으며, 여기서 더 알고 싶다
면 자신이 선택했던 카운티의 EDU 사이트에 다시 들어가면 된다.

예를 들면 우리 카운티의 학사계획은 FCPS.EDU로 들어가서 확인할
수 있는데, FCPS는 Fairefax County Public School의 약자이다.

그리고 인터넷으로 미주 한국일보나 중앙일보를 검색해서 미국 학교
에 대한 공부를 틈틈이 한다면 많은 도움이 될 것이다.

또 조기유학을 마음에 두고 있지만 미국에 아무런 연고가 없어서 선
뜻 못하겠다는 분들이라면 미국에 사는 친구의 친구라도 붙들어서 실
행을 해야겠지만, 어떤 경우든 아이와 같이 오는 부모들 중 한 명은
영어를 할 수 있어야 한다.

3. 주택 구입 방법

그 다음으로, 장기간 유학을 하다보면 집을 사야 할 경우가 생기는
데, 적은 돈으로 집을 구입할 수 있는 방법 중의 하나인 크레딧 쌓기
문제는 엄마의 도움을 받아서 적어보았다.

미국에서는 웬만하면 한국에서보다 큰 집을 소유하고 살 수가 있는
데, 집 마련도 미국이 한국보다 쉽다고 한다.

즉 신분만 확실하면 2~3년간 쌓은 크레딧이라는 것으로 융자를 받아
서 자기의 집을 구입할 수가 있는데, 얼마짜리 집을 사는가 하는 것은
개인의 능력이지만, 3년이 아니라 5년을 살아도 돈을 쓰는 방법의 차

이에서 크레딧이 하나도 없거나 많을 수 있는 것이 미국식 생활이라는 것이다.

즉 한국에서는 빚이 없는 것이 자랑이지만, 미국은 자기 능력보다 큰 차를 할부로 사서 매달 잘 갚는 사람이, 능력에 맞는 작은 차를 일시불로 사는 사람보다 크레딧이 더 좋다는 것이다.

문제는 한국에서 갓 온 사람에게 은행에서 외상카드를 만들어 줄 리가 없고, 차를 할부로 팔지도 않을 것이므로, 크레딧을 쌓을 기회를 갖지 못할 수도 있다는 것인데, 엄마의 조언 중 하나는 현대차는 한국 내에서의 신용으로도 할부가 되니까, 차 한 대를 현대에서 사고, 한국계 은행에서 제공하는 이민자를 위한 외상카드를 발급받아서 1년 정도 사용하면 남에게 아쉬운 소리 안 하고도 크레딧을 쌓을 수 있다고 한다.

이렇게 2년 정도 미국에서 살고난 후에 차를 한 대 더 구입하거나, 집을 구입할 때 크레딧에 따라 융자를 받을 수 있거나 이자율이 달라지므로, 미국에서 크레딧 쌓기를 빨리 시작할수록, 돈을 절약하는 길이 될 뿐더러 작은 가게를 하는 경우에도 다른 사람에게 보증을 서달라는 구차한 부탁을 하지 않고도 자립할 수가 있다고 한다.

4. 사립학교에 유학하는 경우

그 다음, 사립학교에 보내는 경우, 나는 고등학생 정도라면 보딩스쿨이 좋겠지만, 어린 학생은 사립을 보내되 홈스테이를 하면서 통학을 하는 방법이 더 좋다고 생각한다.

다만 이 경우 홈스테이 가정을 고르는 기준은 학교를 선택하는 것만 큼 신중해야 하는데, 갓 이민을 떠나는 가정이나, 부모가 영어를 못하는 경우, 너무 바쁜 직업을 가진 가정은 피하는 것이 좋다. 그리고 서로 말이 잘 통하는 집이어야 하며, 나의 아이에 대해서 정확히 설명을 해주고, 원하는 양육의 방향에 대해 상세히 이야기해주어야 한다.

홈스테이라는 것이 아이를 두고 두 집에서 진심으로 협동을 하지 않으면, 나중에 잘 있기는 하였는데 별로 얻는 것이 없다는 생각을 서로 하게 되는 경우가 생긴다. 그리고 작은 일로 홈스테이 하는 분들이 마음을 상하는데, 그렇다면 보내는 집도 상처 받기는 마찬가지였을 것이다. 엄마가 부업으로 홈스테이를 할 때 보고 느낀 점이라고 한다.

그리고 적당한 나이가 되면 좋은 보딩학교에 들어가게 하는 것이 가장 좋은 순서인 것 같다.

5. 운동과 악기에 대하여

운동이나 악기는 가능하면 한국에서 배우고 와야 한다. 미국은 여학생들도 축구팀에 가입해서 얼굴이 뻘게지도록 뛰는 나라이다.

싫어서 안 하는 것은 개성이지만 여자라고 해서 새침 떨고 있는 것을 봐주는 사람은 없다. 악기도 마찬가지인데 여학생들이 커다란 트럼본을 부는 것을 흔하게 볼 수 있다. 여기의 레슨비는 운동이든 악기든, 대개 40분 기준 한 타임에 40불에서 50불 정도가 일반적이므로 한국에서 더 낮은 가격으로 배울 수 있다면 배워서 오는 것이 더 좋고, 경험상 초보의 악기나 운동은 한국어로 배우는 것이 더 빠르므로 시간이 있는 만큼 욕심껏 한국에서 배워오기를 권한다.

6. 기타

그 다음 미국의 공립학교 입학 규정은 카운티마다 조금씩 다르기 때문에 전체에 대해 한마디로 말할 수는 없다. 내가 아는 것은 페어펙스 카운티와 다른 주에서 오거나 다른 주로 간 친구들에게서 들은 것 정도인데, 공립학교에 다니는 방법은 우선 미국에 합법적으로 거주를 해야 한다.

여행을 와서 눌러앉아 있으면서 학교를 보낼 수는 있지만, 이렇게 하면 고등학교를 졸업해도 불법체류자의 신분으로 모든 일상적 생활과 취업에 제약을 받게 되므로 누가 뭐라 해도 어떻게 되겠지 하는 생각으로 절대 눌러 앉겠다는 생각을 하면 안 된다. 그리고 조기유학을 결행하기 전에, 할 수만 있다면 가장 경제적이면서 안전한 방법으로 미국 학교를 한 달 정도 경험하는 섬머스쿨 크레딧 제도를 이용하라고 권하고 싶다. 경험을 해보고 나서 조금 더 장기적으로 유학을 할지 말지를 생각해 보는 것이 좋을 것 같다.

미국의 몇 개 카운티가 실행을 하며 페어펙스 카운티도 이번 여름 학기부터 시작했다. 섬머스쿨 크레딧 과정은 미국 학생들이 여름방학에 새로 학점을 갖거나 낙제한 것을 회복하기 위해서 듣는 과목을 말하며, 한국에서 서류를 완벽히 갖추어서 제출하면 미국의 현재 재학생들과 학교생활을 한 달 하는 것과 같은 경험을 하게 되는 것이다.

다만 한국의 여름방학과 일정이 달라서, 한국에서 결석을 감행하면

서 실행하기가 쉽지는 않다는 것이 문제이지만, 관심이 있다면 6월에
FCPS.EDU로 들어가서 정보를 확인해보기를 권한다.

실제로 알고 가는 미국 고등학교

–유학 희망자들을 위한 생생한 체험기–

2006년 12월 5일 초판 인쇄
2006년 12월 10일 초판 발행

지은이 송준홍
펴낸이 최병문

펴낸곳 명지사
전화 02-2271-3117
팩스 02-2264-9029
전자우편 mmzisa@yahoo.co.kr
주소 서울 중구 장충동 2가 190-5 폴리빌딩
등록 1978년 6월 8일 (제5-28호)

ISBN 89-7125-175-1 43940

값 12,000원